本项目获得 2017 年江苏省研究生创新计划资助

求真传媒论坛·2018

信息传播技术与社会记忆建构

张晓锋 骆正林 主编

南京师范大学出版社
NANJING NORMAL UNIVERSITY PRESS

图书在版编目(CIP)数据

求真传媒论坛. 2018 ：信息传播技术与社会记忆建构 / 张晓锋，骆正林主编. -- 南京 ：南京师范大学出版社，2018. 10

ISBN 978 - 7 - 5651 - 3834 - 8

Ⅰ. ①求… Ⅱ. ①张… ②骆… Ⅲ. ①互联网络—影响—传播媒介—中国—文集 Ⅳ. ①G219. 2—53

中国版本图书馆 CIP 数据核字(2018)第 210975 号

书　　名	求真传媒论坛·2018 ——信息传播技术与社会记忆建构
主　　编	张晓锋　骆正林
策划编辑	王　艳
责任编辑	徐文娟　陈　晨
出版发行	南京师范大学出版社
地　　址	江苏省南京市玄武区后宰门西村 9 号(邮编:210016)
电　　话	(025)83598919(总编办)　83598412(营销部)　83598297(邮购部)
网　　址	http://www. njnup. com
电子信箱	nspzbb@163. com
照　　排	南京理工大学资产经营有限公司
印　　刷	扬州市文丰印刷制品有限公司
开　　本	787 毫米×960 毫米　1/16
印　　张	16. 75
字　　数	292 千
版　　次	2018 年 10 月第 1 版　2018 年 10 月第 1 次印刷
书　　号	ISBN 978-7-5651-3834-8
定　　价	48. 00 元

出 版 人　彭志斌

序 言

2017年10月28日，江苏省第四届传媒学科研究生论坛在南京师范大学随园校区顺利举办。本次论坛的主题为“信息传播技术与社会记忆建构”，来自国内50多所高校的85位研究生进行了学术交流。作为论坛的重要成果《求真传媒论坛·2018》即将出版，按照之前的惯例我将给本书写个序。本以为写序只是一个应景，然而“社会记忆”的主题却难倒了我。“社会记忆”是近年一个热门的研究领域，而且也是一个比较理论化的研究领域。翻看来自全国的研究生的论文，里面有很多优秀的选题和精彩的论述，而我对“记忆”的理解却还停留在常识的层面。因为不敢信马由缰、随手乱写，只好挤出时间恶补“社会记忆”理论。期望匆忙中积攒的一点记忆知识，能够作为与诸位同学交流的资本。

记忆(memory)既是人的一种生理机能，也是人的一种存在方式。因为记忆，我们能够找到食物和水源，能够过上舒适稳定的生活；因为记忆，我们能够识别家人和朋友，能够在熟人圈内得到庇佑和保护。没有记忆，我们将失去亲朋好友；没有记忆，我们不会有爱恨情仇。如果我们失去记忆，我们只能生活在“现在”，整个世界将变成陌生的、暗淡的存在。记忆丰富了我们的生活，记忆书写了人类历史，或者说，人类本身就是记忆的产物。

心理学、精神分析学研究的记忆，基本上属于个体记忆范畴，但人类记忆除了个体记忆外，还包括集体记忆、社会记忆，并且集体记忆、社会记忆深刻影响着个体记忆。“个体不仅在社会环境中获得记忆，而且有赖群体的框架来换回和重构记忆。”[①]如犹太民族、基督徒、伊斯兰世界等族群都拥有他们的共同记忆，正是集体记忆让这些族群变成了紧密的社会群体。社会记忆不是客观事物在大脑中的简单刻印，它是在特定认知框架内多元因素综合作用的选择性产品，其中媒介在社会记忆构建中具有重要的作用。大数据时代，全球一体

---

① 钱力成，张翮翾.社会记忆研究：西方脉络、中国图景与方法实践[J].社会学研究，2015(6):215-237,246.

化浪潮汹涌，生活空间加速虚拟化。面对全新的社会环境，我国媒体应该更加自觉地书写中国记忆，为中华文化传播、民族精神积淀、社会集体认同做出更多的贡献。

一、社会记忆的研究状况

记忆是我们存储和提取信息的能力，它是人类长期持续学习的结果和见证。心理学主要从个体维度研究记忆，但记忆还有社会性、公共性的特征，社会记忆则是从群体角度研究记忆。社会记忆是在特定的时空环境下群体成员所产生的趋同性集体记忆。社会记忆不是纯粹的个体的自然活动，它是在社会权力作用下的文化活动，或者说是特定权力构建的一套共同的符号系统。社会记忆与民族历史、国家精神和公共生活等密切联系，社会记忆的背后是权力活动的历史，是人类对社会发展自觉的、能动的作用。

1. 国外社会记忆研究的主要成果

1925 年，法国社会学家莫里斯·哈布瓦赫(Maurice Halbwachs)在《记忆的社会框架》中提出“集体记忆”(collective memory)概念，学界普遍认为这是社会记忆研究的奠基时期。“集体记忆”继承了埃米尔·涂尔干(Durkheim)的“集体意识”(conscience collective)思想，更加注重研究记忆在社会结构中的重要作用。哈布瓦赫认为，社会成员不仅拥有个体记忆(individual memory)，而且拥有集体记忆，集体记忆是存在于个体之外并超越个体生活的群体记忆。此后，集体记忆研究获得了更多的关注，记忆研究的社会学取向逐渐形成。1989 年，英国人类学家保罗·康纳顿(Paul Connerton)出版《社会记忆如何可能》，该书在研究集体记忆的时候提出了“社会记忆”概念。集体记忆、社会记忆都注重研究群体的共同记忆，但“社会记忆更关注记忆的延续性，认为社会之所以建构‘社会记忆’，是为了让拥有‘社会记忆’的人服从社会秩序，并开始涉及‘权力’问题”[①]。社会记忆比集体记忆更注重研究记忆背后的权力关系。

20 世纪 80 年代，西方社会记忆研究异常繁荣，形成了所谓的“记忆潮”(memory boom)现象，社会学、历史学、心理学、传播学等各路学者纷至沓来。

---

① 胡娟，龚胜生，等. 山西古村镇类型及社会记忆符号系统研究[J]. 人文地理，2018(2)：107－115.

德国扬·阿斯曼和阿莱达·阿斯曼夫妇开创了"文化记忆"传统，他们按照时间跨度和内涵将集体记忆划分为沟通记忆（communication memory）和文化记忆（cultural memory）。沟通记忆是日常沟通领域的短时记忆，并通过代际传播而延续；文化记忆是超越日常生活与个体生命的长时记忆。因为社会记忆缺乏确定的研究范式，不同学科的研究缺乏系统性、稳定性，所以记忆潮在涌现出一批成果后又归于沉寂。

进入21世纪，新的技术革命带来了记忆研究的新变化，学者们开始从新媒体、公共权力等角度重新研究社会记忆、集体记忆，如《媒介记忆：新媒体时代的集体记忆》《公共记忆、公共媒体和公正政治》《新闻与记忆》等。安娜·露丁（Reading）提出全球记忆场域（globital memory field）的概念，这为社会记忆研究开辟了全球化的视野。

集体记忆强调群体共同拥有的记忆，社会记忆强调权力对记忆书写的干预，但社会记忆、集体记忆的区别并非是实质的，所以西方学者经常混用社会记忆、集体记忆。西方社会记忆研究多与社会创伤有关，两次世界大战和东欧剧变是两次记忆潮的策动力。西方社会记忆研究没有固定的研究范式，呈现出多中心、跨学科的特点，但这也使社会记忆成为开放的、多学科的研究领域。

2. 国内社会记忆研究的基本态势

正是中国经济的崛起，促进了人们对文化积淀的反思，也提高了人们对民族凝聚力的向往。社会记忆能够回望和反思我们的历史和文化，具有很好的集体意识形态的功能。自2000年后，我国学者关于社会记忆的研究不断出现。钱力成、张翮翾认为我国社会记忆研究的视角主要有三种，即国家权力视角、社会群体视角和历史变迁视角。① 从国家权力视角出发的学者，比较关注权力对记忆的影响，尤其关注记忆如何制造社会认同，如何塑造意识形态的合法性，如诉苦记忆、南泥湾精神等。从社会群体视角出发的学者，注重研究社会群体的记忆认同，如刘亚秋对知青的研究，郭于华对女性记忆的研究，王明珂关于羌、藏的族群认同研究等。从历史变迁视角出发的学者关注记忆的延续和重构，如刘燕军对南京大屠杀记忆的研究、陈蕴茜关于孙中山从总统到国父形象的变迁研究等。大数据时代社会记忆的分层现象明显，社会记忆研究又出现了民间记忆视角、虚拟空间视角等多种出发点。学者们研究的问题包

---

① 钱力成，张翮翾. 社会记忆研究：西方脉络、中国图景与方法实践[J]. 社会学研究，2015(6)：215－237，246.

括:新媒体带来的社会记忆变革,网络空间内社会记忆的书写,社会公众对社会记忆建构的参与,民间记忆与官方记忆的互动,大数据时代记忆的碎片化和信息安全的危机,等等。在新闻传播领域,李红涛、黄顺铭多年关注南京大屠杀,研究"创伤是如何经由媒介得以建构的"①,2017 年他们出版了研究成果《记忆的纹理》。其他还有刘于思发表系列成果,探讨在线书写、国家认同、数字公共生活等议题。李明以谷歌为研究对象,提出互联网背景下认知结构的去中心化可能导致集体记忆的碎片化等。

集体记忆是社会、社群的再生产过程,也是家国文化、族群意识形态的建构过程,因此我国社会记忆研究更加注重从国家权力的视角出发,社会记忆研究具有明显的集体主义、泛政治化和跨学科化的特点。我国社会记忆研究的主导性方法包括文本解读、口述历史、民族志等,论文生产既有定性研究也有定量研究,既有文本解剖也有田野调查。

二、现代传媒在社会记忆建构中的作用

早期社会记忆研究将媒介仅仅看成记忆的载体,学者们最多从功能主义出发研究媒介与记忆的互动,他们不大承认或关心媒介在社会记忆中的建构作用,甚至有学者将媒介看成与集体记忆、社会记忆对立的东西。哈布瓦赫主要研究家庭、阶级和宗教等因素对记忆建构的作用,他并没有关注到媒介也是一种记忆建构的要素。随着媒介对社会生活的干预不断增大,更多学者看到媒介不仅是记忆的载体而且是记忆的建构者,他们开始从结构主义、文化主义的视角探讨记忆,媒介记忆研究逐渐在社会记忆领域得到了重视。

心理学认为,记忆过程包括大脑获取信息(编码,encoding)、保存信息(存储,storage)和日后读取信息(提取,retrieval)的过程。1968 年,阿特金森(Atkinson)和谢夫林(Shiffrin)提出了三级记忆加工模型,该模型将记忆产生分为三个阶段:感觉记忆、短时记忆和长时记忆。感觉记忆记录那些需要被记住的信息,信息再经过加工进入短时记忆,短时记忆的信息经过编码再进入长时记忆,以备日后提取。社会记忆和个体记忆并非完全割裂,个体经验可以进入集体记忆,为集体记忆提供公共思考的素材;集体记忆需要在个体记忆中得到体现,实现集体记忆的社会认同和价值整合的功能。无论是个体记忆形成

① 李红涛,黄顺铭.记忆的纹理:媒介、创伤与南京大屠杀[M].北京:中国人民大学出版社,2017:257.

还是集体记忆的建构，现代传媒均有重要的制约和影响作用。

1. 传媒能够记录、建构社会记忆

记忆是大脑对信息进行编码和保存的过程，记忆编码的方式有自动性加工（automatic processing）和注意性加工（effortful processing）两种。传递新闻信息，绘制社会地图是媒体的基本功能，媒体对国内外重大事件的报道，实际上就是一种自动性记忆编码的过程。历史总是由一连串或大或小的事件构成的，媒体对新闻事件的报道就是对社会记忆的记录。香港澳门回归、北京奥运会、神舟系列飞船上天等，都是中国当代史上的重大事件，显然也是中华民族最深刻的记忆。报道重大事件是媒体必须完成的日常业务和社会责任，而重大事件恰恰是社会记忆最重要的构成元素。

生活无处不是历史、不是记忆，但不是每种生活都能进入记忆的视阈。人类记忆没有能力也没有必要复制整个社会生活，因此，社会记忆不是个体的自然记忆过程，而是社会各种力量对记忆的建构过程。时空本没有意义，是人类的活动赋予时空意义。历史不是过去事件的堆积，而是当代人有意地去发现或挖掘，从而赋予历史遗存现代意义。因此，社会记忆更多情况下是人们主动编码、注意编码的过程，是人们对历史的选择性记忆的过程。媒体具有很强的议程设置功能，媒体对每天发生事件的选择性报道，对报道主题的框架性设定等，都是参与社会记忆建构的过程。“媒体提供再现、遮蔽、凸显、创造等手法，把过去和现实联结在一起。”①

媒体的信息编码过程是一种持续的、全天候的过程，它已经成为公众记忆的重要来源。表面上看媒体的记忆书写只是一种自然的业务过程，但背后却有很强的意志控制和生产控制，媒体持续的报道会对公众产生深刻的潜移默化的影响。正是媒体的作用，使社会记忆的集体性和公共性不断增强。

2. 传媒能够映射、延续社会记忆

在不同的历史阶段，社会记忆的载体也不断变化。史前阶段社会记忆靠口耳相传，此后，仪式活动、文字符号、公共建筑、历史事件等都可称为记忆载体。社会记忆可以依托各种形式的载体，表现为物质的（如秦砖汉瓦）、事件的（如“一带一路”）、精神的（如儒家思想）、制度的（如封建制度）等各个层面。媒体可以融合所有的记忆载体和记忆层次，将所有的社会记忆映射到媒体空间。

---

① 陈振华. 集体记忆研究的传播学取向[J]. 国际新闻界，2016(4)：109 - 126.

随着新媒体的崛起、媒体数据库的建设，媒体的映射功能进一步增强，一个国家、一个民族的所有记忆都能在媒体空间得到体现。依托数据库的搜索功能、计算功能，媒体对社会记忆的存储和调取功能加强，人类正在新媒体空间内创造全新的记忆实践。

人类还有遗忘的天性，任何辉煌的记忆都有可能被时间冲刷。媒体能够对抗人类遗忘的特性，能够通过不断重复民族记忆、文化记忆，实现社会记忆的代际传承。人们对待历史有“过去中心观”和“现代中心观”两种视角：过去中心观认为现在是由过去塑造或决定的；现代中心观认为记忆是现在对过去的重新建构。两种视角的历史价值观不同，但都强调历史记忆的代际延续。“记忆可以以一种连贯一致的方式唤起对过去的回忆，其提供的群体支持可以使人们的生活整合在一起并呈现一定的结构。”①媒体对传统文化的宣传、对历史事件的纪念、对英雄人物的报道、对记忆叙事的创新等等，既是对民族文化、集体精神、社会规范的提倡，也是对集体记忆、社会记忆的延续和重构。

3. 传媒通过建构记忆能够参与社会治理

人的记忆是有选择性的。当成功的时候，我们想到的是成就和风光；当失败的时候，我们想到的是挫折和狼狈。社会记忆与权力有着天然的联系，它既是社会权力的选择或操控，同时它也能直接参与社会治理。彼得·伯克认为：“历史就是社会记忆。”②历史事件是统治阶级选择的，历史记忆也是由统治阶级书写的，因此，历史就是一种社会记忆、国家记忆和文化记忆。“社会倾向于从其记忆中去除所有可能离间人们和使团体疏离的部分，从而导致多样性的个体记忆与社会的群体记忆一致性要求之间出现紧张。”③社会记忆是特定语境下的集体回忆，它能够构建“现在”和“过去”的关系，维护日常生活的稳定；它能够整合多元的社会价值，达成社会的基本共识；它能够为当下的政治服务，维护意识形态的合法性。

媒体是建构社会记忆的重要工具，“大众传媒必然受到统治阶级的强烈影

---

① 刘亚秋. 记忆研究的“社会—文化”范式：对“哈布瓦赫-阿斯曼”研究传统的解读[J]. 社会，2018(1)：104－133.

② 钱力成，张翮翾. 社会记忆研究：西方脉络、中国脉络与方法实践[J]. 社会学研究，2015(6)：215－237，246.

③ 刘亚秋. 记忆研究的“社会—文化”范式：对“哈布瓦赫-阿斯曼”研究传统的解读[J]. 社会，2018(1)：104－133.

响，天然地成为社会控制的主要环节”①。在封建社会、资本主义社会，权贵阶层利用权力控制媒体资源，他们干预媒体的社会记忆建构，书写有利于统治阶级的历史记忆，制造有利于社会稳定的文化共识。媒体通过对历史事件、新闻事件的巧妙选择或有意遗忘，帮助公共权力实现托古改制，奠定公共权力的治理权威。西方媒体践行的专业主义精神，为媒体获得了公信力和权威性，而这种公信力和权威性，又暗暗地通过媒体和权力的互动，成为社会治理的坚实基础和记忆要素。

三、大数据时代媒体需要书写中国记忆

没有社会记忆的民族是一个没有前途的民族。十九大报告指出，新时代中国共产党的历史使命是“实现中华民族的伟大复兴”，这是中国共产党的奋斗目标，也是中华民族近代以来的梦想。全国人民的道路自信、理论自信、制度自信和文化自信是中华民族伟大复兴的精神动力，而人民的自信来自于五千年的辉煌历史，来自于璀璨的中华文明，来自于当代的建设成就，来自于愚公移山的民族精神，所有这些自信的源泉均是社会记忆的核心内容。我国媒体是社会主义事业的组成部分，它是国家和民族精神的载体，是党的意识形态的发言人，因此，书写、建构具有中国特色的社会记忆、国家记忆，营造国家和社群的价值认同，是大数据时代中国媒体的重要任务。

1. 书写辉煌的历史记忆

一个民族的历史记忆，是这个民族的精神财富和文化遗产，每个民族都会珍惜自己的历史记忆。在现代全球竞争的背景下，一个民族的历史是这个民族的文化软实力。中华民族有几千年光辉灿烂的历史，人们对历史的清晰记忆是进一步前行的动力，而媒体是有效规划、管理公众历史记忆的重要机构。当前，我国出现了一种中国式的文艺复兴运动，在此运动中媒体通过纪录片、文化讲坛、益智节目、电视剧等多种手段，穿越历史时空，寻找中华民族的精神源头。媒体对儒家文化的宣讲、对历史遗迹的记录、对丝绸之路的报道，书写和强化了中国人民的历史记忆、文化记忆，提升了中国人民的文化认同和国家认同。中国近现代史是一段不平凡的历史，中国人民通过艰苦卓绝的奋斗，改变了不断衰落的历史命运，最终走向和平发展、全面崛起的繁荣富强之路。媒

① 陈振华. 集体记忆研究的传播学取向[J]. 国际新闻界，2016(4)：109－126.

体关于抗日战争、解放战争、社会主义建设、改革开放成就等的宣传和报道，正在将零星的、阶段性的历史记忆，整编成具有鲜明的社会主义主题的革命史和建设史。“近年来，我国陆续倡议、主导和参与金砖银行、金砖国家应急储备安排、亚洲基础设施投资银行、丝路基金等全球性公共产品的供给，有效弥补了现有国际金融体系和机构支持发展中国家发展的能力不够、条件苛刻等不足，为促进发展中国家发展做出了积极贡献。”①当代中国已经走上了国际舞台的中央，媒体延伸了各族人民的观看和体验的视野，它让普通人与政治家、社会精英一道，参与或体验了当代历史的生产过程。

2. 铭记苦难的创伤记忆

人类是在挫折记忆、苦难记忆中不断走向成长和成熟的。因为我们遭遇过苦难和创伤，所以我们才会时刻警醒自己，努力回避曾经遭遇过的苦难。记忆具有很强的反思和评价功能，对曾经的苦难保持鲜活的记忆，能够凝聚最强大的精神能量，能够形成最协调的统一意志。当代学者亚历山大提出“文化创伤”(cultural trauma)的概念，他“研究了犹太人大屠杀的记忆如何由一种反抗纳粹统治的‘进步话语’转变成一种受难式的‘创伤话语’”②。几乎所有的宗教都建立在苦难记忆、创伤记忆的基础上，正是苦难和创伤让教徒建立起最真诚的信仰。相反，一个轻易忘记自身苦难的民族，一个对自己历史知之甚少的民族，最终必然走向愚昧和无知。苦难叙事、创伤记忆是我国媒体宣传报道的传统，而现代传媒具有更丰富的手段、更高超的技巧，让我们能够体验到组织化的苦难记忆。影视产品精心设计的视觉景观和情感体验让我们感受到近代史上的战争记忆、对新中国成立之初的艰难探索的反思。“当前情景可能会给我们提供熟悉的提取线索从而无意识地激活过去的某种体验。”③近年，媒体关于南京大屠杀、“九一八”事变等重大历史事件的回忆，复活了中华民族不屈不挠的精神品质，并通过代际传递升华了这种精神品质。

3. 珍藏鲜活的文化记忆

历史记忆有时需要意识、文字去书写，但更多的时候还得靠物质的、精神的、风俗的载体去传承。历史是人类生命的延续，是人类文明的轨迹，是文化

---

① 石建勋.我国正走近国际治理舞台中央[N].人民日报.2016-11-16.

② 钱力成，张翮翾.社会记忆研究：西方脉络、中国图景与方法实践[J].社会学研究，2015(6)：215-237，246.

③ (美)戴维·迈尔斯.心理学[M].黄希庭，等，译.北京：人民邮电出版社，2013：318.

的传承、累积和扩张。文化是人类对自然和社会改造和作用的过程和结果，梁启超曾将人类文化划分为认识的、艺术的、器用的和社会的四种。历史是系统的、逻辑的思想和事件的脉络，而文化是历史丛林中最耀眼的景观和故事，是历史躯体上的神经和毛细血管。文化是民族记忆、民族生命的载体，是民族和国家凝聚力、生命力最鲜活的体现，“文化的历史、文化的根脉就是一个民族、一个社会的‘精神家园’”①。今天的全球竞争不仅强调硬实力，而且更加关注软实力的建设，而“一个社会的文化倘使没有了指向，没有了根本，没有了基石，就只有‘软’而没有‘实力’可言了”②。

因为文化是最鲜活、最生动的社会记忆，所以各个国家和民族都爱惜自己的文化，都期望自己的文化能够源远流长。1970 年大阪举行世界博览会，松下电器和每日新闻共同建设了一个“时空胶囊”，将展会期间的 2 098 件电器等展品埋入地下，预备为 5 000 年之后人类考古研究之用。建设方计划胶囊每 100 年开封一次，一方面查验被埋物品的状态，另一方面再精选人类最新标志性文明成果放入胶囊。1973 年，俄罗斯叶卡捷琳堡市（以下简称“叶市”）政府也在市中心设立了一个时间胶囊，里面收藏了社会各界人士（如军人、教授、作家、学生等）写给未来的信。叶市的时间胶囊计划在 2023 年打开一次，当年将是叶市建城 300 周年。大阪和叶市的时间胶囊都是文化记忆的鲜活形式，也是他们对民族文化、城市文化的珍爱的方式。

我国有五千年历史，有五十六个民族，中华文化斑斓绚丽、博大精深，但文化不是自动地进入人们的意识系统，它要靠人们个体经验的积累和记忆。“文化是依赖于符号象征系统和记忆的人类共同经验。因此，人类文化的传承需要依靠记忆，而不能依靠本能。”③改革开放之初，市场化、城镇化、城市化创造了非凡的物质成果，但却忽视、淡化了文化载体的保存和复兴。进入 21 世纪后，文化传承的重要性逐渐受到重视，随着公共建筑的修缮、纪念馆的开放、非物质文化的保护，中华文化逐渐在各种活动和仪式中复活了。媒体是文化复活的重要推动力，它呼吁对文化遗产的保护，展示中华文化的魅力，培养公众对中华文化的兴趣。如中央电视台对国家宝藏、地方方志、文物修复等的报道，唤起了整个社会对传统文化的兴趣，也用丰富、生动、精彩的形式构建了我

---

① 辛鸣. 文化“软实力”背后的“硬要求”[N]. 南京日报. 2011－11－3.

② 辛鸣. 文化“软实力”背后的“硬要求”[N]. 南京日报. 2011－11－3.

③ 龙柏林. 集体记忆构建之当代变迁的哲学思考[J]. 内蒙古社会科学(汉文版)，2018(1)：49－54.

们的文化记忆。媒体对消失的文化符号的记录，是对文化记忆的另一种重要的珍藏。

4. 创造广泛的记忆认同

个体记忆深受群体记忆的影响，群体记忆通过个体记忆来表现。集体记忆的主体是离散的个体，个体的社会认同是集体记忆的基础；只有当个体记忆与集体记忆产生互动，社会记忆的意识形态功能才能得到保障。随着市场经济的深入发展，全球化的程度不断加深，公众的主体意识、权力意识不断增强，人们的价值观、世界观出现多元化倾向，社会认同变成了艰难而奢侈的东西。媒体是公众认知世界的拟态环境，媒体报道是公众思考的社会基础，因此，媒体具有制造广泛社会认同的技术基础。当然，媒体要制造广泛的社会认同，需要一些必要的条件。如：赋予社会大众记忆主体的地位，不能用王侯将相史、英雄人物史取代整个人类的社会发展史，记忆关注的内容要涉及群众的生活史、命运史。“随着现代性的确立，理性主义将上帝赶下了神坛，瓦解了以往歌颂史诗的宏大叙事。”①因此，媒体书写记忆的话语应该由宏大叙事转为生活叙事、世俗叙事、个体叙事，让不同社会阶层的成员都能在媒体叙事情境中达成群体认同。转型期的中国社会还存在着诸多的社会矛盾，它们包括现实与现实的冲突、心灵与现实的冲突、心灵与心灵的冲突、心灵与自我的冲突等，社交媒体中充满着空虚失落、浮躁激动、暴戾愤怒等情绪。媒体需要关照草根阶层的社会生活，从心理上重建人们对食品安全、生态环境、社会公正等的信心，防止基层社会弱势心态的恶化和蔓延。只有公众对未来生活的信心增加了，广泛的社会认同才能最终实现。“记忆可以用来塑造国家认同，但也可以用来稀释认同。”②制造英雄神话是一种唯心史观，关注百姓生活才能够书写更生动的历史，才能让个体在集体的框架中确立自身的位置，才能形成最广泛的道德认同、意识形态认同。

5. 建构开放的数字记忆

大数据时代，网络空间成为继物理空间、精神空间之后人类生活的第三个空间。虚拟空间是人们对第三空间的习惯称呼，实际上网络空间并非是虚拟

---

① 龙柏林.集体记忆构建之当代变迁的哲学思考[J]. 内蒙古社会科学(汉文版)，2018(1):49-54.

② 钱力成，张翮翾.社会记忆研究：西方脉络、中国图景与方法实践[J]. 社会学研究，2015(6):215-237,246.

的，它是虚拟空间和现实空间的结合，是对“虚拟—现实”的整合和超越。网络空间改变了现实社会的权力结构，现实空间的利益结构、社会关系正在加速向网络世界迁移。在现实生活网络化、数字化的趋势下，社会记忆的书写也在向网络空间延伸。数字空间内记忆书写是开放的、国际化的，记忆的框架、形式和内容均在发生深刻变化。中国媒体需要在网络空间内为国际社会提供记忆素材，需要通过制造民族记忆提升中国在国际社会的影响力和软实力。同时，中国民众需要通过网络空间，与世界人民一道书写人类记忆，构建人类命运共同体。

四、媒体书写中国记忆的基本原则

“与个体记忆不同，社会共同体没有一个共同的大脑，集体记忆只是一个隐喻，但这个隐喻却具有巨大的‘重量’。”[①]媒体能够记录、建构社会记忆，也能够映射、延续社会记忆，媒体创造的社会认同具有重大的社会能量。但媒体在书写、传播、延续社会记忆的过程中，还必须要遵守一些起码的社会原则。媒体只有遵守这些原则，才能够将个体思想纳入集体氛围中，才能实现神圣记忆与世俗记忆的共振。

1. 坚持客观的事实回忆，拒绝刻意的历史杜撰

媒体最主要的任务是客观报道信息，为社会公众绘制准确的社会地图。媒体在建构、传播社会记忆的时候，需要坚持媒体的专业主义精神，通过客观选择历史事实，为公众提供生产社会记忆的准确素材。当然记忆是一种选择的结果，这种选择只是事件的最佳配置，而不是对历史的篡改和杜撰。媒体是公众记忆最安全的储备箱，如果媒体储备箱中混进了杂质，媒体就会失去公众的信任，媒体社会记忆建构的功能就会打折或消失。不断重复杜撰信息还会产生“假性记忆”，导致公众将虚假或猜测的信息纳入记忆系统，为社会记忆的生产制造混乱。

2. 摒弃枯燥的宏大叙事，采用鲜活的生活叙事

人是具有情感的动物，只有鲜活生动的叙事才能打动人。我国媒体过去习惯于宏大叙事，强调宣传灌输和道德说教，公众却处于被动的、卑微的位置。

① 李红涛，黄顺铭. 记忆的纹理：媒介、创伤与南京大屠杀[M]. 北京：中国人民大学出版社，2017：7.

宏大叙事能够体现国家意志，能够直接准确地传达记忆要素，但宏大叙事远离公众心理，传播内容的到达率、说服力不够。社交媒体发达的时代，职业化的媒体应该改变传统的话语表达方式，多采用鲜活生动的生活叙事、细节叙事，运用视觉、听觉、语义等多种表达符号，创造具有接近性和亲和力的感知情境。如纪录片《少女胡慧珊》探讨汶川地震后的心理问题，而拍摄入口却是一个普通中学生的纪念馆。

3. 记录重大的历史事件，倡导非物质文化记忆

历史不是时空的简单复制，而是人们对历史事件的筛选。重大事件是现实生活的浓缩，是重要的历史景观，它对社会生活产生重大影响，是建构历史记忆的重要原材料，因此媒体必须投入足够的力量，重视重大事件、重大突发事件的报道。今天发生的事件就是明天的历史。香港澳门回归、北京奥运会、“一带一路”曾是媒体报道的重大事件，但是它们已经或正在走向历史，成为当代人和后代人社会记忆的重要内容。社会记忆可以依托档案资料、博物馆、纪念碑等物质载体传承，也可以通过节日、风俗、活动等非物质文化传播。因此，媒体应该充分体现自身的大众属性，积极鼓励公众保护非物质文化遗产，在非物质文化遗产的传承中保存文化记忆。

4. 周期性唤醒公众记忆，提防出现目标性遗忘

人脑的储存空间是有限的，遗忘是大脑对自身的保护机制。如果没有遗忘，我们的大脑就会像个乱石岗，人类将湮没在杂乱的信息中。因为大脑具有遗忘功能，所以我们才需要记忆。合理的遗忘能够帮助我们抛弃无用的、过时的信息，可以提纯社会记忆的主题。遗忘也会让我们心不在焉、漫无目的。因为人们有遗忘机制，一些人可以利用人脑的天然漏洞，采用各种手段和策略，发动社会性、组织性的忘却。不合理的忘却会让我们陷入愚昧，会束缚我们的思想自由。媒体应该提防各种目标性遗忘，通过周期性的记忆重新唤醒我们沉睡的灵魂。即使我们选择了宽恕，也不能以忘却为前提，而应以真相呈现为前提。

阅读论坛中年轻的研究生的论文，他们的视野明显比我开阔。他们从新技术与记忆建构、国际传播中的民族国家记忆、社会事件的媒介时代记忆、大众传播媒介与记忆建构、重大史实的社会记忆建构、新传播环境下的记忆建构、影视作品中的记忆建构、新视域下的研究议题转向等多个方面，绘制了社会记忆研究的绚丽版图。正是他们的卓越表现，给了我们继续举办“传媒学科研究生论坛”的动力。期望各位研究生利用参会的经历，书写各自的青春记

忆、人生记忆和学术记忆。

第四届论坛的筹备、举办，南京师范大学新闻与传播学院研究生会做出了巨大的贡献。马金多主席、陆伟晶副主席带领众多小伙伴精心筹划、认真接待，他们踏实认真的工作态度保证了论坛举办的质量和水平。本年度的论坛文集能够出版，还得感谢南京师范大学出版社总编辑徐蕾女士，感谢她对本文集的鼎力支持；感谢文集的编辑王艳老师、徐文娟老师、陈晨老师，她们在炎热的夏天接过书稿，然后就投入紧张的编辑过程，用辛勤劳动帮助同学们修正了较多不规范之处，也让本书减少了很多不必要的错误或瑕疵。

骆正林
南京师范大学新闻与传播学院副院长、教授、博士生导师
2018 年 10 月 30 日

目　　录

第一章　媒体新闻报道与社会记忆的媒介化

"知情的爱国主义":北京奥运会纪念性话语的生产与偏向研究
……………………………………………………………… 曹　钺　陈彦蓉　3
大众传媒对行政诉讼立法历史记忆的表达——以全国首例"民告官"案
相关报道为考察对象………………………………… 宋思邈　王　平　19
媒介形象对集体记忆的建构——以焦裕禄典型报道为例……… 程艳芳　30
乡村的味道——淘宝"村红"直播的受众研究…………………… 沈致远　39
微博传播:公共新闻理念的试金石——兼论"于欢刺杀辱母者案"的相关
传播始末…………………………………………………………… 付永田　51

第二章　重大史实的社会记忆建构

创伤记忆的书写:纪录电影《二十二》的叙事探析 ………………… 陆伟晶　63
口述史:历史叙事视域下的现场化重现 ………………………… 吴晓虹　71
激活与强化:"香港回归"社会记忆的建构——以纪录片《紫荆花开》为例
……………………………………………………………………… 曹曦冉　79
《人民日报》"九一八"集体记忆的建构(1982—2006)……………… 严茂亮　86
试论第二次国共合作期间国民党的抗战宣传策略——以《中央日报》
1937—1945 年关于"九一八"事变的报道为研究蓝本 ……… 林　娜　99
军事文化传播视域下社论对重大历史事件社会记忆的建构——以《解放
军报》八一社论为例 ………………………………… 张　磊　马　克　109

第三章　国际传播中的民族国家记忆

浅析美国主流媒体网站对“一带一路”的形象建构………………　陈　欣　119
中国中亚国际传播议题的拓展与深化——基于新世界主义分析框架
……………………………………………………………………　沈　珺　128
建构主义视角下对外传播之互文性叙事策略及其意义探析
——以纪录片《一带一路》为例……………………………　方佳媛　140
摄影中的记忆政治………………………………………………　顾　燕　170

第四章　新技术赋权与社会记忆的建构

互文性网络超文本对社会记忆建构的影响………………………　吴　飙　183
微信家族群的传播研究——探究新媒体对“家族”的线上再现
………………………………………………………　周宇阳　曾一果　193
新媒介环境下央视春晚的社会记忆建构……………………　余金红　209
移动舆论场对社会记忆建构的影响新议……………………　赵　鹏　217
电视媒介视阈下客家文化的社会记忆建构——以贺州电视台《客家》
栏目为例……………………………………………………　汤新部　225
延续与改变——传播学领域记忆研究的传统与发展趋向………　马金多　242

第一章
媒体新闻报道与社会记忆的媒介化

“知情的爱国主义”:北京奥运会纪念性话语的生产与偏向研究[①]

曹　钺　陈彦蓉[②]

摘　要:近些年民众在社交媒体上自发对2008年北京奥运会进行仪式性缅怀和协作式记忆书写,逐渐成为一种文化现象。本文将其看作一种话语实践,并选取B站北京奥运会开幕式视频弹幕与知乎的问答材料为考察文本,通过批判话语分析的方法对话语的生产与呈现结果的偏向进行分析。研究发现,国家民族叙事通过对奥运回顾、青春缅怀、他者对比等叙事的意义统合,占据了话语场的主导地位,而作为记忆另一支的“世界主义精神”被遗忘。话语生产的参与者大多为年轻的北京奥运会亲历者,持不同政见的人群通过能动的网络实践、话语博弈与交锋,在“爱国主义”层面达成了共识。然而,这种“知情的爱国主义”叙事并未脱离官方意识形态的框架。从另一角度来说,作为媒介事件的2008年北京奥运会成功实现了官方意识形态的“驯化”,在近十年后这种影响才慢慢浮现。

关键词:北京奥运会;媒介事件;爱国主义;记忆书写;话语生产

一、引言

从2008年8月8日至今,北京奥运会已走过10个年头。对于亲历这场盛会的人们而言,它无疑代表着中国崛起的“热点时刻”。近些年来,B站

---

① 本文为2017年江苏省研究生科研创新项目“民族主义议题下两岸社交媒体的话语研究”(项目编号:KYCX17_1033)的阶段性成果。

② 作者简介:曹钺,南京师范大学新闻与传播学院硕士研究生;陈彦蓉,重庆大学新闻学院硕士研究生。

(www. bilibili. com)、知乎(www. zhihu. com)、微博、微信等社交媒体上民间对 2008 年北京奥运会(以下简称 2008 京奥)的怀念愈发引人关注。如哈布瓦赫(Maurice Halbwachs)所言,"个体并不总是会直接去回忆事件,只有通过阅读或倾听他人的讲述,在纪念和节日场合中聚在一起,共同回忆长期分离的成员事迹和成就时,记忆才能被间接地激发出来"。如今虚拟空间正在成为这样一种记忆书写的"场所"。人们通过重温 2008 京奥开幕式、发送弹幕、打卡留言、更新微博等行为,将个体经历与国家发展融贯到纪念话语之中。这种集体行为是无动员、无组织、弥散而自发的,却形成了仪式性的文化现象。记忆总是被社会机制深藏,而纪念性的书写则使这种"沟通记忆"(communication memory)成了可见(visible)的存在。本文将上述话语统称为"纪念性话语",并将民众的行为视为一种话语实践。

记忆并非是被保留下来的,而是在现实的基础上被重新建构起来的。记忆被视为一种"选择性结构"(selective structure),通过"铭记—遗忘"的双重机制不断重构着位于"现在的过去"。在纪念 2008 京奥的"众声喧哗"之中,我们也发现了当代爱国主义话语的"零光片羽"。一方面,书写者们在北京奥运会的象征池中选择了"民族主义—爱国主义"的意涵,而忽视了"博爱主义—世界主义",形成了话语的偏向;另一方面,持不同政见的网民虽然在反思 2008 京奥时针锋相对,但在爱国主义维度上达成了共识。这种话语表征恰与当今网络民族主义事件中参与者的情感呈现出某种吻合迹象。

本文选取了 B 站上北京奥运会开幕式视频的 7 703 条弹幕文本与知乎社区关于"北京奥运会"话题的 34 个精华问答作为语料,借助费尔克拉夫(Norman Fairclough)"话语—话语实践—社会实践"的分析框架,试图解读"爱国主义"是如何统合以上纪念性话语和历史记忆的,并期望通过对北京奥运会的重思,寻觅到解码当代民族主义心理的钥匙,并在此基础上进行自反性思考。

二、研究背景

(一) 作为媒介事件的北京奥运会

现代奥林匹克运动会自诞生之日起便具有微妙的双重属性。一方面,它主张与政治保持距离,超越不同国度的意识形态文化,塑造竞技体育与人类和平的"天下大同"神话;另一方面,没有国家权力的支持,奥运会的实际推行将举步维艰。国际奥委会总是将奥运景观的制造权让渡于国家权力，使后者得以制造一整套文化价值观来传播官方的意识形态。并且，这种景观是一种“甜蜜的意识形态”，能隐性、柔性地控制社会情绪，实现意识形态的物化和表象化，促使公众用简化的方式认识世界。戴扬(Daniel Dayan)和卡茨(Elihu Katz)认为，奥运会是典型的“媒介事件”。它通过对惯常的干扰与市民日常生活的垄断暂时扮演了“世俗宗教”的角色，并得以实现对空间、时间的征服。电视通过联结演播室之外“远地点”的事件让观众从被动的欣赏者变为主动的意识参与者；而媒介事件制造的“阈限时刻”则使“过去被重新发明，集体记忆被重新组织”，并且得以唤起公众对被称颂的共同价值的持续关注。

现代奥运会的发展与中国由殖民屈辱走向独立解放、民族振兴的历史几乎同步。奥林匹克之于中国，是一个民族融贯百年的梦想。“国运兴，则体育兴”几乎是从国家到民众所一致达成的共识。因此 2008 京奥的举办，无疑是一个民族认同空前凝聚、象征国家崛起的“热点时刻”。有学者便认为奥运开幕式通过文化意象与象征符号的选择、组合，实现了对历史的重新谱写，建构了作为整体中国的民族认同，也形塑了对未来中国“和平、繁荣、昌盛”的憧憬。有研究者对 2008 京奥前后国人的民族心态进行了梳理，认为“在一个迅速发展和复兴的国家成功举办奥运会将有利于塑造一种更加开放、豁达、包容的民族心理”。学界的一系列实证研究继而还发现，受教育程度较高的青年群体尤其对北京奥运会展现出高度兴趣和爱国热情，期望国家经奥运的洗礼迈向世界强国，并支持中国再度申奥。以上证据均表明，作为媒介事件的北京奥运会与国家民族认同紧紧相连。时过境迁，尽管官方并未刻意纪念，但民间对于 2008 京奥的纪念话语却如“星星之火”，在 B 站、知乎、微信、微博等社交媒体空间中汇聚成“燎原之势”。在北京奥运会走过 10 年之际，重新审视这种媒介事件的“后坐力”影响，或许将有新的发现。

（二）互联网时代纪念性话语的书写

媒介事件与记忆形塑有着千丝万缕的联系。戴扬和卡茨指出，媒介事件制造了具象化的记忆代码，树立起了关于国家民族的电子纪念碑，它标志着时间的“中断”与“重启”。哈布瓦赫认为，“集体记忆填充了由媒介事件制造的欢腾时期与日常生活之间的空白，使记忆在常规实践中得以保持鲜活”。并且他最先指出，不应把“过去”与“现在”割裂，因为“记忆在本质上是立足现在而对过去的一种重构”。阿斯曼(Assmann J.)在其基础上提出了记忆的“选择性结构"特性，认为记忆是通过"铭记—遗忘"的双重机制不断重构着位于"现在的过去"。保罗·康纳顿(Paul Connerton)进而对"记忆的传递"展开探讨，他认为社会是通过书写的历史来记忆的，群众的书写实践能把自己从精英统治的历史中解救出来，他们的行为最终将被归纳到生活史、社会场景的历史以及个体获得身份认同的故事中。

如今，互联网时代的技术赋权正在使"群众的书写实践"变得更为清晰。有国外研究者指出，网络上的用户生成内容(user generated content)平台正在成为这样一个叙述生活经历、再现记忆的场所，它使我们深藏的记忆变得可见，它为生产和表达"草根记忆"(grassroots memories)提供了真正的可能。而大众对记忆文本的协作式书写，以及主体间的仪式化线上交往，或将创造出区隔于官方、精英统治下的"草根合唱"(grassroots chorus)。胡百精归纳指出，互联网使人们的日常世界、生活政治得以向社会系统、公共空间延展，个体的生活方式与在世状态将以"微观记忆"的方式浮现。由此，常人社会消费集体记忆将成为新的特征，记忆将为常人提供生活路线图与生命镜像。

从建构主义的记忆观出发，记忆本质上是一种选择性结构(selective structure)，它同时包含"铭记"和"遗忘"两种机制。换句话说，大众所书写的纪念性话语同样具有偏向性，这将成为我们关注的焦点。根据阿斯曼关于两种社会记忆的区分，北京奥运会的大众记忆更偏向于"沟通记忆"，这是一个"较近的过去"，它是个体和他同时代的人对生活经历的及时回顾，并且记忆不是高度结构化和层次化的，它会在参与社会交往的成员中广泛传播。总而言之，本文将2008京奥的纪念性话语作为考察对象，并重点关注其话语的生产过程与话语偏向问题，对其进行分析和解释。

三、研究方法设计

(一) 批判话语分析与词频分析

本文以批判话语分析(critical discourse analysis)为主要研究方法，便是考虑到其对"语言文本与意识形态"关系的特殊性，即以意识形态作为"时刻在场"的解释框架，关注意义的生产以及渗透过程。对话语分析而言，文本是话语的物质表现形式，因此文本分析是必不可少的基础性工作。根据费尔克拉夫"文本—话语实践—社会实践"的三维分析框架，本文将聚焦于如下三个层面的问题：(1) 网民对北京奥运会书写的纪念性文本呈现出哪些内容？(2) 纪念性话语是如何被生产的？纷繁的话语场经过了怎样的博弈？最终是否达成了某种共识？(3) 透过对2008京奥的纪念，我们是否能看到在场的网络参与者与缺场的官方意识形态之间的权力关系？话语的偏向是否预示了国内民众社会心理的某些特征？由此，我们将借助批判话语分析打通微观的话语想象与宏观的社会结构之间的意义走廊，探讨其辩证关系。此外，文本还将以词频分析作为辅助的研究方法。因为文本涉及视频弹幕，其数量巨大但篇幅短小，比较适合用分词和词频统计的方式进行量化处理，并以语义网络可视化呈现。经过机器处理的词语，可以进一步进行人工筛选、编码，以整合到话语类型中去。

（二）话语材料的来源——知乎与B站

从具体的操作而言，根据前期的经验性调查，本文选取了B站收录的2008京奥开幕式视频弹幕与知乎社区关于“北京奥运会”话题的精华问答作为语料。之所以选择两个具有鲜明特征，并且风格相异的社群作为分析对象，一方面这两者的话语资源较为集中和丰富，可操作性强；另一方面是期望观察其话语特征的异同，并进一步分析话语的共识问题。B站的北京奥运会开幕式视频于2012年7月27日上传，共有超过7 700条弹幕。我们利用R软件对全部弹幕进行抓取，并通过词频分析工具ROST CM进行具体的分词、高频词统计与语义网络可视化绘图。参照扎根理论的三级编码原则，我们以“词汇—高频词—话语类型”的方式提炼出弹幕话语的特征。而知乎社区的文本处理，我们通过人工阅读筛选出65个精华答案中的具体34个问答文本，进行深入的话语分析，挖掘其背后的意义。在此基础上，我们将围绕下列研究问题展开细致的论述。

问题一：北京奥运会的纪念性话语呈现出哪些特征？在这幅话语图景中是否产生了某种议题、情感上的侧重与偏向？

问题二：纪念性话语的生产主体是谁？他们是通过何种方式唤起记忆的？

问题三：不同社群对2008京奥的记忆书写是否产生了矛盾，抑或是达成了某种共识？

问题四：在北京奥运会记忆书写的话语实践背后，蕴含了中国民众怎样的社会心理状态？

四、研究结果

（一）话语特征：统合一切的国家民族叙事

北京奥运会本身拥有着丰富的象征意指，首先它因实现了中华民族的百年梦想而被赋予了浓郁的民族情感，其举办代表着中国在世界舞台上的闪耀崛起；同时，它也代表了一届高水平的体育竞技盛会，弘扬了博爱、普世、超越民族国界的奥林匹克精神，正如其口号“同一个世界，同一个梦想”所彰显的。新华社 2008 年的一篇特稿①中便谈到了这种开放与包容的精神。尽管开幕前西方媒体猜测，因西藏事件、火炬事件等中国民众可能受狂热民族主义驱使，表现出狭隘、排外的一面，但奥运会开幕后，广大中国民众却表现出热情的态度，为每一个胜利者欢呼，为他国运动员喝彩。彼时有学者乐观地猜测，北京奥运会的成功举办将使国民心态走向理性、宽容与和平。若干年过去，当记忆作为“选择性结构”发挥作用时，我们想问的是：在北京奥运会这个庞杂的象征池中，纪念性话语的书写者挑选出了什么？

表 1　2008 年北京奥运会开幕式弹幕的词频分析意象群

群组名称	高频词统计情况（单位：次）
奥运回顾话语（456）	解说（75）、开幕式（58）、奥运（44）、BGM（31）、好美（30）、喜欢（28）、震撼（25）、北京（24）、碉堡（24）、火炬（20）、烟花（19）、辛苦了（19）、倒计时（16）、太极（15）、整齐（14）、创意（14）
国家民族话语（371）	中国（126）、天朝（57）、加油（52）、霸气（27）、祖国（23）、大中华（20）、中国人（19）、君临天下（19）、有生之年（14）、骄傲（14）
他者对比话语（117）	伦敦（50）、棒子（19）、英国（18）、老外（15）、里约（15）
青春缅怀话语（226）	打卡（87）、当年（44）、重温（35）、回来（25）、报到（19）、记得（16）

如表 1 所示，我们对 B 站视频的弹幕进行抓取与词频统计，又人工筛选删去助词、虚词、重复词等后得到高频词 37 个，并将其编入四个话语群组（括号中的数字即代表词频）。其中“奥运回顾话语”展现了人们对开幕式本身相

---

① 资料来源：http://big5.gov.cn/gate/big5/www.gov.cn/jrzg/2008-08/25/content_1078685.htm.

关内容的提及和评价；“国家民族话语”则由奥运会上升到更宏大的叙事层面；“他者对比话语”主要提及外国人的反应，与外国的运动会进行比较；“青春缅怀话语”则更多将奥运会联系自身，表现主体的能动性。随后研究者又将7 703条弹幕文本录入 Netdraw 软件，进行语义网络分析（semantic network analysis），以展现高频词为节点（node）和词语共现次数为节点关系（link）的可视化图像。将 Betweenness 变量作为“中心性测量”的要素赋值分配后，得到可视化图像（见图 1）。由此可见，纪念性话语产生了显著的偏向，“国家民族话语”成为凝聚的中心。以下将结合知乎文本，做进一步的分析。

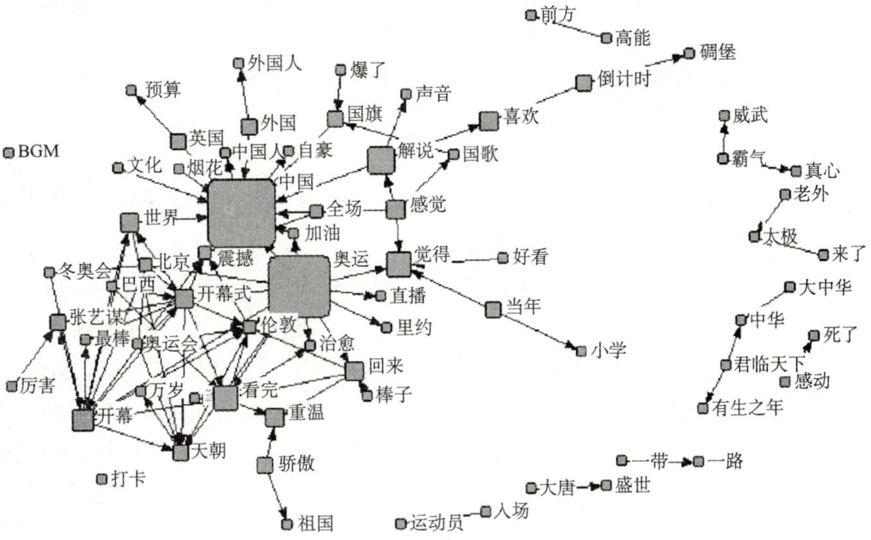

图 1　2008 年北京奥运会开幕式弹幕文本的语义网络分析图

1. 从奥林匹克盛会到国家崛起的象征

从数量上，“奥运回顾话语”与“国家民族话语”无疑占据了话语场的主体。从情感态度上，无论是 B 站还是知乎用户都给予了 2008 京奥开幕式极高的评价，例如“绝对震撼”“前无古人，后无来者”“史上第一”①等。有知乎网友甚至搜集了纽约时报、华尔街日报、BBC 等全球知名媒体对开幕式的评价，以印证其观点。奥运会与国家民族是两个不同事物，但在开幕式艺术演绎的过程中，受众

① 考虑到本文收集和分析的话语资料数量繁杂，为避免文献引用过于冗杂，并不在文中特地标注。所引用的原文皆会加上引号标志，出处均为知乎和 B 站这两个语料库。

视野中两者的界线不断趋向模糊。刷弹幕的年轻观众极易在赞叹奥运景观"好美""碉堡"的同时，转向国家民族认同的身份审视。这其中奥运会的媒介事件属性发挥了显著的作用，即使时间流逝，但当屏幕前的个体重新被熟悉的旋律(BGM)、画面萦绕时，那种国家民族的归属感与自豪感反而历久弥新了。

安德森(Benedict Anderson)曾言，"所有伟大而具有古典传统的共同体，都借助某种和超越尘世的权力秩序联结的神圣语言为中介，把自己设想为宇宙的中心"。文房四宝、太古遗音、万人击缶、四大发明、汉唐盛世、郑和下西洋等并非中国历史的全部，但它们被挑选出来作为富含"象征资本"(symbolic capital)的文化符号，为所有观众重新谱写了中华民族的历史神话。观察弹幕的疏密分布，我们发现讲述中国历史和文化的上篇远密于讲述中国现当代精神面貌的下篇。如果说包含着2008张世界人民笑脸和主题曲《我和你》的下篇凸显了普世情怀的话，那么上篇无疑集中展现了国家主义和民族主义精神。纪念性话语视点的聚焦可见一斑。

此外，B站弹幕也凸显出青年人的话语风格特色，他们积极地挪用、拼贴各种文段，形成了错综复杂的互文叙事。该过程中国家民族的正向叙事起到了显著的统合作用。例如，"天朝"在互联网空间中带有强烈的讽刺、自嘲意味，也被视为躲避网络审查的一种文字策略，但在奥运语境中则由贬转褒。"王耀"则为日本动漫《黑塔利亚》中"中国"的拟人形象，在ACG(Animation Comic Game的缩写，动画、漫画、游戏的总称)亚文化盛行的B站不断被赋予爱国主义色彩，并逐渐成为宅男宅女们对国家的想象符号。弹幕中不断出现的"愿我有生之年，得见您君临天下"同样出自漫画作品。"这盛世，如你所愿"则出自"9·3大阅兵"时微博网友对周恩来的纪念词。由此，国家民族话语实现了互文叙事的统合，对北京奥运会成功举办的回忆与再阐释"自然化"地过渡到国家崛起的象征意义之中，满足了广大民众对共同体的想象。

2. 亲历者叙事与青春缅怀话语

在知乎社区"你所经历的2008年北京奥运会是怎样的?"问题之下，大量的关于亲历者叙事和青春缅怀的话语涌现，这些书写者大多属于"80后""90后"群体，2008京奥正是在他们青春期和成年早期时举办的。网友"老霍"谈到，"十八岁不到的我荣幸地成为一名志愿者，虽然很累，但很开心，穿那件制服时回头率超高的……"；Warm Blood谈到，"下午还在网吧打CF，不到晚上6点整个网吧都空了，出门回家的路上一个人都没有，瞬间以为这天是除夕"；除了西藏打砸抢烧事件、汶川地震、奥运火炬抢夺等大事件，网民的书写中更多融入了个体的记忆，比如经历高考、工作实习、自主招生、结婚生子……由此宏大叙事融入了生活叙事之中，2008 京奥成了每个亲历者、见证者个体生命道路上的坐标。网民的奥运叙事包含着鲜活的生命张力，通过故事将北京奥运会纳入了个体对青春的追忆之中。

哈布瓦赫曾指出，“人们总是把过去的时代赋予现实不曾拥有的魅力，他们润饰它们，削减它们，完善它们，使这个遥远的世界被蒙上了浪漫主义色彩”。在大多数观点中，记忆总是被认为会随着记忆焦点的远离而逐渐褪色，随着时间流逝，记忆的权威性也会减弱。然而经过民众纪念性话语的生产，北京奥运会反而被塑造为了更坚固的神话。很多网友在 B 站视频中谈到，“当年看的时候感触不大，重温却格外感动”。网友“老编辑”如此形容道：“让你骄傲的其实不是北京奥运会，是你的青春。”青春的理想、奥运的激情都被国家民族的崛起所统合，在这种浪漫的光泽之下，国家历史进程被个体生命所铭记。

3. 他者对比话语：排外的民族主义情绪

民族主义总是诞生于多元文化的碰撞之中，处在别国别族的凝视之下，2008京奥纪念性话语中也充斥着与他国的对比叙事。从所指对象上看，在京奥之后举办的 2012 伦敦奥运会、2016 里约奥运会都普遍被拿来与之比较。网友们认为北京奥运会完胜其余，大量重复性、队列式的句子在 B 站、知乎涌现，如“北京奥运会开幕式绝对震撼，伦敦弱爆了”“雅典、悉尼、伦敦、里约，北京最好，毫无争议”“京奥之后，再无奥运”。另外，弹幕中出现的“老外一定看呆了”“又说这是他们的”也被统合进“他者对比话语”，强化了我群的“卓越”与他群的“无知”。

这种看似自满的“帝国”话语背后，深藏着历史性的自卑感。中国的爱国主义教育，总是会强调屈辱的近代史、西方列强的侵略以及民族国家救亡图存的历史使命。这种根深蒂固的“受难者”情结和愈发强烈的“正名”心态也扎根于这一代年轻人的心底。因此，当 2008 京奥前后，祖国遭受地震、暴力事件、火炬遭抢的创伤，西方媒体进行大量反华报道时，人们的历史心态被再度激活。知乎网友在回忆起这一系列事件时，义愤填膺地书写道“西方你看着，中国会越来越好”，“CNN 你记住，这大场面没人比得了我们”，“中国时代已经到来，美国插什么手”。这种强烈的民族主义排外情绪，于 2008 年奥运会前夕愈发鲜明。而北京奥运会蕴含的理性、包容、开放的另一面民族情绪，却被选择性地遗忘了。随着这些年中国经济持续发展，综合国力不断上升，国内民族主义浪潮高涨，这种情绪在许多舆情事件中均有所反映。而这种社会心理，也投射到了对北京奥运会纪念性话语的书写选择中。“君子报仇，十年不晚”，记忆书写中这种强烈的排外情绪，或恰可解释为对十年前西方诸国傲慢与偏见的回击，以及长期以来“受难者”心理的发泄。

（二）话语实践：集体协作书写与“爱国主义”的共识制造

1. 无组织的协作书写与仪式化线上交往

与“帝吧出征 Facebook”这种有组织的集体行动不同，北京奥运会纪念性话语的生产并无明晰的组织目的。通过长期的经验性观察和资料搜集，研究者发现这种行为并无官方的授意或暗示，亦没有民间的号召和倡议。换句话说，大众纪念 2008 京奥，源于内生性的感召，而非外部力量的动员。克莱·舍基(Clay Shirky)将其概括为“无动员的集体行动，无组织的组织行为”。这种不约而同的协作式书写，彰显了网络群众的集体智能。“虚拟社区总是具有汇合专长的能力，我们即使没有人知道所有的事情，但每个人都知道一些事情，如果汇集我们的资源，组合我们的技能，我们就可以把整幅图画拼贴起来”。通过对 B 站弹幕数量与时间关系的梳理，我们发现纪念性话语的生产一方面总体呈弥散状态，体现了其“去组织化”特征，而另一方面又形成了几个峰值，凸显出某种时间上的仪式感。

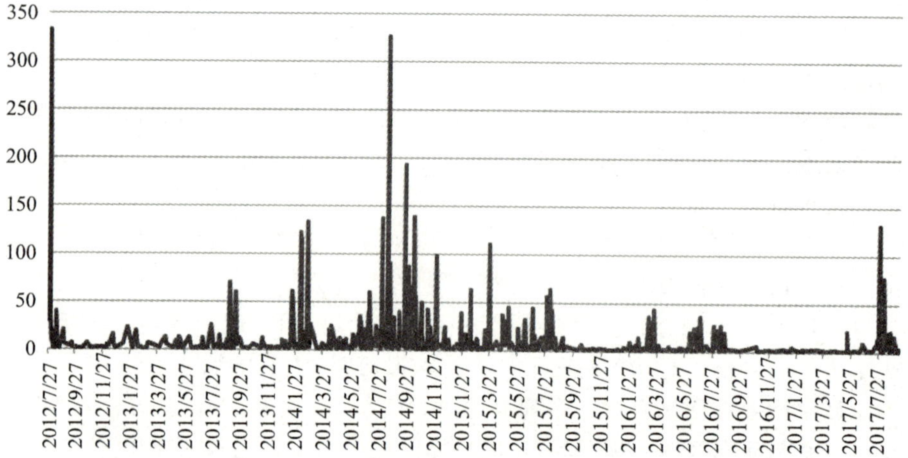

图 2　2008 年北京奥运会开幕式弹幕数量的时间分布图

知乎“北京奥运会”话题问答数量的分布，大致上与 B 站弹幕呈现的状况吻合。我们可以粗略地认为，每年夏季的 7、8 月份成为纪念性话语涌现的热点时刻，尤其是在奥运年。相同的时间、相同的事件往往唤起了网络民众重温、回忆的冲动，由此国家民族历史性的热点时刻内化成了个体生命的热点时刻。2008 京奥开幕式的 8 月 8 日也成了一个仪式化的时间。相较知乎，B 站上纪念性话语的仪式感更为凸显。网友们在开幕倒计时、尾声谢幕时都纷纷留下“20××年×月×日打卡”或者“×××签到”的弹幕，不同时空的纪念汇聚成一幅“此刻同在”的共鸣图景。在“万人太极拳”“烟火绽放”“主题曲演奏”“火炬点燃”等片段时，网友们不禁留下整齐划一的“此生无悔入华夏，来世愿在种花家”。如果说纪念奥运的行为本质上是一种怀旧，那么这种公共空间的集体缅怀与抒情，已经构成了联结性的仪式化线上交往。发送弹幕的人虽互不相识，却因爱国主义与民族认同的情感产生了强烈的共鸣。外部环境和手段能使个体意识到他们共同的处境，使他们的归属感上升为同属感，使一个人群转化成一个基于集体认同而行动上团结一致的集体主体。线上、自发、非官方的纪念仪式，虽然褪去了传统典礼的庄重与神圣感，却更具有朴素的生活气息。当广泛的纪念性话语汇聚于公共空间，不同经历的个体相互遭遇时，“我们”的认同会不断被唤起，社群的归属感也被转化为国家民族的同属感。

2. 话语博弈的过程：冲突与妥协

虽然 2008 京奥的纪念性话语中，国家民族的正向叙事占据了主导，但这并不意味着异见的消失，群体中总是存在不同社会身份与政治态度的个体，而话语则处处体现着政治性。因此，反对的声音不断争取对现实的解释权，而主导的话语则想方设法进行意义的统合，话语的博弈、冲突与交锋在所难免。无论是知乎还是 B 站，内部均存在异见声音。以北京奥运会开幕式来说，造假的消息一经公布不啻惊雷。北京人民广播电台和《京华时报》均揭秘称，《歌唱祖国》中林妙可只是形象演出，而真实的声音来自幕后的杨沛宜；焰火“29 个大脚印”在电视转播画面中播出的其实是事先制作好的三维视频，只有最后一步是实景拍摄[①]。正如民众容易将京奥的成功过渡到对国家的自豪感一样，对“假唱”的揭秘同样会引发民众对国家政府的不信任，因此彼时网络上的相关质疑和指责很快被当局控制了。然而时过境迁，当 B 站用户因“假唱事件”再起分歧时，更多的弹幕站在了为官方辩护的立场上，例如“假唱也不是不能理解，这么大型的表演，让一个小女孩来，换你你行吗”，“真不知道你们对假唱这么在意干什么？我倒觉得不假唱才有病呢”，“虽然知道是假唱，但依然很感动”。换句话说，相较于真实的残缺，他们反而更认同“被制造的完美感”。而知乎上关于这个问题的态度则截然相反。网友李晨昊就直言“这是大国欺负

① 资料来源：http://www.ftchinese.com/story/001021258? page=2.

了一个女孩(杨沛宜)”。

除了 2008 京奥本身,知乎的纪念性话语还延伸到了中国社会的方方面面,并体现出强烈的“自反性”特征。针对 2008 京奥之后的毒奶粉事件,“面子工程”的奥运会是否劳民伤财、是否还值得继续举办等问题,网友们各列数据,展开了激烈的争执。那么知乎社区关于北京奥运会的纪念与反思,是否达成了共识呢?经过研究分析,我们认为共识依然是存在的。参与者在观点的不断交锋中,也不断地形成对话,以及达成妥协。杨国斌认为,“中国网络社区最引人注目的并非实际功利用途,而是如何培养道德感情。和所有乌托邦一样,这一乌托邦冲动是对现实的批判,是对美好世界的渴望”。对 2008 京奥的纪念性话语而言,这种如道德情感一般强烈且绝对正确的事物便是“爱国主义”。作为个体,可以改变自己的社会身份,选择政治立场,甚至改换国籍,但始终无法改变你出生、成长的祖国。正如安德森所言:“即使我的国家会犯错,但在情感上,不论国家对错,她依然是我的祖国。”在知乎问题“2008 年北京奥运会到底给我们留下了什么”的回答中,获得最高票点赞的答主 Bocc 的回答,使两派总体达成了共识:每当遇到执政者处事不力,或者明显犯浑的时候,我也会忍不住要爆粗。但是我对这个国家始终充满信心并持积极的态度。在国际竞争依然激烈的今天,在国家边界不可能消除的很长历史时期里,我依然笃定地希望我所在的这片土地可以越来越好,不被人看不起。如果打个比方,“我出生在一个穷苦的农民家庭,我穿得不光鲜,我被旁边的有钱人家嫌弃素质低下,但我和我的家人一直在努力,希望有一天我们家也可以过上好日子,不被人看不起;而我的另一个家人,他总是嫌弃自己生在一个穷苦没素质的人家,每次我说我们要一起努力变好的时候,他就说风凉话、泼冷水、挖苦我,想着自己有一天可以抛弃爹娘,甩掉我这个穷兄弟,去有钱人家生活,甚至把户口也迁过去”,抱歉,我始终愿意做前者。

综上所述,我们看到 2008 京奥纪念性话语书写的群体中:年轻的 B 站用户显示出更为激进的民族主义立场,倾向于为官方政府辩护;而人员结构更为复杂多元、精英意识较强的知乎社区则积极地针对北京奥运会展开反思,其内部共识更难达成。从话语统合的策略上:B 站的弹幕话语采用了简单粗暴的声势打压,即用数量、形式上的胜利抢夺话语权;而知乎社区则更为理性地引导不同观点的用户进行辩论与对话,话语权的占据需要引用数据、新闻等客观资料,有理有据才能说服其他用户,成为高票答案。然而,这两个风格相异的社群并非完全不存在共识。在微观事件中不断出现分歧的群体,最终在更为宏观的维度达成了一致,即绝大部分参与 2008 京奥纪念性话语生产的用户均认为这是“成功凝聚人心的一届奥运会”，并且“爱国主义本身是崇高而正确的”。

（三）社会实践：对 2008 京奥“两种遗产”的反思

中国媒体习惯于将 2008 京奥后的时间称为“后奥运时代”。站在当下重新审视奥运会带来的影响，或更能厘清一些蛛丝马迹。纪念性话语也从话语实践通向社会实践的层面，与更宏观的社会结构性因素产生联系。我把它归纳为两种“遗产”，分别是物质层面的“大国现代化”与社会心理层面的“知情爱国主义”。

在“2008 年北京奥运会到底给我们留下了什么”问题之下，网友“樱飘珞珈”和“雷梅苔丝”共同谈到了 2008 京奥对北京城市建设的积极影响。2001 年申奥前，北京只有两条地铁线，七年间已经增加到 13 条线，形成了较为完备的地铁网，并且在后奥运时代越做越强。而奥林匹克森林公园则成为全北京跑步爱好者的圣地和北京民间娱乐文化的汇聚之地。答主们描述亲身体验，展现出一派市民社会的蓬勃面貌。北京奥运会后，中国的经济继续高速增长，超过日本成为全球第二大经济体。有网友谈到，“2008 京奥是中国真正迈向世界大国的转折点。过去埋头搞建设的中国一跃站在了世界聚光灯下，通过奥运会举办所获得的隐性国家形象和价值，一定程度上助力了这些年中国国际影响力的提升”。钓鱼岛和南海问题上的强硬态度、更多的双边多边关系、“一带一路”、亚投行倡议、“人类命运共同体”等热词纷纷涌入知乎话语场。以上所述均可被归纳到“大国现代化”的话语范畴之中，我们可以明晰地看到网友们倾向于将综合国力的提升归因于 2008 京奥的成功举办。何以如此？研究者认为，将两者真正串联到一起的仍是“爱国主义”。

20 世纪 80 年代，邓小平就指出：“能否实现四个现代化，决定着我们国家的命运、民族的命运。”他强调：“必须发扬爱国主义精神，提高民族自尊心和民族自信心。否则我们就不可能建设社会主义，就会被种种资本主义势力所侵腐化。”自此以后，爱国主义叙事就与现代化叙事紧密交织到一起，被统合进上层意识形态体系之中。而对中国来说，“民族主义”总是被西方媒体用以批评国民的排外性和狭隘性，带有强烈的负面因素，因此官方更喜欢用“爱国主义”这个称谓，它包含了个体对祖国的挚爱，隐含着随时准备用行动去保卫祖国的意思，它比“民族主义”更为源远流长。

论及此时，我们需要重新将目光聚焦到纪念性话语生产的主力军身上。哈布瓦赫认为，集体记忆存在着代际的差异，重大的公共事件会在参与者的心灵上留下深刻的印记，特别是当他们处于青春期和成年的早期时。相关实证研究已证实这一猜想，并且同时印证了曼海姆(Karl Mannheim)的“代群”猜想，即“在一代人当中，那些具有共同命运、经历了相同的社会历史过程的个体，会构成特定的代群。其成员由于有过共同行动或经历，会对某些事件做出相同的反应，并且产生某种亲和性”。根据长期网络观察及上述分析，我们基本可以断定这批“80后”“90后”，甚至“00后”的年轻人们，不仅在青春期和成年早期成为北京奥运会的亲历者，而且自幼起就成为爱国主义教育的浸润者。对他们来说，“爱国主义”已然是“先天的存在”，或者说是福柯、巴特、布尔迪厄等所称的“自然化”(naturalization)的事物了。这种民众社会心理与西方长期以来所持的“党派精英操纵”理论有显著的差异，其主体并非被片面的信息遮蔽，而是积极能动的，用周永明的话说，“他们越是接触西方媒体，越是博文多见，越容易成为排外的民族主义者”。也正因为如此，“爱国主义”得以成为不同政见群体达成共识的一种基础。

五、结论与反思

本文以2008北京奥运会为案例，探索了互联网时代民众在社交媒体上纪念性话语的生产，并且发现了公众的记忆再现呈现出特定的议题偏向。2008京奥的纪念性话语场域中，对奥林匹克奇观的骄傲自豪，对个体青春记忆的缅怀，以及对其他邦国的排斥，都指向了国家民族叙事的崇高性，并使其占据了主导地位。由此，北京奥运会所倡议的“同一个世界，同一个梦想”的普世话语被选择性地遗忘了。从话语生产的过程来看，参与该过程的主要群体为“80后”“90后”“00后”的年轻人，他们能娴熟地使用社交媒体进行协作式书写与仪式化的线上交往，在虚拟的公共空间中进行集体缅怀与抒情，并借助爱国主义与民族认同的情感产生共鸣，强化自我的身份认同。借此，个体的归属感上升为群体的同属感。话语实践也是不同意见群体交锋、博弈的过程，相较于B站用户更为激进地以弹幕数量淹没异见声音，知乎社区中产生了更多理性的对话声音。无论是社群内部，还是社群之间，微观细节中产生的分歧最终在更为宏观的“爱国主义”维度达成了一致，大家都认可“北京奥运会对民族自信心、凝聚力的积极作用”，并且深深认同“爱国主义本身是正确且崇高的”。

通过对北京奥运会纪念性话语与宏观社会实践的分析，本文认为一种当代的新型爱国主义情绪正弥散在社会民众之间。借用周永明的概念并兼顾中国语境的正当性，我们将其归纳为“知情的爱国主义”(informed patriotism)，它包含三层含义：(1) 行为主体对国家民族议题的正反、两面评价都有所接触，也包括对西方媒体的种种评价，这种知情不仅是对现世的知情，也包括对历史的知情，这为他们在话语场中与异见者展开辩论提供了知识条件；(2) 他们的话语实践属于自发行为，并非由官方操纵，行动的初衷是对祖国的热爱；(3) 他们越来越倾向于将个体生命经历与国家进程融合，由此“保卫国家”不再是遥远的彼在，而成为日常实践的此在。帝吧出征 Facebook、赵薇撤换戴立忍事件、南海仲裁案、孙杨与霍顿之争、萨德导弹事件……这些民意汹涌的网络民族主义事件，无一不体现了参与者的此种社会心理。

由此，2008 京奥的纪念性话语实践实质上反映出一种“开端”的神话。这让我们不禁猜想，正因为展现了中华民族在世界面前的崛起，北京奥运会为如今的网络民族主义提供了丰富的象征资源。这种理想化、浪漫化的盛世乌托邦，很容易对我们造成麻痹，使美学符号穿越广阔的场域，从开放、理性的一端滑向狭隘、偏激的另一端。当我们在网络上愤怒地抨击着与国家民族对立的他者时，脑海中浮现的或许正是 2008 京奥带给所有人的安详与美好。北京奥运会作为一种象征符号，虽然没有鼓动人们去直接行动，却成为一种思考和感觉的载体。另外，本文虽然始终聚焦于网络民众的能动实践，很少提及该过程中官方发挥的作用，但主流意识形态的这种“看似缺场”，却是一种“隐形的在场”。因为大众的爱国主义叙事并未跳脱出主流意识形态设定的框架。随着时间沉淀，民众甚至为官方辩护，转向了更保守的立场。从这个角度来说，作为媒介事件的北京奥运会是一次卓越的思想“驯化”，以至于 10 年后的今天，我们的记忆反而趋向历久弥新。媒介事件所构成的回环效应，让今天的重新审视更具价值。

参考文献：

1. 莫里斯·哈布瓦赫. 论集体记忆[M]. 毕然，郭金华，译. 上海：上海人民出版社，2001：43，44，91.

2. Assmann J. Cultural Memory: Script, Recollection, and Political Identity in Early Civilizations[J]. Historiography East & West, 2003, 1(2): 154 - 177.

3. 骆正林. 奥林匹克运动会的景观制造与价值传播[J]. 体育与科学，2016(6)：54 - 60.

4. 戴扬，卡茨. 媒介事件：历史的现场直播[M]. 麻争旗，译. 北京：北京广播学院出版社，2000：32，245.

5. 王琳. 想象中国：民族认同与中国现代性——2008 北京奥运会开幕式的文化研究[J]. 广西师范大学学报(哲学社会科学版)，2009(6)：78 - 81.

6. 陈岳. 北京奥运会与民族主义：理性的呼唤[J]. 现代国际关系，2008(11)：1 - 5.

7. 陈满琪.奥运价值观对爱国情感和奥运关注的影响:有调节的中介变量[J].体育与科学,2012(3):1-4.

8. 保罗·康纳顿.社会如何记忆[M].纳日碧力戈,译.上海:上海人民出版社,2000:20.

9. Bartoletti R. Memory and Social Media: New Forms of Remembering and Forgetting[M]// Learning from Memory: Body, Memory and Technology in a Globalizing World. 2011:82-111.

10. 胡百精.互联网与集体记忆构建[J].中国高校社会科学,2014(3):98-106.

11. 诺曼·费尔克拉夫.话语与社会变迁[M].殷晓蓉,译.北京:华夏出版社,2003:22,63.

12. 克里斯·安德森.想象的共同体:民族主义的起源与散布(增订版)[M].吴叡人,译.上海:上海人民出版社,2016:12,6.

13. Zelizer B. Reading the Past against the Grain: The Shape of Memory Studies[J]. Critical Studies in Mass Communication, 1995, 12(2):214-239.

14. 胡泳.众声喧哗:网络时代的个人表达与公共讨论[M].广西:广西师范大学出版社,2008:88.

15. 扬·阿斯曼.文化记忆:早期高级文化中的文字、回忆和政治身份[M].金寿福,译.北京:北京大学出版社,2015:138.

16. 杨国斌.连线力:中国网民在行动[M].广西:广西师范大学出版社,2013:113.

17. 邓小平.邓小平文选(1975—1982年)[M].北京:人民出版社,1983:155,148-149.

18. Schuman H, Scott J. Generations and Collective Memories[J]. American Sociological Review, 1989, 54(3):359-381.

19. Mannheim K. The Problems of Generations[J]. Essays on the Sociology of Knowledge London Routledge & Kegan Paul Ltd, 1952.

20. Christopher R. Hughes. Interpreting Nationalist Texts: A Post-structuralist Approach[J]. Journal of Contemporary China, 2005, 14(43):247-267.

21. Zhou, Y. Historicizing Online Politics: Telegraphy, the Internet, and Political Participation in China[M]. Stanford University Press, 2006:212.

大众传媒对行政诉讼立法历史记忆的表达——以全国首例“民告官”案相关报道为考察对象[①]

宋思邈　王　平[②]

摘　要:在现代传媒时代,立法历史记忆依赖于大众传播媒介,可通过传媒表征记忆来考察和理解立法历史记忆。本文主要运用媒介记忆等理论,以全国首例“民告官”案的相关报道为考察对象,主要探析大众传媒对行政诉讼立法历史记忆的表达问题。研究发现,大众传媒采取了多种表达方式:大量有关全国首例“民告官”案件的报道,不仅唤醒了民众对行政诉讼立法的历史记忆,而且培养了民众对理想法的追求意识和对现实法运行中不足问题的质疑精神;时人的追溯回忆和反思不仅增添了立法历史记忆的具象感、真实感,而且强化了民众对历史的集体记忆,以及对法治精神和推进法治社会建设的深刻认同;电视、电影作品再现中国“民告官”第一案镜鉴,使包郑照以法维权的勇气、胆识和法治的人格精神得以广泛传颂。

关键词:大众传媒;行政诉讼法;“民告官”;历史记忆;媒介记忆

一、引　言

在我国,受几千年封建文化的影响,“官贵民贱”“官尊民卑”的意识形态根深蒂固,长期以来人们心目中完全没有“民可以告官”的观念。“宁可冤屈死,

---

① 本文为2012年度国家社科基金项目“媒体法制传播与农民话语权保障研究”的阶段性成果(项目编号:12BXW018)。

② 作者简介:宋思邈,西北政法大学新闻传播学院硕士研究生;王平,江苏师范大学传媒与影视学院副教授,博士、硕士生导师。

不可民告官”这种观念延续已久，“官本位”思想一直难被打破。翻阅中华人民共和国的法制史，在1989年颁布的《中华人民共和国行政诉讼法》(简称《行政诉讼法》)开启了一个“民可以告官”的新时代。而在这部法律出台实施之前，浙江省苍南县舥艚镇一个名叫包郑照的农民就已敢为天下先，首开先河状告当地县政府，成为改革开放后“民告官”的第一人。这场轰动全国的“包郑照案”发生在1988年8月，而就在1989年3月，该案终审结束后不到半年，第七届全国人大二次会议通过了《行政诉讼法》，“民告官”案件从此有法可依。在媒介化时代，如何对全国首例“民告官”案及由该案催生的行政诉讼立法活动进行表征和记忆，关系到其立法、普法和民主法治意义等能否真正得到重视、认同与弘扬。

大众传媒不仅是一种法治信息传播的手段，而且是现代法治文化、法治意识及精神传承和延续的重要渠道。在依法治国的背景下，行政诉讼等立法历史记忆作为与国家法治建设、公民权利息息相关的记忆，需要传媒的表达、叙事和建构。通过传播媒介不断地重复再现和意义诠释，使立法、法治的象征符号和观念意识符号一遍遍地得到演绎，借以向民众传递立法历史事实、普及法治观念、弘扬法治精神，从而助推社会治理的法治化发展。正如有的研究者所言，我们记忆历史不是了解“那些史料表面陈述的人物和事件，更重要的是由史料本身的选择、描述与建构中，探索其背后所隐蔽的社会与个人情境”。但无论社会记忆还是历史记忆，都需要某些可以让回忆固着于其上的“结晶点”，如某些重大事件、特殊人物和日期等，然后通过大众媒介传播它们所承载的历史、文化意蕴及现实意义。当前，随着我国城市化建设进程的推进，由征地拆迁、环境污染等纠纷引发的行政诉讼案件逐渐增多，一些地方强征强拆、非法占用土地等现象也愈演愈烈，日益引发媒体和社会各界对“民告官”案件以及《行政诉讼法》有关问题的关注与反思。大众传媒如何通过对全国首例“农民告县长”案历史记忆的复述、诠释或表达，以重构行政诉讼立法修法等活动的历史记忆，是本研究关切的主要问题。

本文主要采用文本分析法，以全国首例“民告官”案的相关报道为考察对象，从实证角度探析大众传媒对行政诉讼立法历史记忆的表达与建构问题。笔者通过百度、360、读秀等搜索引擎，以“全国首例‘民告官’案”“包郑照案”为关键词进行搜索，获得有关报道137篇。这137篇文本是本文的主要研究对象。

二、媒介记忆与历史记忆

媒介记忆与历史记忆的形成都经过采集社会信息、选择、编撰和建构的过程。大众媒介通过对日常信息的采集、编辑、记载或报道，形成一种以大众媒介为主导的社会信息记忆。这一记忆过程使得媒介记忆与历史记忆之间形成某种必然的关联。媒介记忆对于整个人类的历史记忆意义非凡。从媒介作为历史记录者的角度看，可以说没有媒介记忆就没有历史记忆。当然，媒介记忆并不能等同于历史记忆，两者在目的性、价值观、表现形式与叙述手法等方面是截然不同的。比如新闻媒介采集与编撰社会信息的直接目的是满足受众的信息需求并从中获益；历史记忆的建构者则无须以满足受众的信息需求作为建构历史记忆的直接目的，也无须过多地考虑信息传播的效益；历史记忆在表述性上注重严谨性、逻辑性和精确性，在时间维度上往往形成一种循序渐进式的线性排序的建构模式；媒介记忆则与这种系统线性的历史记忆不同，它常常是个性化的或“碎片化”的，也较为注重差异性和多样化。此外，新闻媒介还非常注重“时效性”“趣味性”等新闻价值标准，而历史记忆则并不特别注重这些，对于“戏说”式的趣味性记载或娱乐性叙说并不认可，等等。

当然从社会信息的“重要性”与“显著性”上来看，媒介记忆与历史记忆在这方面又有契合之处。两者对具有重大影响或具有标志性意义的重大事件、特殊人物以及关涉民生的立法建制等问题，都是高度重视的，尤其是两者之间还存在某些协同互动的共通性和必要性。如媒介记忆可成为一种历史佐证、历史记忆建构中的一部分或历史积淀，它能够通过归纳与命名、追溯与回忆、分析与解释等方法直接作用于历史记忆的采集与编撰，如挖掘和运用背景材料，阐述新闻事实或历史事件的原因、影响、发展趋向及深层内涵等。新闻媒体对具有历史意义的重大事件和重要人物等进行定期或不定期的追溯式报道，是加深对重大历史事件和历史人物记忆的重要方式，也是将有关重要事件及人物植入历史记忆的有效手段。媒介对以往历史事件或新闻事件再次回顾与重提，直接提高了相关事件及人物在信息汪洋大海中的显示度和历史记忆中的重要地位，营造和建构了媒介与受众之间的价值共同体。总之，媒介记忆与历史记忆可互动互助，也可共进共演。媒介记忆可以参与历史记忆建构的过程，并成为历史记忆的重要来源；而历史记忆也可成为当下媒介报道的资源，被赋予媒介记忆的价值，或与当下具体的社会现实相联系，经过媒介表达与建构从而产生新的时代意义。

三、全国首例“民告官”案情概况

1985 年，苍南县农民包郑照经镇城建办批准，在该县肥艚镇东面的海滩上建立了一座3间3层的楼房，并办理了房屋产权登记手续。但县政府根据相关行政法规认为，包家的房屋盖在了海堤范围内，对抗洪防汛造成了干扰，要求包家自行拆除，但包家没有理会。当年 7 月，县政府对包家的房屋实行了强行拆除。包郑照不服，决定讨个说法。他向温州市中级人民法院起诉县长黄德余，要求确认他房屋的合法性，获得经济赔偿并追究主要责任人的法律责任。这在当时可谓石破天惊，包郑照一举打破了中国数千年“民不与官斗”的文化传统，成为“中国‘民告官’第一人”。然而在那个年代，“民告官”尚无法可依，包郑照的起诉并没有被法院受理。时任《经济生活报》法律顾问、浙江省第四律师事务所兼职律师的楼献成为这个案件的代理律师，他几经奔走，促使浙江省高级人民法院指定温州市中级人民法院受理了该案。1988 年 3 月 29 日，温州市中院向苍南县政府发出了应诉通知书。当年 4 月 3 日，时任苍南县县长的黄德余出庭应诉这起“民告官”案。当时新华社、人民日报、中央人民广播电台、法制日报等国内数百家媒体聚焦此案。媒体的介入以及数以百计的报道，使苍南这起“民告官”案演变成了一堂全国性的民主意识和法制普及课。在所有的媒体报道中，案件的具体内容已经显得越来越不重要，而“农民告政府，县长当被告”本身却成为爆炸性新闻的核心。

1988 年 8 月 29 日，法院一审做出判决，认定包郑照等所建房屋违反有关行政法规，是违章建筑，苍南县人民政府强行拆除其违章建造的部分房屋是合法的。包郑照和儿子包松村等对一审判决不服，向浙江省高级人民法院提起上诉。浙江省高级人民法院在温州市公开审理此案，并于 1988 年 12 月 26 日宣判包郑照等人败诉，做出“驳回上诉，维持原判”的终审判决。就在此次“民告官”案发生后不久的 1989 年 3 月，第七届全国人大二次会议通过了《中华人民共和国行政诉讼法》。这意味着“民告官”案件从此有法可依。这一全国首例“农民告县长”事件被誉为全国第一届人大至第九届人大五十年间“民主与法制建设”十件大事之一。

四、大众传媒对全国首例“民告官”案件历史记忆的表达

1988 年全国首例“农民告县长”案发生后，政府、媒体和社会各界几乎每

年都会在论及“民告官”和行政诉讼立法修法等有关事件及问题时，不约而同地谈起“民告官”第一人——农民包郑照，并组织一些活动或通过不同形式来纪念这位勇于以法律为武器维护自身权益的老人。这其中，大众传媒积极参与、策划和报道，既体现了其重要的社会功能，也使全国首例“民告官”案的历史记忆及其所承载的法治精神及意义得以表达和延续。

（一）大量有关首例“民告官”案件的报道，不仅唤醒了民众对行政诉讼立法的历史记忆，而且培养了民众对理想法的追求意识和对现实法运行中不足问题的质疑精神

从总体上看，有关全国首例“民告官”案及与之相关的行政诉讼立法修法等活动的报道，不仅数量较多，规模较大，而且载体多样，体裁形式也较为丰富，如有报纸、电视、电影等多种媒介给予报道，有短消息、通讯、连续性报道、系列性报道、述评和访谈类节目等多种形式。尤其是不少深度报道及评论联系当下“民告官”的一些现实问题，为行政诉讼立法修法等建言献策，不仅报道背景丰富，观点深刻中肯，而且文字、图片和影像等多种符号被用于媒介表达和意义建构。

从报道的年份上考察，各大媒体共同关注全国首例“民告官”案和行政诉讼立法修法活动及问题，主要集中在特殊的有重大纪念意义的年份以及“民告官”事件多发、频发的年份。如 2008 年正值改革开放 30 年之际，首例“农民告县长案”这一在中国民主法治进程中留下浓墨重彩一笔的事件引发不少媒体的追溯报道。如《老农告官，催生行政诉讼法》(温州晚报，2008 - 08 - 16)、《“民告官”旧案留重彩　追溯首例农民告县政府案》(温州新闻网，2008 - 09 - 20)、《改革开放后“民告官”第一案》(新浪网，2008 - 12 - 10)、《中国民告官第一案始末》(《法制资讯》2008 年第 12 期)，等等。在 2010 年《行政诉讼法》实施 20 周年之际也有不少纪念性报道，其中更有不少以首例“农民告县长”案作为背景资料，对现实“民告官”困境和问题的反思报道。如《浙江温州民告官案多发　官员出庭一言不发成摆设》(中国新闻网，2010 - 11 - 09)、《我国 20 年民告官案件超 150 万起　原告三成胜诉》(新浪网，2010 - 10 - 01)，等等。其中，在一篇题为“150 万民告官案件推动中国法治进程——写在行政诉讼法实施 20 周年之际”的报道(法制网，2010 - 09 - 30)中：一方面肯定了通过首例“农民告县长”案，“民告官”制度获得了广泛宣传，民众的观念也开始转变；另一方面，也对行政审判工作面临的一系列困难和问题，如行政审判工作不受重视、官官相护的情况仍然不同程度地存在、司法环境仍然有待改善等问题进行

了反思与讨论。

此外，随着2013年末《中华人民共和国行政诉讼法修正案（草案）》提请全国人大常委会审议，首例"民告官"案及行政诉讼修法等有关问题，再次引起媒体及各界的关注和讨论。尤其是人们对修法如何着力破解立案难、审理难、执行难的问题，产生了极大的兴趣，殷切期盼通过这部法律的修订，改变"信访不信法"的现状，让"民告官"的渠道能够更加畅通。这一时段比较典型的报道有：《中国"民告官"第一案镜鉴》（《民主与法制时报》，2014-10-27）、《聚焦中国民告官案件：百姓胜诉率低亟待加大监督》（中国新闻网，2014-09-21）、《行政诉讼法修订草案　告官不见官可追究法律责任》（中国青年网，2014-08-27）等。其中一篇题为"行政诉讼法大修：让'民告官'不再难"的报道（人民网，2014-02-10），对当前行政诉讼面临的"三难"、草案的完善、当事人诉权的保护以及修改《行政诉讼法》如何打破一些制度瓶颈等问题进行了一定探讨。

近三年有关首例"民告官"案的追溯报道，多与当年行政诉讼案件频发或新修订的《行政诉讼法》适用中的一些问题有关，如《大起底！永嘉去年有140起"民告官"　政府错在哪》（浙江新闻客户端，2017-03-28）、《立案登记制　行诉法修正：廿五年后"民告官"成效几何》（《南方周末》，2016-01-09）、《民告官，"腰杆"直起来》（人民网—人民日报，2015-11-04），等等。

综上，媒体对全国首例"农民告县长"案及与之相关的行政诉讼立法修法等活动及问题的多角度、多体裁和全方位的不间断报道，不仅激发了民众对"民告官"及行政诉讼立法修法的历史记忆、传扬了现代法律精神和立法为民等理念，而且更重要的是，还能够在潜移默化中培养民众对理想法的追求意识和对现实法运行中不足问题的质疑精神。这不仅有助于行政诉讼法等现实法的修订和完善，而且有助于公民理性主体意识和法律怀疑精神的提升。因为"只会接受而对接受对象不加质疑的主体，最多只能增加法律知识，而无法创造性地参与法律科学化的活动，也无法形成理性法律信仰"。

（二）时人的追溯回忆和反思不仅增添了立法历史记忆的具象感、真实感，而且强化了民众对历史的集体记忆，以及对法治精神和推进法治社会建设的深刻认同

在日常生活中，我们若要深刻地唤起群体的历史记忆，凝聚群体共识，那么就需要不断为这种记忆提供具象化的、真实可感的细节或线索。大众传媒对首例"民告官"案及行政诉讼立法活动等的历史叙事，往往注重挖掘相关案

件事实与立法活动之间的内在关联，能够将立法历史事件、相关历史人物及活动等巧妙地融入具体的事实和情境中，通过追溯和再现那些重要历史事件和人物的特殊面与细节，来强化我们对历史的集体记忆。在笔者搜集的137篇有关全国首例“民告官”案及行政诉讼立法修法活动的报道文本中，有许多报道刊载了时人的一些具体细致的珍贵回忆。如作为被告的原县长黄德余的《苍南县原县长黄德余讲述中国民告官首案　我见证了法治的进步》（《法制日报》，2009-10-01），有关包郑照及家人的《民告官“第一人”辞世　遗言称官司虽输无憾今生》（新浪网，2002-10-19），有关该案代理律师楼献、胡建淼的《中国民告官第一案始末》（《法制资讯》，2008年第12期）、《代理律师回顾中国“民告官”第一案》（新浪网，2012-5-6），有关《行政诉讼法》起草人之一、中国政法大学终身教授应松年的《30年前的我国“民告官”第一案》（青岛全搜索电子报，2015-04-08），等等。

根据安格拉·开普勒的研究，“同一个年龄段的人群，因一定的突出历史事件、说话和思维方式、榜样和他人以及幻想和精神创伤等，被打上共同的烙印。只要同一代人还活着，这种记忆也就还活着。它直接同它的载体即同一个经历和回忆的群体联系在一起”。上述这些包括包郑照本人在内的回忆者既是同一时代的人，也是历史的见证人。他们对首例“民告官”案发生的前前后后的点滴追忆、对包郑照以法维权的坚韧不拔的人格精神的缅怀、对当时苍南县原县长黄德余力排众议出庭应诉的行为及精神的肯定等，都是极有意义的历史记忆。如包郑照的代理律师之一胡建淼对办理此案的总结反思，在此值得一书：“抛开案子的胜败不说，这一案件表明了农民敢于用法律武器来维护自己的权益，同时也引起了全国舆论界的关注和人民群众的觉悟，让更多的老百姓知道了中国是有行政诉讼制度的，只要老百姓的权利受到侵害，是可以告政府的”，“几千年来老百姓习惯了拦路喊冤式的官民对话形式，而包郑照则是开启了一条解决矛盾冲突的理性之路”，等等。这些作为历史见证人的追忆和感慨议论，通过记者的挖掘、记录或跟踪报道，以及各大媒体的广泛传播，唤起了民众对“包郑照案”及与之相关的行政诉讼立法修法历史的深层记忆，进而使民众建构起对法治精神和推进法治社会建设的深刻认同。

（三）电视、电影作品再现中国“民告官”第一案镜鉴，使包郑照以法维权的勇气、胆识和法治的人格精神得以广泛传颂

德国学者约恩·吕森指出：“在公共文化场景中，集体记忆已经被大量的

活动影像及其图片资料所覆盖。”尤其是随着现代信息传播进入“图像化”“视觉化”时代，大众传媒对影像传播更为重视。为了纪念“民告官第一人”，电视、电影等影像媒介也通过各自独特的表现手段，以图文并茂、具体可感的方式再现全国首例“农民告县长”案，从而在公众记忆中塑造了包郑照这一“时代需要”的“民告官英雄”形象①，并对其以法律为武器维护自身权益的勇气、胆识和法治的人格精神进行广泛传颂。

2008 年 1 月上映的电影《家在东魁河畔》(后改名为《告状》)，通过大量珍贵的历史镜头，再现了当时轰动全国的“民告官”案的历史场景。为了让这部影片更具有真情实感，电影拍摄场地全部选在温州本地。当年“包郑照案”开庭的地点是被改造成法院模样的苍南电影院，剧组因而特地搬来了一个旧的戏台子，以重现当时场景。影片开机前，当年代表苍南县政府出庭应诉的县长黄德余也赶到了现场。19 年前的两个情景至今非常清晰地印在黄德余的脑海里：那年包郑照已经 60 多岁了，胡子花白，干瘦干瘦的，开庭时他一直埋着头，抱着一个用竹子做成的水烟筒不停地吸；休庭的时候，黄德余走了过去，朝包郑照伸出了手，包郑照迟疑了一下握住了。而这样真实宝贵的细节，都如实地搬上电影屏幕。这些影像资料的艺术重现，使观众如临其境，如见其人。②

在建构“‘民告官’第一案镜鉴”的历史记忆中，电视作为强势主流媒体也发挥着相当重要的作用。如在 2001 年 12 月 4 日新宪法颁布 20 周年纪念日时，包郑照老人作为全国首例“民告官”的当事人，应中央电视台之邀，和家人一起走进《今日说法》栏目，追溯这段不平凡的历史。2008 年 12 月 10 日央视《新闻调查》栏目以“改革开放后‘民告官’第一案”为题，对该案进行了深度报道。2010 年 10 月 4 日 CCTV－12《大家看法》栏目的“十一”特别节目《穿越时空的对话》，以“普通农民叫板‘县太爷’”为议题，对首例“民告官”案及有关问题进行了追忆、讨论。2016 年 4 月 21 日央视《新闻直播间》在报道贵州省副省长出庭应诉行政诉讼案这一事件时，也曾以新闻链接形式，对“包郑照案”进行了追溯报道。

电视、电影等传播媒介以影像为符号，透过不同的镜像来叙述“包郑照案”及行政诉讼立法修法历史活动的发展脉络，经过创作团队对重大立法历史事件及相关人物的挖掘、调查和对相关作品的精心制作，让这些宝贵的历史记忆通过“视觉化”“图像化”的途径传播，不仅深化了“民告官”及行政诉讼立法修

① 资料来源：http://news.sohu.com/68/60/news202766068.shtml.

② 资料来源：http://new.cnlg.cn/20080109/3096.htm.

法等历史记忆的书写，而且将包郑照拿起法律武器维权的勇气、胆识和精神表现得淋漓尽致，也使其权利意识和自主自救的法治人格魅力散发出特殊的"场"效应，感动、震撼着观众的心灵，从而进一步诠释出"'民告官'第一案镜鉴"背后蕴含着的法治期待和普及依法治国等的意义。

随着数字技术的发展和互联网传播媒介的兴盛，人们对重大立法修法历史事件及相关历史人物的记忆越来越从抽象的文字转向了形象、直观的视觉图像，这使有关历史事件及人物的再现更加具体、生动。正如马塞尔·普鲁斯特所说："凡是通过感官印象储存起来的回忆，都比通过语言重复这种媒体储存起来的回忆更加具有无与伦比的直接性和真实性。"

五、余论

本文运用文本分析的方法，以全国首例"民告官"案件为考察对象，意在探析媒体如何通过对该案及与由此推动的行政诉讼立法历史记忆的复述、诠释或表达，以重构"民告官"及行政诉讼立法修法的历史记忆，并力图探究其中更深层次的内涵。

其一，从文化的层面来说，对全国首例"民告官"案件的历史记忆通过大众媒介的传播，不仅成为一种文化现象，而且建构了法治文化。这种文化从深层次影响、支配甚至决定着法治的框架和建设。而大众传媒作为文化传递和变革的力量和载体，通过法治信息传播参与到法治建设中去，同时引导、推动和构建现代法治文化。这种作用具体表现在以下几个方面：(1) 促进法律知识的普及，培养全社会的法治观念；(2) 助推社会治理的法治化，如媒体关于公权力滥用、民众维权抗争、舆情危机事件等的报道，会刺激政府和社会各界的神经，加快执政为民的法治政府建设的进程；(3) 促进公民正当权益的保护，从"包郑照案"到"孙志刚案"，从"最牛拆迁案"到"最大国家赔偿案"等，几乎每一个重大的法治热点事件背后，都有媒体为维护公民合法权益和社会公平正义而孜孜追求的身影。可以说，媒体不仅推动了公民权利的保护、落实，也推动了法治现代化进程中的法治文化建设。

其二，如果说媒体对全国首例"民告官"案及有关行政诉讼立法修法等的报道、反思已形成了"法治文化"，那么对于该案等的历史记忆也可以说是"法治文化观念记忆"。因为国民的以法维权意识抑或法治意识作为法治文化观念系统，也是现代法治文化系统的有机组成部分。从这一点上讲，媒体的"法治文化观念记忆"对法治文化建设，尤其是对公民自主自救意识和法治的人格精神的培育，意义同样不可小视。

如前所述，长期以来，在封建专制文化观念的影响下，权大于法、法即刑、法律工具主义等传统法治意识在我国根深蒂固。在某些民众心目中，法律是“惩罚违法犯罪的工具”，是“管老百姓的”，抑或是“为有权有势者服务的”，等等。他们由于对法律的功能和本质等存在认知偏差，因而往往畏法厌讼，看不到或不相信法律更重要的维护公民权益的作用。当他们在面对征地拆迁等行政纠纷时，不仅缺乏“民可以告官”的观念，而且缺乏利用法律武器维护自身权益的自主自救的人格精神。而这种精神作为主体人格自主化的产物，正是法治的人格精神的基础。进而言之，主体人格独立和自主是自救型主体人格必然的精神要素。然而，当前我国不少民众的人格特征和主体意识多是依附型人格及意识，主要表现在权力崇拜意识、人治意识和清官意识根深蒂固，遇到涉法涉诉问题时往往“信访不信法”，迷信通过“行政权力”途径能解决问题。这不仅在某种程度上导致越级上访、重复上访、集体上访甚至群体性事件等的多发频发，而且还会使人治意识以及政府的权威拯救意识得以“旺盛”成长。对于我国法治社会建设和公民依法维权意识及能力的培育而言，依附型人格和权威拯救意识是一种强大的精神阻力。缺乏自主自救意识及法治精神的依附型人格倾向，会导致民众对政府的过度依赖，而这种过度依赖所滋生的人治意识和权威拯救意识会使作为权利主体的公民丧失对政府的监督之心，从而使政府权力失去重要的约束，甚至为公权力滥用等提供了人格土壤。而大众传媒对全国首例“民告官”案及行政诉讼立法修法等活动及问题的具象再现、意义阐释和舆论监督等，不仅使农民包郑照成为自主自救、勇于以法维权的一面旗帜、一种精神典型和法治文化符号，而且有助于我国民众的法治意识尤其是自主自救这一法治的人格精神基础的传承和培养。

其三，大众传媒对行政诉讼等领域立法修法的历史记忆的书写与反思探讨，对助推我国行政诉讼等各领域的立法进程意义重大。从推动行政诉讼法出台的“包郑照案”到直接导致我国收容制度的废止与新制度产生的“孙志刚案”，再到《物权法》起草和修改过程中由“一封信”引发的互联网上的大讨论等[①]，都是典型例证。

大众传媒对重要的、具有历史意义的法律事件或立法修法活动进行报道与反思，不仅可以参与历史记忆的过程，赋予历史记忆新的时代意义，将有历史价值的新闻事件有机地植入历史记忆之中，而且更重要的是还可以启动立

① 资料来源：http://news.qq.com/zt/2006/gxtwqf/.

法修法议程、参与有关法案辩论、助推国家立法进步。具而言之，媒体通过法治报道和评论等形式，充分表达公民权益诉求，将民众关心的立法问题以及意见、建议等引入立法议程中，从而助推立法工作的启动。当然，一般情况下，也许单篇的报道难以对我国的法治建设产生显著的作用，但经年累月、持续不断的法治新闻报道则会从价值深层对社会带来潜移默化的积极影响，从而助推立法工作的启动和法治的进步。

在网络化时代，大众传媒在保障公民合法权益、维护社会公平正义和助推法治社会建设等方面，越来越发挥着不可替代的重要作用。网络新媒体的迅速发展不仅改变了人们的生活场景，也改变了包括记忆行为在内的社会行为。作为一种新的记忆媒介，互联网新媒体正在改变着人类的记忆模式以及这种模式下的结构机制。尤其是随着自媒体的广泛使用，多元文化的传播与扩散得以促成，记忆个体的个性被激发凸显，对同一事件的解读和诠释版本会更多维、更丰富。可以说，未来由广大网民参与的立法历史记忆与舆论表达，在中国立法建设过程中将日益发挥不可或缺的重要作用。正如有研究者所言，在互联网越来越发达和普及的今天，公民通过网络对法律制度和司法案例发表积极合理的意见和建议，对相关立法、执法部门来说既是压力也是动力，理性客观的网络舆论往往可以和社会其他舆论、专家意见一起形成合力，合理的部分也能被立法机关虚心吸取，并体现在法律法规的制定和完善上。①

参考文献：

1. 舒泰峰，徐宵倩. 温州“民告官”经验[J]. 瞭望东方周刊，2008(232).

2. 王明珂. 历史事实、历史记忆与历史心性[J]. 历史研究，2001(5).

3. 熊秋良. 论大众传媒对历史记忆的表达——以建国后孙中山“逢十”诞辰纪念活动为考察对象[J]. 江苏社会科学，2016(6).

4. 邵鹏. 媒介记忆与历史记忆协同互动的新路径[J]. 新闻大学，2012(5).

5. 谢晖. 法律信仰的理念与基础[M]. 济南：山东人民出版社，1997.

6. 哈拉尔德·韦尔. 社会记忆：历史、回忆、传承[M]. 季斌，王立君，白锡堃，译. 北京：北京大学出版社，2007.

7. 约恩·吕森. 历史思考的新途径[M]. 綦甲福，来炯，译. 上海：上海人民出版社，2005.

8. 谢晖. 拯救还是自救——法治的人格精神要素分析[J]. 学习与探索，1997(4).

9. 顾理平. 法治国家建设中的媒体推动[J]. 中国广播，2013(2).

10. 张莉. “消失”与“重现”新媒介环境中的记忆呈现[J]. 新疆财经大学学报，2015(3).

① 资料来源：http://www.chinanews.com/fz/2011/03－10/2897167.shtml.

媒介形象对集体记忆的建构
——以焦裕禄典型报道为例

程艳芳①

摘　要：媒介形象对集体记忆的建构是一个历史演化的过程，集体记忆是大众媒介所书写的，大众媒介的选择性报道所建构的集体记忆对于受众来说是一种“选择性记忆”。从历时发展来看，焦裕禄媒介形象的建构曾先后以报纸典型报道、电影、电视剧为载体，而在不同时期，不同媒介形式对于焦裕禄形象建构的侧重点有所差异，焦裕禄媒介形象逐渐从一个具有强烈政治色彩的英雄人物转化为一个全心全意为人民服务的公仆形象。焦裕禄媒介形象的发展并不仅仅意味着传播载体和叙事方式的变化，其背后至关重要的是社会语境以及相应的集体记忆的变化。

关键词：典型报道；媒介形象；集体记忆

典型报道是中国新闻业一道颇为独特的景观。一般而言，西方拥有的新闻样式大都能在中国找到一致或近似的样式，然而有一种中国盛行的报道样式在当代西方却找不到，那就是典型报道。由于我国特殊的新闻实践社会历史环境，不难发现，典型报道更多采用的是具有鲜明的政治宣传目的性的新闻选择模式和报道思路。而典型人物的报道不是一个静止的状态，而是一个动态的过程，在这一动态过程中，每一个阶段相对应的媒介都在塑造不同的人物形象，构建不同的集体记忆。分析不同时代塑造的媒介形象对我们理解典型报道的发展具有重要意义。本文以焦裕禄报道为例，通过对焦裕禄的形象在不同的媒介架构下的转变，而建构出不同的集体记忆形象。

提到焦裕禄，一般人们首先会想起“人民的公仆”，还可能会联想到铁人王进喜、领导干部的楷模孔繁森等耳熟能详的人物，之所以会在脑海中出现这些

---

① 作者简介：程艳芳，华东政治大学传播学院硕士研究生。

人物，是因为他们是被成功塑造的典型人物，拥有了跨越时间的生命力，已经对人们形成了一种集体记忆。

一、不同时期所建构的焦裕禄媒介形象

（一）报纸典型人物报道中的焦裕禄形象

这一阶段的媒介主要是报纸。焦裕禄这一典型人物，最初就是由报纸新闻报道塑造出来的，鉴于当时相对封闭的社会环境，受众的教育水平不高，其宣传的效果相对较好。其标志是 1966 年新华社发表的由穆青主笔的长篇通讯《县委书记的榜样——焦裕禄》。作者在写这篇通讯时正好恰当地融合了当时的历史环境，以及写作期间，通过深入兰考县切身调查，与当地的老百姓进行交流，使得这篇通讯更具感染力与传播力。这篇新闻报道在当时掀起了全国范围的学习焦裕禄的热潮。通过对《县委书记的榜样——焦裕禄》进行文本分析得出，这一阶段的典型报道主要有以下特点。

第一，从生产语境上，反映时代的需要。新闻生产产生于时代的发展需要，也即一定时代的产物。20 世纪 60 年代初，我们国家刚刚度过三年困难时期，一些重大灾区尚未脱贫，人民过着贫困艰苦的生活，需要一个典型人物的革命精神鼓舞群众。而焦裕禄的事迹正好符合党和政府的宣传目的，是意识形态主导之下自上而下的政治宣传的结果。荷兰学者佛克马、蚁布思在《文学研究与文化参与》一书中指出，“经典的变化可能是由政治形势的变化促成的，但另一方面，经典也可以成为一种政治工具”。而此时期的典型报道其实就是一种“工具”，偏重于影响受众的认知甚至转变受众的行为方式，其宣传效应和舆论导向目标优先于信息传递。

第二，在新闻形式上，典型报道带有明显的宣传色彩。一是通过对于焦裕禄的典型报道，突出其为“困境中的英雄”。文章从开头到结尾，焦裕禄始终以一个与困难做斗争的英雄形象存在着，文章开始就描绘了兰考县的苦难景象，如“一眼看不到边的黄沙”“片片内涝的洼窝”等，描绘焦裕禄在大雪天看望老贫农并对着老大娘说“我是您的儿子”等动情的话，将共产党员和人民群众的关系构建为血浓于水的亲情关系，意味着共产党员对待人民群众要像对待父母那样充满关爱和奉献精神。二是在实际行动上，着重强调其是“毛泽东思想的实践者”。如文章中提到：焦裕禄是带着《毛泽东选集》来到兰考县的；在焦裕禄思考工作方法时，正是毛泽东的著作给了他智慧和力量；当焦裕禄看到韩

村、秦寨等地的贫下中农自力更生的革命精神时，他激动地认为“这就是在毛泽东思想下的贫下中农革命精神的好榜样”；在他死后，人们又在他的枕下发现了这本《毛泽东选集》；等等。其表达的核心就是将焦裕禄这一人物建构为毛泽东思想、共产党理念的代言人与实践者。所以，从报纸媒的报道中，我们可以读出明显的政治宣传色彩。

总而言之，在以报纸为媒介的典型报道的范式下，《县委书记的榜样——焦裕禄》这篇典型报道对于焦裕禄所构建的媒介形象就是“困境中的英雄”“毛泽东思想的实践者”，焦裕禄成为那个时代人们心中的榜样与偶像。事实上，典型报道正是通过塑造人物个性以突出其典型性，并通过宣传典型以塑造榜样供民众学习。

（二）影像中的焦裕禄媒介形象

这一阶段的媒介主要是电影、电视剧。1990 年电影《焦裕禄》上映，2010 年电视剧《焦裕禄》推出，伴随着社会语境的转换和传播技术的革新，影像中的焦裕禄形象与革命时代报纸上的焦裕禄形象有所不同。影像是以这则新闻为史料、以影视艺术为载体来再现历史。在这一时期的焦裕禄媒介形象主要表现出以下特点。

第一，以影视的方法传达历史以及我们对历史的见解，即美国历史学家海登·怀特曾提出的“影视史学”的概念，让历史借助现代传媒重新走向民众。影片主要从细节着手，讲述了焦裕禄与人民群众的互动，展现了焦裕禄与人民群众之间血肉相连的关系。影像主要体现的内容有：焦裕禄带县委委员到火车站体验灾民的苦难；焦裕禄违反国家的统购统销政策，救济灾民；焦裕禄迎着暴风雨视察灾情、看望群众等。电影中人物感情描写的动态化、背景音乐的抒情化以及背景环境的真实化等都会把受众带入，并使他们体会到兰考的贫穷、治理三害的艰难，对焦裕禄与人民相处的亲民形象等留下深刻印象。

第二，影视中对于政治色彩的强调放在次要位置。20 世纪 60 年代的报纸塑造的焦裕禄形象政治意识形态色彩较为浓厚，而影视中的焦裕禄更多地表现为人民公仆的形象，全心全意为人民服务，真正地把老百姓放在第一位。20 世纪 90 年代，在改革开放时期，中国经济开始起步，人们的思想呈多元化发展，电视剧对焦裕禄人物形象的建构再现了共产党紧密联系群众的优良传统。另外，把报纸多处描写的毛泽东的影响处理为背景因素，把文字描写的毛泽东对焦裕禄的各种影响转化为影片中出现的毛主席画像，其作为一种政治符号虽然对应了新闻中的政治革命的话语，但是不再是作为一个主要性的因素来构建，影视中主要还原焦裕禄在兰考县如何为人民服务以及与三害做斗争的事迹。

第三，以平民化的视角来讲述焦裕禄形象。电视剧《焦裕禄》的播出，主要讲述了焦裕禄成长与奋斗的人生轨迹，刻画了一个全面、立体的焦裕禄形象。以焦裕禄青年时期抗匪保田的故事切入，再现了焦裕禄从青年时期到兰考直到因病去世的种种经历，着眼点在于人物的成长，通过生活中的各种细节来展现，而非单纯地塑造"高大全"的英雄形象。

在这一阶段，焦裕禄媒介形象的政治意义、革命色彩逐渐淡化，焦裕禄从一个秉承毛泽东思想、勇于与困难作战、心系群众的革命英雄转变为一个全心全意为人民服务的好公仆。从马斯洛需求理论中我们可以看到，在不同时段人们的需求是不断变化的，在满足温饱需求后可能就会追求物质需求甚至是精神需求。电影和电视剧为媒介形式的焦裕禄媒介形象之所以会出现，是因为时代的需要，其更便于人们记忆和接受。在电影、电视为媒介的时代，社会意识形态的开放性促使呼唤一个精神符号化的作品来指引。

二、从焦裕禄媒介形象看典型报道的发展

所谓典型，在另一个层次上理解为某种社会道德、某种时代精神的杰出实践者。例如被新闻媒介反复宣传过的雷锋、焦裕禄、王进喜，这些典型的媒介形象之所以可以被不断地塑造，是因为无论社会怎样开放，文明程度怎样提高，人们都需要这样的榜样来激励、来启迪。它更相当于一种符号传播、精神传播，但在每个社会时期都被赋予了不同的意义来进行与时俱进的传播。对那些实事求是地体现了时代精神的先进典型，广大群众一直由衷地敬仰、热情地赞美，并引以为学习的楷模。这些典型的魅力和价值是永久存在的。

对于焦裕禄典型人物的报道，就新闻传播过程而言，从建构论的视角出发，新闻传播在一定程度上是一种操作符号建构现实的过程。而不同时期媒介不同的报道方式以及报道框架的使用，在建构焦裕禄媒介形象时会对受众产生不同的效果，而所产生的传播效果对不同时期人们的集体记忆的建构具有不同的影响。关于焦裕禄这一媒介形象，在最初的时候集体记忆主要表现出政治色彩浓厚、人文精神缺失等问题。这样的报道往往缺少对个体的关怀，我们只看到媒体对雷锋故事的报道，却看不到故事背后真实的人的存在，这样的新闻报道往往缺乏温度和力度。而随着时代的发展，对焦裕禄的媒介形象的建构也在发生着变化。当然，对于典型报道也有人持消亡论的观点，认为典

型报道是在落后的、封闭的环境下存在的，而随着社会环境的发展变化，这种形式必然会消失。或许观点有一定的合理性，但是，若我们能从典型报道中寻找到当代人的共通点，在此基础上，从“化大众”到“大众化”转变，就会起到一个典型的真正意义。从之前的传播媒介、传播环境以及传播对象的单一性来看，典型人物的宣传更符合当时的语境以及传播效果，也即能更好地起到“化大众”的效果。而当前的时空环境已经发生变化，尤其是传播媒介和传播对象发生变化，想要达到一个好的传播效果，就必须实现从“化大众”到“大众化”的效果转向。

对于典型人物的报道选择标准发生了变化。从一个各方面都优秀的人物转变到一个平凡的人物身上，不再重视各方面都完美的人物，而是从一个侧面、一个小事、一个举动等方面来选择报道。主要从平凡人物中挖掘典型，真实全面地塑造典型形象逐渐成为典型人物报道的新策略，也就是实现典型报道的人性化、平民化和草根化倾向。“感动中国”人物的评选可以说是新时期典型报道的成功转变。报纸时代由于空间较为封闭，受众的教育水平不高，价值取向单一化，报纸报道的宣传效果较好，更多的是一种改造国民性的方式，而且报纸时代的新闻典型报道是意识形态主导之下自上而下的政治宣传的结果。随着宣传的时间和空间的改变，受众思想的多元化发展，要想达到好的传播效果，就必须树立多元化的典型，让不同的人都能在典型中找到相对应的正能量。而“感动中国”正是以人的生存和生命体验为主要出发点，关注每一个普通的个体，从他们的身上去观察出新闻事件对于社会的意义。这一典型更多的是与主流价值观相适应的自下而上的宣传效果。不同的社会背景和阶层都存在着典型人物，不管他们是底层中平凡的人还是社会精英人物，他们都在做着不平凡的事，他们的所作所为感动了这一时代的人们。这样的人物更贴近普通群众，对他们的典型事迹，受众会产生一种“情感共同体”，当看到与自身身份相接近的人群得到表扬和赞同，受众也会觉得自身的生活空间、命运和价值得到了极大的关注。这会营造一个良好的社会氛围。另外，典型报道不再刻意强调“典型”二字。“感动中国”的人物事迹主要是从他们的生活中挖掘，在情感上更能触动受众，使受众的心与心相连接，能够在受众的生活中找到“现实形象”原貌，形成受众心理认同。这种情感共同体的构建能够加深受众之间这种非线性的联系。

总体来看，典型报道在报道意图上由单一的政治教化转向社会整合与价值导向，它起到一个沟通社会文化共识及主流价值观的导向作用。在当前，由于社会环境的变化，典型报道也已逐渐实现从“化大众”到“大众化”的转变，更多的是在平凡的人物中挖掘出最不平凡的事迹。当然，这个典型不仅是媒体去挖掘，在自媒体时代，受众自己就是典型的发掘者，受众之间的沟通对话可以消解典型报道的冲突，一个受众与典型之间的对话阶段就此开始。

三、媒介形象的变化对于集体记忆的塑造

集体记忆是一种社会行为，人们从社会中获得集体记忆，也在社会中与其他个体或群体交流这些集体记忆并获得认同。在当代社会，媒介在集体记忆的保存、传播中扮演了核心角色。尤其是在互联网和数字化环境使集体记忆的传播手段、途径和影响力都产生了巨大变化的社会语境下，我们在正确认识媒介对于集体记忆的建构。如果我们说大众媒介在集体记忆传播中的功能是“断裂与延续”，那么，大众媒介对集体记忆的建构是再现、遮蔽与凸显。随着社会的不断发展，塑造的集体记忆不仅仅是群体的记忆，也包括集体记忆和个体记忆之间的交叉化。

从报纸典型报道到电影再到电视剧，焦裕禄媒介形象在不同的时期呈现出不同的框架。从本质上说，不同的媒介使得人们对于焦裕禄形象的记忆是一种对历史的重新建构。换句话说，焦裕禄媒介形象建构的过程也就是大众媒介再现历史、建构历史的过程，而在信息社会中，大众媒介对历史的再现无疑是建构人们集体记忆的一种重要机制。从这个层面上来说，不同的媒介形象塑造着不同时代的集体记忆。也就是说，不同时代的人由于其历史背景的不同，在接受焦裕禄的媒介形象时有不同的集体记忆，也即媒介不同了，时代的语境发生变化了，人们接受的焦裕禄的形象也会随之发生变化，那么，媒介就在这一方面起到了重要的中介作用，媒介能从一定程度上引起人们的注意力。当然，随着时代、媒介在改变，我们所要向社会传递的这种焦裕禄精神也不是一成不变的，是随着时代与时俱进的，但其本质不变。

出现不同时段的焦裕禄的媒介形象，一方面与我国大众媒介的生产活动是分不开的。我国的媒体承载着作为党和政府的喉舌的功能，起到政治宣传、社会稳定的作用，而建构不同时代的焦裕禄的媒介形象正符合党和政府的社会作用。焦裕禄是大家耳熟能详的典型人物，把焦裕禄的形象和主流意识形态相结合，可以说是政府宣传的一部分。另一方面，“集体记忆”概念的创始人哈布瓦赫曾指出，“集体记忆在本质上是立足现在而对过去的一种重构”，也即我们对过去的记忆随着时代的变化总是受到我们解决现实问题的心态和环境的影响，在每一个时代，由于其历史的因素，集体记忆的建构必然与当时的社

会需求，尤其是要与当时的社会主导意识形态相对应。因为集体记忆是一定历史时期由文化的、社会的等各种有形和无形的因素形成的“想象的共同体”，它是人们共同的记忆，不仅能反映过去的记忆，而且当我们在重新拾起时，又是连接过去和现在的桥梁。当我们在新的社会环境下重新了解媒介所塑造的焦裕禄形象时，就是在连接过去和现在，达到一种情感上的共鸣。当然，由于媒介传播的偏向性，媒介所塑造的焦裕禄形象的内容也就有一定的偏向性。报纸时代的新闻写作与影视时代的播放，媒介性质不同，所传播的内容和注意力是不同的。我们都知道，报纸是纸质媒体，是一种静态传播，相对来说，电影、电视更多的是一种动态传播。而对于焦裕禄集体记忆的建构，事实上也是从社会语境出发，结合媒介对人和社会的影响，通过提炼过去的人物和事件来回应当下现实社会的一种表现。

另外，媒介不仅是社会记忆的结构要素，也是集体记忆的表现形式以及传承的构成方式。集体记忆的存在和表现必然要通过一定的记忆媒介才能成为可能。浙江大学历史学教授陈新指出：“我们与其让集体记忆停留在一种不可捉摸的状态，不如将它视为某个范围内被普遍认可的主流历史记忆。”事实上，不同的媒介形象在建构着不同的集体记忆，大众媒介在一定程度上能够引导受众对集体记忆达成共识。弗朗西斯科·德利奇在《记忆与遗忘的社会建构》中认为，记忆“不是事实，而是创造，是发明”，它是国家带有明确政治目的的理性选择，并非重现往日事实：“记忆与其说是对过去的忠实重现，不如说是对自那同一个（过去）以来不断更新的重新建构。”20 世纪 60 年代的典型报道是源于当时特殊的中国历史背景，一方面是社会的阶级意识形态浓厚，另一方面三年自然灾害对中国造成严重不利的社会影响。在这一环境下，报纸报道焦裕禄的事迹起到的是一种战胜苦难、建设社会主义国家的积极作用。90 年代之后，电影和电视剧的播放是在社会环境变化、改革开放进一步推进、经济的发展带来官僚腐败现象的出现、党员和群众关系进一步疏远的背景下，而再一次塑造焦裕禄全心全意为人民服务的形象，可以说是党和政府以及人们的需要。它能起到一种精神引领作用。通过影视更直观地把焦裕禄艰苦朴素的生活作风表现出来，例如将骑着一辆破旧的自行车、穿着补缝的衣服、一张破洞的藤椅、下乡和老百姓一次次地交流等情景展示在观众面前，这是报纸典型报道所欠缺的。但这些也仅仅是大众媒介的一个选择性的展示，是大众媒介议程设置的选择，即大众媒介选择给观众和社会呈现哪一面符合社会主流意识形态的焦裕禄媒介形象。对于焦裕禄媒介形象，主要是突出焦裕禄全心全意为人民服务，相对来说影视所塑造的焦裕禄媒介形象更符合当下的社会发展的需求。当然,集体记忆是对过去事件与情境的高度选择的议程,它主导着公众对他们历史身份的认知。对那些没有亲身经历的人来说,他们对国家曾经经历的重大事件的记忆都来自于大众媒介的报道和记叙。这种深刻的记忆就成为他们对重大历史事件的集体记忆。而这种集体记忆是大众媒介"书写"的。大众媒介对历史事件的"选择性纪念"造成了受众对历史事件的"选择性记忆"。

社会记忆并不是单纯地再现过去,它拥有"忘却"和"写入"两方面,只不过随着媒介的发展,这两者会发生此消彼长的变化。所保留下来的不管是对个人还是群体都是最本质的东西,是此时的环境下人们最需要的精神。而不同的媒介形象在建构不同群体的社会记忆,它所唤醒的不仅仅是这一群体的集体记忆,还是不同交叉群体的"想象的共同体",是连接过去和现在的一座桥梁。其形式在不断地发生变化,但是所传达的社会精神没有改变。从新闻典型报道到电影再到电视剧,焦裕禄媒介形象在不同的时期呈现出不同的框架。由报纸上报道的长篇通讯《县委书记的榜样——焦裕禄》到 1990 年电影《焦裕禄》上映,再到 2012 年电视剧《焦裕禄》的播出,大众媒介的演变所呈现的焦裕禄的形象已经发生变化,但是后来呈现的形象在某种程度上是对之前的形象的演化。报纸所呈现的是"困境中的英雄""毛泽东思想的实践者"形象,电影呈现的是"人民的儿子""人民的公仆"形象,电视剧却淡化了这种"高、大、全"的英雄主义形象,向人们展示的是作为一个普通人的成长过程。

结　语

保罗·康纳顿在《社会如何记忆》一书中指出,"有关过去的形象和有关过去的记忆知识,是通过(或多或少是仪式性的)操演来传达和维持的"。这就意味着集体记忆是通过受众参与各种仪式和纪念性活动得以延续和传承的。当前,对于宣传焦裕禄这一媒介形象的传播方式,必须要考虑多元化和便利化,如通过纪念仪式增强民众的"亲历性体验"、通过标志性建筑以形象直观的方式再现焦裕禄事迹等。例如走访兰考县焦裕禄同志纪念馆、纪念园这种标志性的建筑,可以给你一种现场仪式感,这种仪式感会给人一种精神震撼。报纸和影视媒介进行的更多的是一种空间观念意义上的传播偏向,是一种横向传播;而建筑性的媒介进行的更多的是一种时间观念意义上的传播偏向,是一种纵向传播。在注重空间观念传播的同时,也要注重时间观念上的传播,以使时间偏向和空间偏向达到平衡。

参考文献：

1. 佛克马，蚁布斯. 文学研究与文化参与[M]. 俞国强，译. 北京：北京大学出版社，1966：37-44.

2. 周海燕. 媒介与集体记忆研究：检讨与反思[J]. 新闻与传播研究，2014(9).

3. 蔡骐，曹慧丹. 焦裕禄：媒介形象的建构与发展[J]. 新闻记者，2013(4).

4. 莫里斯·哈布瓦赫. 论集体记忆[M]. 上海：上海人民出版社，2002：59.

5. 弗朗西斯科·德利奇. 记忆与遗忘的社会建构[J]. 第欧根尼，2006(2).

6. 马克斯韦尔，麦库姆斯. 议程设置——大众媒介与舆论[M]. 郭镇之，译. 北京：北京大学出版社，2008：175.

7. 三岛宪一. 本雅明：破坏·收集·记忆[M]. 贾倞，译. 石家庄：河北教育出版社，2001：399.

8. 保罗·康纳顿. 社会如何记忆[M]. 纳日碧力戈，译. 上海：上海人民出版社，2000：40.

乡村的味道
——淘宝“村红”直播的受众研究

沈致远[①]

摘　要：淘宝“村红”直播作为一种全新的直播模式，在如今乡村渐趋消失，城市消费者愈发怀念乡村野味的社会背景下有其广阔的发展空间。网络直播与现代农业的结合，为乡村农货“走出去”开创了便捷的渠道。农民与消费者可以借助直播平台省掉许多中间环节，实现直接有效的沟通。农商借助直播平台帮助农产品增值，把农产品的信息广泛传播，拓宽销售渠道，极大促进农产品流通。本研究主要从观看“村红”直播的受众出发，通过对受众的量化研究和质化分析，结合直播平台特色，从传播学视角探究参与“村红”直播的受众的心理动机和媒介接触行为之间的关系，为电商提供有效的建议，让农民更好地网销农产品。

关键词：乡村；淘宝“村红”直播；受众

2016年被誉为直播元年，网络直播被诟病内容单一，过于同质化、劣质化，许多直播平台都面临内容稀缺的问题，平台为了吸引更多活跃的用户，在内容生产方面开始寻求更加优质、新颖的合作方。例如，淘宝“村红”直播将传统农业与互联网相融合，为直播形式杀出一条血路，成为直播界的新秀，受众通过关注直播间可以对产品的特性一目了然。与淘宝网站上售卖相比，这种直播形式显得更为主动、真实，能不断巩固消费者的信任度和忠诚度。

在直播形式方面，花椒平台已经开辟了直播加农业、直播加旅游、直播加公益等全新玩法，多个平台已将目光着眼于农业这一新兴领域。直播加农业在一定程度上协调了社会效益和商业价值。深居城市的消费者大多具有较为浓重的乡土情结，对原生态、正宗的农家土货有着极其旺盛的需求。

---

① 作者简介：沈致远，南京师范大学新闻与传播学院硕士研究生。

淘宝创新性地把视频直播技术应用在农村电商领域，由“村红”带领消费者走进乡村的各个角落，将能够代表乡村特色的农产品实时呈现给消费者，受众可以跟随镜头进行自主购买，农商则根据消费者需求进行现场包装、称重、发货，帮助消费者实现对源头土货的信任，让消费者一边享受乡村美景，一边愉快购物。

现有的国内外关于网络直播的学术研究，大都没有系统地从乡村直播的角度切入，探讨新兴的“村红”直播下受众的心理、动机需求以及消费者的媒介接触行为。本研究将对观看淘宝“村红”直播的受众进行量化研究和质化分析，从“使用与满足”角度探讨受众心理需求和媒介接触行为，探究“村红”直播是如何影响消费者行为的。

一、相关研究综述

传统的受众研究大多根植于以传统媒体为代表的历史语境中，受众表达的自由有限，缺乏独立思考与批判思维，对于受众的研究经历了从消极被动的受众理论向积极主动的受众理论转变，传播学研究中出现了从“传者为中心”向“受者为中心”的转变。“使用与满足”理论认为受众不仅能主动参与到传播活动中，传播效果的反馈也依赖于受众的配合，受众才是传播的主导者，媒介应该为受众服务。在新媒体环境下，受众在一定程度上拥有了独立思考与自由表达的权利，受众的主体性地位越来越明显。

（一）理论概述

1947 年，传播学家卡茨提出了“使用与满足”理论，该理论从受众出发，通过分析受众的媒介使用动机和需求的满足来考察媒介带给人心理及行为上的影响。它把受众看作是有着特定需求的个人，受众的媒介接触活动基于一定的动机和需求。此外，人们接触和使用媒介与受众的媒介印象有关，受众接触和使用媒介后会根据得到满足的程度来修正已有的媒介印象。

麦奎尔提出了受众“使用与满足”的四种类型：消遣娱乐（diversion）、人际关系（personal relationships）、个人认同（或自我确认，personal identity）、环境监测（surveillance）。Rubin 提出了受众使用网络的五个动机：实际功用、消磨时间、查找信息、寻求便利和娱乐放松。

“使用与满足”理论深化了对于传播效果研究中有关中介因素的思考，容纳了个人的意愿、需求、动机以及行为的影响等心理学方面的变量和指标，着重强调两者之间相互依赖与相互制约的关系。该理论意在向我们说明受众的主体性与使用媒介的目的差异性。

（二）理论局限性与发展趋势

就局限性来看，该理论仅仅停留于现象的概括与归纳，对于受众是否具有主体性需求一直存在争议。早期的研究过于强调个人的主体性，忽略了传媒生产过程与社会环境的制约。然而，受众的能动性是有限的，其接触行为通常是仪式化的而非精确性的，因此研究成果有局限性。

近期对“使用与满足”理论的研究在内容上主要侧重于互联网，不是将受众认作积极主动的和消极被动的两种，而是将其概念化，在某些时候，受众在处理媒介信息时是理性的、有选择的，但也有些时候，他们使用媒介是为了放松与逃避。因此，受众行为在形式上的差异也会对媒介效果产生影响。

淘宝“村红”直播作为网络直播的新形式，具有门槛低、社交性、互动性、体验性、娱乐性等特征，对于有独特个性的人来说，这是一个表达自我的出口。“使用与满足”理论立足于受众，通过分析受众对媒介的使用动机与需求的满足来考察大众传播的效用。根据“使用与满足”理论的内涵以及淘宝“村红”直播的传播特性，我们在“使用”层面上主要考察用户的媒介接触行为（包括直播平台的使用频率、使用目的和需求、使用场景等）以及需求动机是如何影响受众媒介接触行为的。本文以“需求假设—满足研究—行为研究”为逻辑框架，运用抽样调查的统计学方法进行定量研究，在此基础上，探讨淘宝“村红”直播如何满足网民的需求，提出五种满足形态的假设，并用大量数据来验证假设。

二、研究设计

（一）田野调查概述

由于观看过淘宝“村红”直播的受众数量有限，调查人员邀请到了 15 名直播受众并对其进行了一对一的小规模访谈。被访谈者主要集中在 18—45 岁深居城市的中青年群体。调查人员采用田野调查的方式了解到他们关注直播的动机、得到满足的程度以及对“村红”直播平台的接触性行为与习惯等。除了观看直播的网络受众以外，调查人员还对相关农商、网销人员、政府官员等进行了访谈。访谈问题有递进的逻辑关系，便于调查人员有针对性地对直播受众进行引导式的提问。由于采访对象分布较广，一对一当面访谈实现的难度较大，所以采用线上访谈的形式，借助QQ、微信等新媒体软件进行。

1. 访谈大纲

(1) 您怀念乡村生活吗？若怀念，请描述您印象较深的乡村生活是怎样的。

(2) 您喜欢观看淘宝"村红"直播吗？如果喜欢，请说明原因。(可以从直播特点和受众心理动机等方面展开)

(3) 您的需求是在怎样的直播情景下得以满足的？请举例说明。

(4) 在观看淘宝"村红"直播的过程中，您是否有一种群体归属感？若有，从哪里得以体现？

(5) 您看好淘宝"村红"直播的发展前景吗？请说明理由。

2. 田野调查结果与讨论

个案1:W女士，28岁。"村红"直播让我更加全面地了解商品，比如在"抓土鸡"的直播中，我看到了土鸡的生长环境，解决了购买的后顾之忧。

个案2:X先生，45岁。习惯了大城市的喧嚣与繁华，看到如此接地气的淘宝"村红"直播，我觉得新鲜感十足。我觉得这是缩小城乡差距的一个很好的方式，农业搭载上了互联网的顺风车，帮助农民实现了增收致富。

个案3:T同学，女，22岁，大四学生。通过直播，我可以与主播以及在线观看的网友进行实时互动。有了热情，调动了大家的积极性，还愁商品难销售吗？

个案4:Z先生，30岁。直播平台存在它的劣势。在农村电商直播的过程中，农村相关专业人员数量也不够充足，声音和图像设备还有待完善，网红主播的出场费用也是一个现实问题。

个案5:L女士，43岁。以前就对纪录片《舌尖上的中国》很着迷，"村红"直播与它有异曲同工之处，能唤起人们内心深处对故乡的回忆。食物是拉近与故乡距离的重要途径，我是个"吃货"，对乡村最大的留恋就是美食啦，故乡的美食可以安抚我背井离乡、孤身一人在外打拼的落寞感，这种心情游子们应该都可以体会。

根据访谈记录与直播平台特征，我们发现受众因其个人特性以及所处的社会环境，产生了多种多样的动机与需求。通过分析调查的内容，并结合"使用与满足"理论，可以归纳出以下五种需求类型：消遣娱乐的需求、信息获取的需求、猎奇心理的需求、社交互动的需求、情感归属的需求。

（二）量化研究概述

本调查根据“使用与满足”的基本原理，以受众的心理动机需求和媒介接触行为为维度进行调查，在网上发放 680 份问卷，回收有效问卷 627 份，通过调查数据进一步探究受众心理动机与媒介接触行为之间的关系。

1. 交叉分析

（1）年龄与观看网络直播的频率

表 1　不同年龄段群体观看网络直播的频率

	经常	偶尔	很少	从不	小计
18 岁以下	4(50.00%)	2(25.00%)	2(25.00%)	0(0.00%)	8
18—23 岁	54(31.21%)	74(42.77%)	45(26.01%)	0(0.00%)	173
24—34 岁	136(35.88%)	207(54.62%)	36(9.50%)	0(0.00%)	379
35—45 岁	27(47.37%)	23(40.35%)	7(12.28%)	0(0.00%)	57
45 岁以上	6(60.00%)	2(20.00%)	2(20.00%)	0(0.00%)	10

由表 1 可以看出，年龄处于 24—45 岁的人群，观看网络直播的频率较高。据访谈结果来看，观看淘宝“村红”直播的人群年龄集中于 24—45 岁，这与中青年群体比较怀旧的乡土情怀相吻合。

（2）可支配收入与观看网络直播的频率

表 2　不同收入群体观看网络直播的频率

	经常	偶尔	很少	从不	小计
1 000 元以下	31(31.31%)	45(45.45%)	23(23.23%)	0(0.00%)	99
1 000—3 000 元	75(36.06%)	95(45.67%)	38(18.27%)	0(0.00%)	208
3 001—5 000 元	67(39.88%)	88(52.38%)	13(7.74%)	0(0.00%)	168
5 001—8 000 元	29(36.25%)	43(53.75%)	8(10.00%)	0(0.00%)	80
8 001—10 000 元	15(27.78%)	30(55.56%)	9(16.67%)	0(0.00%)	54
10 000 元以上	10(55.56%)	7(38.89%)	1(5.56%)	0(0.00%)	18

由表 2 可以看出，频繁观看网络直播的人大多集中在中高收入人群。这是因为该类人群有较高的消费能力，可以以送礼物的方式与主播进行互动。

2. 相关性分析

表 3　情感态度与媒介接触行为的相关性分析

		情感态度	媒介接触行为
情感态度	Pearson 相关性	1	0.784**
	显著性(双侧)		0.007
	N	627	627
媒介接触行为	Pearson 相关性	0.784**	1
	显著性(双侧)	0.007	
	N	627	627

注：** 表示在 0.01 水平(双侧)上显著相关。

由表 3 可以看出，受众情感态度与媒介接触行为之间的 Pearson 相关系数为 0.784，表示两者之间存在完全相关且为正相关关系，两者之间相关的双侧显著性值为 0.007，小于 0.01，表示在 0.01 的显著性水平上肯定了两者相关的假设，因此可得出结论：受众情感态度与媒介接触行为之间存在显著正相关关系。

三、研究发现、结果与分析

（一）淘宝“村红”直播的受众族群特征

根据交叉统计结果显示，观看网络直播的受众群体主要是 24—45 岁的中青年群体，男性群体观看网络直播的比重略高于女性。这类人群接触新媒体较为频繁，有一定的空闲时间，对新鲜事物充满好奇。他们在生活中偶尔会遭遇残酷的就业竞争、家庭的负重等压力，希望通过网络直播这一娱乐方式来放松自我、缓解压力。而观看淘宝“村红”直播的大部分为有一定消费能力的城市群体，“村红”直播是献给那些憧憬或怀念乡村生活和热爱中国美食文化的人的。

（二）“村红”直播受众的“使用与满足”状况分析

问卷调查的结果证实了以下假设。

假设一：“村红”直播满足了受众获取信息的要求。

根据本文调查结果，有44%的网民认同可以通过观看直播来获取信息、学习技能。例如，在一次受众访谈中，笔者问道："你觉得'村红'直播有哪些其他媒体无法比拟的优点？"受众回答："'村红'直播让我更加全面地了解商品，比如在'抓土鸡'的直播中，我看到了土鸡的生长环境，解决了购买的后顾之忧。"

假设二："村红"直播满足了受众消遣娱乐的需求。

调查问卷中，67.4%的网友认同网络直播与其他视频渠道相比更容易给人带来消遣娱乐的感觉。为了深入对"村红"直播的研究，笔者以普通受众的身份，围观了一场热闹的直播，意外地发现农民没有想象中的木讷，而是出乎意料的风趣幽默。例如进猪圈时，网红自嘲说自己的衣服和猪撞衫了，大爷却安慰道："没撞脸就好。"在"土飞机"才艺展示中，别人放和平鸽，大叔居然放土鸡。所幸的是土鸡争气，飞了小一百米。我们都在调侃大叔当年追大婶也是靠这手，大叔很害羞，不承认。当网友问起："为什么鸡和鹅会养在一起？"大叔回答："因为黄鼠狼怕鹅。"这些趣味性的金句充满着浓厚的乡土气息，无疑为直播受众带来了无穷的观赏乐趣。

假设三："村红"直播满足了受众猎奇心理的需求。

人们大多存在猎奇心理，直播在很大程度上满足了受众窥探别人生活的需要。网络直播将舞台拓展到了原本属于后台的私人空间，原本不适宜出现在前台的生活化场景满足了受众窥视后台的猎奇心理，看似属于主播私人生活空间的厨房、院落变成了他们进行表演的秀场，这无疑将后台转移到了前台。在本次的问卷调查中，65%的受众认同网络直播对主播私生活的揭示满足了他们的好奇心。淘宝"村红"直播的画面多是城市受众平日难以接触的场景。一位访谈受众表示："习惯了大城市的喧嚣与繁华，看到如此接地气的淘宝'村红'直播，我觉得新鲜感十足，重拾了对乡村生活的记忆。自己就是在乡村长大的孩子。满天繁星，弯弯月牙，微风轻轻，鸟声昆虫声呜呜，这种场景在城市很难看到，偶尔回顾一下，让心沉静下来，也是极好不过了。"

假设四：淘宝"村红"直播满足了受众社交互动的需求。

如今，微博、微信、知乎等一些社交网站已经逐步成长为主流的交流平台，成为新时代成长的青年人互动的"天堂"。在那里他们表达喜怒哀乐，他们与网友交流看见的、听到的新鲜事，关注和评价时下最流行的话题。巴赫金在狂欢理论中提到：狂欢的场景是肆无忌惮的筵席，在筵席上人们重现原始社会共同分享劳动果实的美好图景，表现人们平等互动的关系。就直播来说，直播场域的匿名性、公开性等特质让人们在一种自由和无拘无束的大环境中释放自我，不受教条、权威的束缚，在这种大背景下，网民的话语与表达欲望都得到了极大的释放。直播中，社交媒体的用户通过制造话题、疯狂转载、发表评论使得直播引爆舆论。通过直播，受众可以和主播以及其他在线观众进行实时互动，大家的热情和积极性无疑被调动了起来。

假设五：淘宝“村红”直播满足了受众情感归属的需求。

鲍德里亚在《消费社会》中说过：“符号消费的实质是文化消费，人所消费的不再是商品，而是商品上铭刻的符号所代表的文化意义。”人对于物质的向往，不仅仅是人们对物质世界纯粹的追求，而是利用特定的符号价值来满足自己的消费欲望。受访中部分消费者认为这种宣传方式新颖独特，城市消费者就是被这种难得的乡土气息所打动的，虽说它的画面有点土气，直播画质也不好，但他们看中的就是“原生态”和“有机”这两个特点。乡村生活给人呈现的是一种田园生活的惬意和恬适，平凡之中透露着幸福，真正的精彩往往存在于朴实无华的生活场景之中。

（三）相关性探讨

1. 受众观看“村红”直播的媒介需求与受众年龄呈相关关系

不同年龄段的受众观看淘宝“村红”直播的媒介需求不同。18—27岁的青年是观看直播的高频人群，他们的媒介需求较为丰富，主要是消遣娱乐、获取知识与学习技能、社交互动、满足猎奇心理。这部分人群主要分布在学生群体和刚入职场的“90后”，他们大多敢于尝试新鲜事物，适应能力和学习能力较强，喜爱与志趣相投的小伙伴交往，以寻找乐子来放松身心。网络直播是娱乐身心、获取新知、结交朋友的重要途径，受众可以通过与主播和观众进行互动，达到放松、学习与社交的目的。

18—45岁属于中青年群体，他们是观看淘宝“村红”直播的主要受众，他们的媒介需求主要集中在消遣娱乐与寻求情感认同，这类人群多是背井离乡、在外打拼的城市群体，有一定的消费能力和乡土情结，怀念和憧憬乡村生活。淘宝“村红”的直播画面多为对普通劳动人民与他们淳朴民风的深刻描写，很容易将这些人的乡土情怀激发出来，吸引他们前来驻足观看。

2. 受众在观看“村红”直播过程中的情感态度与媒介接触行为呈相关关系

调查中显示，观看淘宝“村红”直播的受众大多是在一定的情感态度下选择观看的。该情感态度包含一种社会认同，是一种身份的归属感。

（1）乡土情结。在这个全民以“吃货”自居的年代里，乡愁本身就是一种味道，这种味道只有漂泊在外的游子才能体会。直播的受众是对乡村生活怀念和对食物充满敬意的普通人群。这类人群无论来自哪里，身上都流淌着传统农耕的血液。他们对“乡村味道”的理解，并没有随着工业文明的进步而有丝毫改变。一方水土，一方饮食，一方厨艺。他们并不追求烹饪过程中花拳绣腿的招式，也不懂什么高深的烹饪理论，而只是追求贯穿着的简朴、自然和爱，这就是高深莫测的生存技艺。直播的一些元素就成了在外的游子们对乡村的记忆，直播中的美食佳肴不但散发着食物的美味，而且还散发故乡的味道，这不禁引发了他们内心深处的乡愁。

(2) 情感归属。在直播中，这些普通人用他们的实际行动诠释着对“乡村味道”的理解。在“村红”的举手投足中透露着大自然的味道。直播受众也在不经意间享受观看创作美食艺术的乐趣，享受美食带给他人的喜悦之情，品味生活的平凡与真实，这种情感认同帮助受众建立起食物与童年、故乡的联想，这种情怀是对故乡、对童年、对亲人的思念，它存在于血脉之中和灵魂深处。他们思念的已不再是食物本身，而是已经被唤起的尘封在岁月之中的美好记忆，这些美好与物质生活无关，与精神追求有关，他们看中的是内心独特的情感体验。作为“草根文化”的代表，“村红”们在直播中还原了自己，通过展现乡村土货的制作和生产流程，以及一些普通劳动人民与他们朴实家庭的生活画面，将原生态的乡村生活和自然风景如实地展现在了广大受众面前，以接地气的乡村生活让城市消费者产生了强烈的情感共鸣。

(3) 寻求“安全感”。近年来，我国的食品安全问题令人担忧。黑心商贩为了牟取暴利，不顾国人生命安全，在食品制作上不择手段。国人对食品安全的态度也趋于无奈。俗话说“民以食为天”，人们对食品最基本、最重要的需求不是吃得好、吃得营养、吃得时尚，而是吃得健康环保。淘宝“村红”直播极大程度地唤醒了我们关于传统食物最原生态的记忆，就是直接从大自然中获取食物，通过简单原始的加工程序后呈现在受众面前。让人们在观看直播的过程中回归味蕾的本真，跟着农民去体验无添加、无公害、最自然的农村味道。这种营销方式让受众看得舒心、买得放心，很大程度上安抚了消费者对食品安全问题的恐惧感，让深居城市的消费者解放了味蕾。

3. 淘宝“村红”直播过程中的媒介特征与受众的感知需求呈相关关系

根据“使用与满足”理论，受众在接受一种媒介之前，会根据自身情况来判断该媒介能否充分满足自身需求，如果媒介特征与感知需求越吻合，则受众媒介使用忠诚度越高，反之，则忠诚度越低。

根据本次研究的调查结果可知，“村红”直播平台有如下几个特征。

其一,传播与互动的实时性与同步性,保证最真实的用户体验。

由于操作便利,直播时,农民在采摘过程和制作过程中可以随时和广大受众互动,回答一些顾客想要了解的问题,让直播与售卖同时进行,实时展现农产品最本真的状态。主播的现场讲解让观众看到农产品真实的生长环境和真实性状,让消费者买到正宗优质的农家土货。戈夫曼在《日常生活中的自我呈现》中将人看作舞台上表演的演员,利用各种道具——符号(语言、文字、肢体动作或表情等)预先设计或展示自己的形象,努力取得好的效果。直播的直接性传播优势增强了信息的可信度。相比于其他传播方式,直播不可能进行加工、审核后再公之于众,事后修饰的难度也大大增加,它可以与场外受众进行实时连接,为受众展示最真实、最直观的情景画面。与此同时,"村红"直播解决了消费者对食品的安全信任问题,这些是其他传播方式无法比拟的。

调查发现,在农村土鸡蛋的直播页面中,观众的弹幕不断刷屏,有数据显示,开播前5秒,平台上在线观看的网友突破10万人,土鸡蛋销售4万枚,创下了农销产品的新纪录。视觉景象可以实现人们对事物真实性的信服。凭借经验,影像比词语更能直接而迅速地被人理解和接受,使事物得以完整、真实地展现。例如在重庆秀山县,农村淘宝"村红"团队进行"抓土鸡"拉锯战,三个人猫着腰在山头的生态养鸡场里用撒玉米引食的方法围追堵截一只红尾大公鸡,经过半个多小时的"鸡飞狗跳",最终在同伴的帮助下,"90后"网红主播才成功抓到土鸡,观众透过屏幕即可感受到现场"鸡飞狗跳"的视觉快感。

其二,物质世界的趣味复原。

美空网CEO傅磊曾表示:无聊和性这两样东西是最有消费市场的。而直播消费的就是无聊。直播相比于文字图片,观赏性极强,内容新奇有趣,给人带来一定的观赏乐趣,这种直播形式恰恰迎合了大多数人希望通过网络来寻找精神寄托和存在感的心理。美国学者罗杰斯指出:在个体层面上,感知流行反映出社会压力对创新扩散过程的重要影响,人们通过对媒介特征的感知来接受新事物、新思想。志趣相投的人以发弹幕的形式在直播中进行互动,观赏的乐趣会在交流互动中得以延续。

其三,精准触达受众,满足其消费心理,让跟风效益最大化。

在这个"吃货"横行的时代,单价低的食品很容易让人产生临时性、冲动性的消费行为。直播是将受众聚集在一起的重要方式。利用受众的从众心理,即"看到别人买了,我也要买"的心理,让商品转化率大大提高。还可以通过让受众发朋友圈和自然搜索,将人引导到直播平台,实现快速的聚粉和互动,让跟风效益最大化。在直播中,受众可以购买虚拟符号礼物送给喜爱的主播,价格较高的礼物的赠送者的名字会出现在直播屏幕中，甚至出现相应的视觉特效，这些“土豪”就会受到大家的关注，显示出其特有的价值符号。淘宝“村红”直播还可以满足城市消费者追求绿色、环保、生态食品的需求。淘宝“村红”直播让受众体验到了草根精神和本土文化的魅力所在。

四、结论与思考

淘宝“村红”直播主要以视频直播的方式实时呈现乡土场景，帮助农商把农家土货销售给城市消费者，开启农产品视频直播通道，在网购盛行的时代增强受众的消费体验。

（一）基于淘宝“村红”受众心理动机与需求的启示

从调查结果来看，更多的网络受众希望通过“村红”直播平台来达到消遣娱乐的目的，更深层次的则是获取情感认同。淘宝农商可以挖掘本土历史文化与当地特色资源，培养幽默风趣的“村红”主播，开发具有乡土特色的趣味场景和地方特色的农食文化，使观看直播的消费者感受到当地的饮食文化和风土人情，唤起他们的乡土情结，增强他们的文化认同感，从而促进消费。由于不同年龄段的受众差异很大，可以根据不同背景的受众来设置和安排平台资源，精准接触受众，减少资源浪费，达到效益最大化。网络直播的未来趋向于营销场景化，实时转播现场内容，进行交互式内容展现。直播未来可以运用于美食制作、旅游、美妆等热门领域，以便精准触达受众，实现经济效益。

（二）基于淘宝“村红”直播平台特征对受众感知需求影响的启示

从直播平台特征来看，消费者注重的是平台的现场感、趣味性以及能否满足其消费需求等特点。目前的网络直播主要为泛娱乐化直播，但网络直播的发展趋势在于直播和商业化的结合与应用，由于互联网进入下半场，网民数量增速减缓，赖以生存的人口红利渐趋消失，移动互联网应该为实体产业提供更优化的纵深链接和优质的全方位服务，例如目前电商行业加入直播功能——淘宝直播中边看边买的消费类直播等，丰富了各类产品的展示形式，突破了时空的限制，提高了用户的观赏体验。运用互联网新的信息及技术手段，例如人工智能帮助农业各个细分市场进行创新，加快传播平台的建设，在直播平台上融入了新鲜的时代元素。

由于乡村发展的滞后性，“村红”直播平台面临着一系列的现实问题。农村在人才引进、技术开发、物流管理等方面还有很多不完善的地方，例如在农村电商直播的过程当中，场景大多选在户外，农村相关专业人士数量不够充足，声音和图像设备有待完善，网红主播的出场费用较高等，这些都需要政府政策与经费的扶持，所以农业直播还有很长的一段路要走。

参考文献：

1. 郑文聪."网红 3.0"时代的特征及受众心理[J]. 新媒体研究，2016(6).

2. 周玲，王明宇."互联网+"背景下的农业电商发展现状及趋势研究[J]. 中国商论，2015(13).

3. 伊莱休·卡茨，保罗·F·拉扎斯菲尔德. 个人在大众传播中的作用[M]. 张宁，译. 北京：中国人民大学出版社，2016.

4. 丹尼斯·麦奎尔. 麦奎尔大众传播理论[M]. 崔宝国，李琨，译. 北京：清华大学出版社，2006

5. 丹尼斯·麦奎尔，斯文·温德尔. 大众传播模式论(第 2 版)[M]. 上海：译文出版社，2008.

6. 沃纳·赛佛林，小詹姆斯·坦卡德. 传播理论：起源、方法与应用[M]. 郭镇之，等译. 北京：华夏出版社，2000.

7. 胡翼青，张婧妍. 功能主义观传播批判：再论使用满足理论[J]. 新闻大学，2016(1).

8. 欧文·戈夫曼. 日常生活中的自我呈现[M]. 冯钢，译. 北京：北京大学出版社，2008.

9. 钱中文. 巴赫金全集(第五卷)[M]. 白春仁，顾亚玲，译. 石家庄：河北教育出版社，1998.

10. 李辉. 鲍德里亚：消费社会的符号批判[J]. 山东师范大学学报(人文社会科学版)，2010(1).

11. 周宪. 视觉文化与消费社会[J]. 福建论坛(人文社会科学版)，2001(2).

12. 罗杰斯. 创新的扩散[M]. 唐兴通，郑常青，张延臣，译. 北京：电子工业出版社，2016.

微博传播：公共新闻理念的试金石——兼论“于欢刺杀辱母者案”的相关传播始末

付永田[①]

摘　要：最早提出“公共新闻”理论的杰伊·罗森教授认为，新闻记者除了履行报道新闻和让社会公众获取新闻信息的职责外，还应积极关注公众在获得信息后的行动能力，帮助公众应对和解决社会公共问题。微博作为全新新闻传播技术和渠道的应用，在当下的信息传播和舆论形成格局中占据着极为重要的位置，无疑已成为在实践中探索和践行公共新闻理念的试金石。“于欢刺杀辱母者案”对当前社会公共新闻理念的实践，乃至当今社会法治教育和公共领域建设都具有十分重要的意义。本文以这一案例为研究契机，从传播主体、讯息、受传者、媒介、反馈五个环节着手，深入探究微博传播何以成为公共新闻理念的试金石，并进一步思考微博传播在践行公共新闻理念上的客观局限及其克服之道。

关键词：微博传播；公共新闻；“于欢刺杀辱母者案”

新媒体在实践和操作公共新闻理念方面与传统形态的媒体相比有着非常显著的进步和差异，反映最为集中的就是广泛流行的微博。微博传播彻底改变了传统新闻的传播和运作模式，微博主体的多元化促进了公共新闻视角的多维性，微博辐射的广泛性促进了公共新闻内容的全面性，微博发布的便捷性促进了公共新闻姿态的多样性。

2017 年 3 月，南方周末官方微博上一篇名为“刺死辱母者”的报道引发了社会公众普遍关注。微博意见领袖成为构建这一新闻事件社会关系网络的关键因素，承担了行动号召的角色，发挥了升华舆论的作用。这一社会热点事件

---

① 作者简介：付永田，南京师范大学新闻与传播学院硕士研究生。

实现了媒体舆论与国家司法的良性互动,使一场可能冲击社会公共秩序的舆论风暴变成了一次全民普法行动,具有典型地在微博传播中探索和实践公共新闻理念的重要意义。

一、公共新闻理念

"公共新闻"是美国19世纪90年代前后出现的一种新理论,也被称为"公民新闻",曾在美国学术界引起一系列争议,也激发了美国传媒在新闻传播实践中的大量探索。虽然"公共新闻"至今尚未形成一个公认的定义,但核心理念却是基本确定的。罗森教授认为,"新闻记者不应仅仅是报道新闻,还应关注公众之间对话和交流的质量"。他还进一步指出,所有被公共生活包围着的记者、学者、政治家、市民等在内的人群都应认识到新闻媒介是建设公共生活的重要组成部分,从而积极推动社会的公共讨论、意见交流和价值分享。

公共新闻理念强调媒体角色对于公共生活的介入和引导,积极承担塑造公民意识、协调公共生活、缓和社会矛盾、化解社会冲突的责任,推动提高公众应对社会问题的行为能力,这也是媒体对于公众意识觉醒、提高公众理性精神和民主意识的一种人文关怀。对于公共新闻理念的实践,不似公民新闻的实践那般灵活。公民新闻中的公众普遍有机会成为具体的参与者,比如非专业化、个性化的公民视频新闻既没有主持人,也没有新闻导语。不过公共新闻理念的实践形式比较多样,多是各媒体因地制宜,实践样貌较为多元和丰富,实践方式大抵相似。对于公共新闻理念的实践得益于媒体积极支持和倡导,尤其是各地或社区的媒体。

二、微博传播

微博传播能够成为公共新闻理念实践与探索的重要平台,其低门槛的网络参与性、即时性、交互性是无与伦比的先天优势。从微博的内容生产和传播扩散机制来看:微博内容可以快速生产和分享,文字表情达意,图片再现情景,音乐增强渲染,视频形象直观,多媒体的表现形式增强内容信息的表现力;微博传播可以实现裂变式扩散,裂变式扩散增强信息传播的持续生命力,意见领袖的"推波助澜"提升信息内容的关注度。巨大的用户数量和多维的主体身份进一步巩固微博的新闻生产和传播机制。

微博自身强大的传播魅力吸引着公众"驻足"并对微博上发生的新闻事件

进行解读和评论，让新闻事件能够尽快由“萌芽”变为“幼苗”。凤凰网记者邓飞发起和倡导的“免费午餐”计划、“温州动车事故”、“宜黄强拆事件”、“舟曲泥石流”、“小悦悦事件”等都是近年来比较有代表意义的微博传播在公共新闻理念实践方面的有益探索。微博不仅能大量动态地报道事件，还能促使事件朝着健康积极的方向发展。由微博传播者设置公共议题而起，随着意见领袖和大量网民的关注和涌入，公共议题迅速转化为公共新闻，直至国家政策的出台或者引领国家行动。

三、“于欢刺杀辱母者案”的相关传播始末

新媒体仍然遵循着一般传播的那些“公式”，虽然一些“参数”的值或者权重发生了变化，但是总体的“公式”并没有发生改变。与传统大众传播相比，微博传播的要素与环境可能发生了些许变化，传播效果也表现出更复杂的迹象，但仍然遵循着一般传播的那些“公式”，或者说依然可以通过大众传播过程的经典模式和要素来进行相关新闻事件的分析和理解。

（一）传播者：公共议题的设置

1. 微博议题的设置

微博传播中的议题设置大致分为两种情况：第一种是与传统的大众传播相似，媒体是议程的设置者，媒体在其官方微博账号中设置公共议题，借助庞大的网民关注形成舆论；第二种是普通公众在微博上设置议题，引起一定反响后，传统媒体对此议题进行关注并将其作为报道重点，使议题影响进一步扩大，大大增加公共新闻进展的透明度和可信度，促进政府的重视。在南方周末官方微博推送《刺死辱母者》一日后，凤凰网和网易将标题改为“山东：11 名涉黑人员当儿子面侮辱其母　1 人被刺死”和“女子借高利贷遭控制侮辱　儿子目睹刺死对方获无期”，成为整个事件迅速发展以及占据公众视线的转机。网易新闻还将标题修改为“母亲欠债遭 11 人凌辱　儿子目睹后刺死 1 人被判无期”，突出“母亲”形象和具体数字，令此稿更具传播力和震撼力，微博议题也更具意义和价值。

2. 意见领袖的议题设置

微博平台向用户提供了一种关注和被关注、追随和被追随的关系。微博传播模糊了传统传播权力模式的边界，新的意见阶层日渐崛起，他们除了具备传统意见领袖的特征外，背景与身份来源更加多样，观点和态度也更加多元。

换言之，微博更大程度地兑现和履行了“人人都是自媒体”的观念，但意见领袖或者新的意见阶层在微博传播路径中依旧掌握“信息发布的霸权”。例如，微博认证名人易中天在其《血性男儿哪有罪？刺死辱母者既是正当防卫，更是见义勇为！》一文中认为：“劈山救母传为美谈，于欢救母反受惩罚，于情于理均难以服众。”华东政法大学教授童之伟在《从刺死辱母者案看法治践行中的痼疾》一文中指出和批评当地警方的不作为，认为至少应追究其治安行政责任。微博语境中的易中天、童之伟等学者教授在这个新闻事件中正是扮演了“意见领袖”的角色。“于欢刺杀辱母者案”之所以能在这么短的时间内吸引这么多的公众，产生这么大的影响，与拥有这么多具有高关注度与高权威性的意见领袖的议题设置颇为相关。

（二）讯息：“于欢刺杀辱母者案”，新闻价值充分

1. “于欢刺杀辱母者案”

讯息是能够表达某种完整意义的信息，也是传播者和受传者之间社会互动的介质。“于欢刺杀辱母者案”的传播者和受传者之间的互动也正是基于他们共同面对的“于欢刺杀辱母者，被判无期徒刑”这一讯息。“于欢刺杀辱母者案”最早始于2014年7月与2015年11月，苏银霞因经营工厂的资金周转困难先后两次向吴学占借款100万和35万元；2016年4月，苏银霞和儿子于欢因无力偿还高利贷而遭受极端手段侮辱，在警察接警仅留下一句“不能动手打人”的话便离开后，于欢刺杀一人和重伤两人；2017年2月，于欢被判处无期徒刑。基于“于欢刺杀辱母者案”的这一讯息，南方周末与社会公众之间展开了对相关问题的思考和讨论，达到互动目的。

2. 新闻价值充分

2017年3月，南方周末发稿，引发众多媒体报道，掀起全民热议。通过对这一案件的简要归纳，不难发现这一讯息得以迅速传播和发酵的一个重要原因，就是这一新闻事件极具新闻价值。由于这一新闻事件，人们不断深入理解道德与法律的关系，搜索关注民间借贷、非法拘禁等相关的法律知识，探讨正当防卫、玩忽职守等法律问题。这都极好地体现出这一新闻讯息对新闻价值的追求。

（三）受传者：网络赋权，“批判”与“参与”积极践行

1. 受众网络赋权

从某种程度上来说，微博作为一种载体性质的工具，存在的目的就是为社

会受众的网络赋权提供技术保证。微博网络的匿名性让公众在表达观点时得到解脱，没有社会规范和专家权威观点的束缚，公众可以自由表达自己的观点，担心被"绝大多数意见"孤立的心理基础不复存在。这无疑也是"于欢刺杀辱母者案"中，全民为于欢请愿的一个客观原因。

2. "批判"与"参与"积极践行

"参与"与"批判"相辅相成，社会公众只有兼具参与精神和批判精神，新闻事件的公共性标签才能更加突出。微博语境下公共新闻理念的实践效果如何，很大程度上取决于公众"批判"与"参与"的实践程度。在"于欢刺杀辱母者案"中，公众通过微博积极"批判"和"参与"，共同寻求解决问题的办法。微博语境下"于欢刺杀辱母者案"的"参与"和"批判"，不是威胁法官的粗浅言论，而是有理有据的说辞和引经据典的发言，对法律程序给予了基本的尊重。在这次实践当中，媒体和公众站在法律法规和人情伦理的高度上，对社会问题进行参与和批判，取得良好的现实效果。

（四）媒介：媒介即讯息，把关效果减弱

1. 媒介即讯息，新媒体技术是关键

微博作为一种信息传播的新方式，在更深刻的层面上影响着特定时空中的社会关系、结构和文化。这一说法与麦克卢汉的"媒介即讯息"高度呼应。人类有了某种媒介才可能从事与之相应的传播和其他社会活动。基于新媒体和互联网传播技术的微博是开展公共新闻传播活动的技术平台，是公共新闻传播活动的物质存在和基础条件。"于欢刺杀辱母案"之所以能在短时间内得到最大限度的传播，微博传播平台是最有力的技术支持，即时的微博传播速度让受众可以在第一时间收到信息，海量的微博传播内容给受众提供庞大的信息。

2. "把关人"效果减弱

"把关人"理论注重的是媒体的把关，若从更开阔的视角来看，还有政府和网民的把关。与传统媒体的把关相比，微博传播的把关要弱得多。微博传播是开放性的，信息发布的门槛也低，微博参与者也不会过多受到现实社会中身份地位等的影响。对"于欢刺杀辱母者案"，南方周末、网易新闻、澎湃新闻等媒体均争分夺秒地进行不断更新的报道和调查，不同社会和生活背景的网民及时进行多方位的探讨，其中不乏部分与官方主流价值观念相逆的言论，顺利通过微博后台的把关而出现在微博界面。如微博名为"冷 L 松 S"的博主将此

事与“武松杀死西门庆和潘金莲”等经典桥段做对比，其语言较为暴戾血腥，暗示于欢即武松，其伤人、杀人亦似梁山忠义堂的正义之举，此观点也得到不少网友关注。

（五）反馈：国家政府介入，建设公共领域

1. 国家政府的介入

反馈是体现社会传播双向性和互动性的重要机制。公众的反馈是微博传播实践公共新闻理念的最后一个环节，也是整个传播过程的高潮。公众有序参与媒介报道，能引起国家政府的关注和介入，积极推动公共事务的处理和善后。南方周末等媒体的相关报道引起社会广泛关注后，最高检和省法院积极回应和处理。

2. 公共领域的形成

“公共领域”概念最早在哈贝马斯的教授资格论文《公共领域的结构转型》中有不少描述。哈贝马斯认为，公共领域应该具备三个要素：其一，有一个对尽可能多的人开放以及使他们可以自由表达社会经验和态度观点的平台；其二，各种观点和意见在这个平台中都可以通过理性的讨论展开交锋；其三，系统地和批判性地检验政府的政策是首要任务。诸如“于欢刺杀辱母者案”的公共新闻理念的实践，得益于微博这样一个相对开放和平等的公共空间。这将进一步促进微博传播作为公共新闻理念试金石的空间建设，也将为社会的公平正义提供源源不断的动力支持。

四、公共新闻理念：微博传播的客观局限及其克服之道

虽然“公共新闻”至今还未出现一个公认的概念，不过正如 Philip Meyer 教授所言，这是一个正在发展中的理论，过早做出定义会限制它的发展。微博以其口语化、碎片化、不拘泥于任何写作形式的传播优势为公共新闻理念的发展添加了浓墨重彩的一笔。但我们同样需要认识到，微博传播在践行公共新闻理念方面也存在自身的客观局限和不足，主要体现在公众关注点波动频繁、媒体过度依赖网络信息源、数字鸿沟依然存在等方面。而有效地监控网络舆情、有效地引导话题讨论、有效地培养公民意识将是公共新闻理念于微博传播极为有效的改进之道。

（一）公共新闻理念：微博传播的客观局限

1. 新闻“内流河”，公众关注点波动频繁

传统的新闻传播活动中一般是按照媒体的标准来衡量一个事件是否具备新闻价值的要素，能否成为新闻事件并被媒体加以报道。而微博传播中，公众对事件的关注程度直接决定新闻事件的持续时间和影响范围。每日成千上万的新鲜话题在这样一个拥有强大用户基数的平台上呈现和传播，海量庞大的信息和更迭频繁的话题使用户关注点波动频繁，很难把用户的注意力集中在一个事件上，以致不少事件起始时极受关注而最终却不了了之，出现新闻“内流河”问题。

一般而言，微博用户对新闻事件关注时间越长、劲头越足、势头越猛，新闻事件产生的社会影响也就越大，媒体跟踪报道的动力也越充沛。事实证明，对单一事件的长期持续关注和跟踪报道比短时间聚焦多起事件更有社会效果。在“于欢刺杀辱母者案”中，公众关注点还是较为稳定的，绝大多数网民都以相对理性克制的态度对此案进行了较为持续和长期的关注。

2. 媒体过度依赖网络信息源，深入调查意识薄弱

微博平台的运行特点和传播方式改变了传统媒体获取和报道新闻的具体路径，尤其是可与传统媒体信息互动的特点令不少新闻记者的从业态度和职业信仰发生变化，导致他们开始过度依赖网络新闻源，深入调查意识薄弱，从“报道一切适宜的新闻”变成“报道一切信手拈来的新闻”。微博新闻事件海量出现的同时，也存在大量事件真实性不确定的问题，而媒体依赖网络信息源的习惯，使他们对某些有意义的新闻缺乏追问的激情，以致不少媒体的公信力遭受大大的质疑。

在“于欢刺杀辱母者案”中，媒体的深入调查意识和对网络信息资源的利用也是值得肯定的。在“第二落点”的报道上，澎湃新闻经过深度调查后，发稿披露更多细节；人民日报集最高检、山东省高级人民法院、山东省公安厅、山东省人民检察院等多部门的回应来进一步发稿；第一财经从涉黑高利贷链条角度对辱母事件进行追踪报道。媒体反应迅速、追踪及时，纷纷展开实地采访，补充了最初报道中未呈现的大量信息，还原了“于欢刺杀辱母者案”的具体细节。

3. 数字鸿沟依然存在，极化现象堪忧

社会经济地位高者获取知识的数量和速度都远远大于且快于社会经济地

位低者，随着时间的推移，“知沟”不断变宽，尤其是数字技术的蓬勃发展更造就了“数字鸿沟”。微博传播中的普通公众和各个领域里的认证名人、精英分子的知识储备和媒介使用能力完全不同，存在严重的“知沟”问题。认证名人在微博公共新闻中很容易充当意见领袖，引导舆论走向，影响甚至改变普通公众对待事件的态度和行为。微博传播的便捷性和扩散性，让信息实现裂变式传播，宽松的网络环境让以往“沉默”的公众借助微博变得异常活跃，对微博的使用和公共事务的关注变得格外突出，但他们并不完全具备辨别信息真假的能力，极易被微博语境中的意见领袖所左右。倘若意见领袖的言论正确还好，可倘若偏差，则会产生更为严重的负面影响。

“于欢刺杀辱母者案”的发酵和演变过程中，不少微博认证名人都在微博语境中表达个人的情感态度和价值取向。既有唯理唯实的客观表态，也有激动愤慨的极力声援。如拥有数万粉丝的某微博大V，其发表的原创文章《案件涉黑团伙被提起公诉：让恶者伏法，让善良者开颜》逻辑严谨，内容丰富。而也有其他不少微博大V的言论尚停留在愤慨情绪中，极易引导公众产生错误的价值判断并导致舆情的不良走向。但值得庆幸的是，总览整个事件，绝大多数普通公众的情感抒发与专家学者等认证名人的观点引导并未出现严重的两极分化，都是基于事实的正常分析和思考。

（二）公共新闻理念：微博传播的改进之道

1. 有效地监控网络舆情

微博传播践行公共新闻理念与传统公共新闻实践最大的区别就是网络舆情对公共议题的影响。微博传播践行公共新闻理念的机制跟网络舆情有千丝万缕的关系，它渐进地推动着我国公共新闻事业的发展。合理正确的网络舆情，促使话题讨论得到最大范围的普及，有利于公共议题诉求的传播和达成；危险错误的舆论环境往往脱离讨论话题，存在偏激的思想，导致事态的恶化和对社会的冲击。有效监控网络舆情因此也更为急迫。有效监控网络舆情就是密切注意网络舆情的发展方向，及时支持和鼓励正确的舆情，纠正并解释错误的舆情。例如，在“于欢刺杀辱母者案”中，我国司法机关积极关注和监控网络舆情，及时发布案件相关信息，实现了良好的社会和现实效果。

2. 有效地引导话题讨论

有效地引导话题讨论是微博传播克服自身缺陷和践行公共新闻理念的重要方法。有效地引导话题讨论，有利于在海量的互联网信息中，迅速有效地把具有相同信息诉求和价值观念的公众集合在一起而形成一个强有力的整体，便于迅速引起公众关注和各种形态的媒体进行深入翔实的调查和报道，实现收集民意和披露更多细节的双重目的。“于欢刺杀辱母者案”中，知名权威政法大V“长安剑”连续发表评论文章，有效引导话题讨论的正确方向，努力修补政府与公众的裂痕，于情、理、法中努力寻求法治共识，促进微博传播更好地践行公共新闻理念。

3. 有效地培养公民意识

“比较成熟的公民社会组织可以整合分散化的利益诉求，有效制约国家权力和参与社会问题的解决。”信息更新快、覆盖面大、参与成本低的微博媒介的发展，提供了构建这样比较成熟的公民社会组织的社交平台，这个平台是以话语权为纽带的社会虚拟社群，公民可以在其中自由发表观点和开展讨论。换言之，公民社会即公民的社会，是一种理想的社会环境。在这样一种理想的社会环境中，公众和谐有序地存在，公民意识觉醒，进行独立思考和判断，具有自由民主的需求和积极健康的生活理念。而微博平台对于“于欢刺杀辱母者案”这一事件实践公共新闻理念，既是微博传播克服自身缺陷从而更好实践公共新闻理念的重要体现，也是社会公众致力于构建公民社会和培养公民意识的集中反映。

参考文献：

1. Jay Rosen. Public Journalism: A Case for Scholarship[J]. Change, 1995, May: 42 - 43.

2. 吴信训. 广播电视新闻学[M]. 上海：复旦大学出版社，2011.

3. 宋慧丽. 论微博语境中我国公民新闻的新发展[D]. 济南：山东大学，2013.

4. 彭兰. 网络传播学[M]. 北京：中国人民大学出版社，2009.

5. 刘荔. 新媒体语境下公益活动的传播机制和效果研究：以“免费午餐”为例[D]. 广州：暨南大学，2013.

6. 郭庆光. 传播学教程[M]. 北京：中国人民大学出版社，2011.

7. 喻国明，欧亚，张佰明，等. 微博——一种新传播形态的考察影响力模型和社会性应用[M]. 北京：人民日报出版社，2011.

8. 蔡雯. “公共新闻”：发展中的理论与探索中的实践：探析美国“公共新闻”及其研究[J]. 国际新闻界，2004(1).

9. 刘津. 博客传播[M]. 北京：清华大学出版社，2008.

10. 向青. 网络时代我国公共新闻实践初探[D]. 重庆：重庆大学，2014.

第二章
重大史实的社会记忆建构

创伤记忆的书写：纪录电影《二十二》的叙事探析

陆伟晶①

摘　要：历史在加速。国内首部获得公映许可的慰安妇题材纪录片《二十二》以直击人心的数字体现了这种紧迫感。影片采用日常的叙事方式客观呈现慰安妇老人的生活状态，冷静克制，缓解了观众的心理压力，以另一种方式记录了70年前的历史创伤。作为一种象征性的"记忆之场"，影片重新书写了国人对于慰安妇的集体记忆。在民族框架之外，复合了性别框架，发掘了慰安妇老人的个体性和真实性，某种程度上抵抗了国人对于慰安妇历史的遗忘和误读。此外，新闻报道中对于电影文本的解读和误读也一起加入书写记忆的队伍中，将这种覆写和重构延续下去。

关键词：二十二；慰安妇；记忆之场；创伤记忆

自2017年8月14日上映起，国内首部获得公映许可的慰安妇题材纪录电影《二十二》票房、口碑频频走高，上映6天便票房破亿；上映22天，票房突破1.7亿元，成为最卖座的国产纪录片。从新华社、人民日报等主流媒体到"Sir电影""独立鱼电影"等自媒体大号都在为这部电影发声。同时，《二十二》在海外上映。美国著名影评网站"烂番茄"给出了100%的新鲜度指数；《洛杉矶时报》《华盛顿邮报》《国际电影杂志》纷纷给出好评。《二十二》的意外走红掀起了一波对慰安妇议题的关注高潮，唤醒了公众对于慰安妇模糊的集体记忆。

而就在2016年，上海"海乃家"慰安所的旧址拆迁问题曾引发巨大争议。由于慰安所旧址靠近一所中学，附近不少居民都反对保留旧址，受访者口中的"慰安妇是妓女""慰安所是妓院"令人惊诧。这种对于历史的误读和遗忘给当

---

① 作者简介：陆伟晶，南京师范大学新闻与传播学院硕士研究生。

年的受害者带来了二次伤害。那么慰安妇应该是什么样的呢?

这部投资仅300万、发行靠众筹、制作过程一波三折的电影缘何取得巨大成功?《二十二》采用了什么样的叙事策略,建构起了怎样的慰安妇形象?与主流媒体中的慰安妇形象又有什么不同?此外,媒体是怎么报道《二十二》的?媒体与《二十二》共同建构起了怎样的慰安妇记忆?本文将从法国历史学家皮埃尔·诺拉的"记忆之场"视角出发进行探析。

一、记忆之场:记忆与历史的对立

"记忆之场"由法国历史学家皮埃尔·诺拉提出,是"被人们忘却的当下的历史"。诺拉继承了哈布瓦赫关于记忆与历史二元对立的观点并将其推向极致,认为记忆带有一种当下的特征,是一种活着的、感性的现象,而历史则是对过去理性地、批判性地再现,二者不存在任何交集。诺拉强调的这种对立事实上唤起了人们对记忆的建构问题的关注:什么样的力量在建构人们对于历史的记忆,又是采用什么样的方式来进行建构的?

(一)象征性的"记忆之场"

诺拉认为,由于"历史那带有征服和根除色彩的强大推力之下记忆被连根拔起",于是,"历史等同于记忆"这个"我们认为显而易见的观念终结了",与过去发生联系的情感现在只残存于一些"记忆之场"中。在他主编的七卷本《记忆之场》中,共有一百多篇论文分析了埃菲尔铁塔、《马赛曲》、《追忆似水年华》这些"场"如何被建构为法兰西人民的共同的记忆,法兰西人民又是如何通过这些记忆形成对法国的集体认同意识的。

诺拉将这种"场"分为三类:实在的、象征性的和功能性的。在这三个层次上,记忆和历史交互影响,彼此决定。《二十二》无疑是一种象征性的"记忆之场":"二十二"已经成为慰安妇的一种代称和象征,虽然这个数字现在并不准确,且只会与真实情况相差越来越大。国内对于慰安妇的集体记忆的建构多置于国家话语框架中,使得慰安妇成为一种空洞的政治压迫的符号;而《二十二》的出现打破了这种持续已久的极化现象。

(二)"慰安妇记忆"的书写

"慰安妇记忆"与其他20世纪的灾难记忆一样,都是国家话语的重要组成部分。遗憾的是,无论是国内的新闻报道还是学术研究,都仅仅将慰安妇问题纳入民族主义框架中，忽视了个体的生活经历和情感本真性。一直以来，对慰安妇符号的着力建构拨动的只是民族间仇恨的情感记忆，而非对制造苦难机制的理性反思。此外，"慰安妇记忆"在很长时间里都处于国民集体记忆的边缘，且直至今天都在被误读、被遗忘。

国际社会对"慰安妇"问题的关注始于20世纪90年代初。1991年底，韩国金学顺大娘首先站出来发声。她与其他韩国大娘向东京地方法院起诉，要求日本政府赔偿。但是中国当时并没有意识到这个问题。1992年7月9日的记者会上，外交部发言人被问到中国的"慰安妇"问题时，把慰安妇称作"随军妓女"。之后很长一段时间内，慰安妇都是国际新闻，与中国无关。最近十年，慰安妇才逐渐进入国内新闻，地方媒体开始零星挖掘与报道当地幸存慰安妇的个人故事和生存状况，但这种报道往往具有政治时效性。由此可见，从消隐到浮出，慰安妇议题是以非常政治化的方式进入我们的历史记忆的。

此外，国内的慰安妇学术研究也没有走出集体政治的框架，或是聚焦于寻找慰安妇制度化、强迫性、残暴性的证据，以证明加害国的国家之罪，或是集国家与民间之力，寻找幸存受害者，以数量之大小来度量国家损失之大小以及日军罪恶之大小，从而使得慰安妇受害者的"苦难"被彰显的同时，再次被隐匿了。

二、《二十二》：作为慰安妇记忆的表征

历史事件在离开了它所发生的现场后，再次呈现是人们用文字、声音、图像等媒介来表现的，因此，媒介对文化记忆起到基本的扶持作用，并与人的记忆互动。纪录片作为一种特殊的记忆方式，通过声音和影像构成一种创伤记忆的表征，为公众营造反思的空间。然而国内关于慰安妇的纪录片或电影寥寥无几，《二十二》是国内首部获得公映许可的慰安妇题材的纪录电影。此前，郭柯曾拍摄过一部聚焦韦绍兰老人和她中日混血的儿子罗善学的纪录片《三十二》，不过反响并不大。

（一）另一种在场感：从"二十二"到"八"

这是一部与时间赛跑的"抢救式"电影。1937年至1945年，至少20万中国女性被强征为慰安妇。2014年电影拍摄时，有22位幸存者，电影上映时只剩下8位，加上拍完《二十二》后的两年，又陆续调查出的几位，截至2017年8

月,中国大陆公开曾有“慰安妇”身份的老人仅剩 13 位。而终有一天,这个数字会变成“0”。

“历史在加速。”诺拉在《记忆之场》导言的这个隐喻恰如其分。在历史加速消失的当下,记忆与历史之间的距离越来越大。正是这种紧迫感让“二十二”这个数字直击人心。《二十二》的影评中流传最广泛的两句——“我们来得太晚,她们走得太快。”“她们在等待道歉,日本政府却在等待她们死去。”就在电影公映的前两天,中国最后一位控告日本政府的“慰安妇”受害者——黄有良老人逝世。《二十二》这部电影,提供了另一种形式的在场感,一种过去与当下撕扯的张力。从三十二到二十二,再到八,最后变成零,观众以另外一种方式参与到历史的建构和再书写中。

(二)日常化叙事:从民族政治符号到普通个体

“正像人们可以同时是许多不同群体的成员一样,对同一事实的记忆也可以被置于多个框架之中,而这些框架是不同的集体记忆的产物。”在电子存储技术盛行的时代,不同的媒介通过不同的话语进行书写,每种媒介都会打开一个通向文化记忆特有的通道,进行不断覆写和回忆重构。电影《二十二》通过客观的记录,呈现出一种与以往媒体报道中完全不同的慰安妇形象。

“冷静平和”“克制善良”是媒体在报道《二十二》时最常用的词语。没有悲情的渲染,没有苦难的消费,没有血泪和控诉,只是记录一群耄耋之年的老人最日常的生活。她们在家门口发呆,在炕上吃药,喂猫、晒太阳,和普通老奶奶的生活没有什么不一样。虽然影片涉及了 22 位老人,但出场较多的只有 4 位,有几位老人只出现几个零碎的生活片段。“她们是人,不是慰安妇。”“把这些老人当作亲人去对待,你的拍摄就有了分寸,问题就有了底线。”导演郭柯通过日常化叙事将这些老人重新还原成一个个普通的个体。恰恰也是这种处理手法,缓解了受众的观影压力,受众也更能够在社交网络上分享观影心得,无须受民族压迫等无形的框架限制。

表 1 是根据影片内容以及相关的新闻报道整理出来的几位老人的形象刻画。可以发现,老人们不是面目模糊的受害者,而是有着各自性格特征的可爱可亲的老奶奶。正如库利所说的“观念灯墙”,影片讲述了很多关于每位老人的生活细节,观众头脑中的关于每位老人的“观念灯墙”上的“灯”也变得更多,对她们的认知也更完备。

表1　影片《二十二》中几位典型老人的言语行为和性格特征

人物	行为	语言	性格特征
毛银梅（湖北）	朝鲜人，原名朴车顺，被骗到当时的中国日占区。哼唱《阿里郎》《桔梗谣》；床头挂着和家人、剧组人员的合影；后院种着栀子花，每天都会给摄制组工作人员分花朵	日语短句脱口而出："欢迎光临""请坐"，用韩语说"奶奶"	爱表达，喜欢唱歌；情感丰富
韦绍兰（广西）	瑶族，哼唱《九重山》；挑水、洗衣服；与中日混血儿子相依为命	"人生只愁命短不愁穷""这世界真好，吃野东西都要留出这条命来看"	爱表达，喜欢唱歌
林爱兰（海南）	五保户，在养老院每天拖着粉色塑料椅挪坐到门口，伴着收音机咿咿呀呀的声音，看着日头升起又下去	"日本人逼我嫁给他，我假装答应，其实心里想砍死他。后来把他弄死，我也残废了"	扛枪打死过两个日本兵；眼神倔强，思路清晰；刚毅的红色娘子军
李爱莲（山西）	四世同堂；喜欢喂流浪猫，从一个到一群；和孩子一起看老版《西游记》，孩子们都喜欢围在她身边	老人从据点逃回家，丈夫对她说："没关系，我们以后该怎么过还怎么过，是日本人抓你去的，又不是你自愿的。"	平静，对生命温柔、慈祥善良的老奶奶
王玉开（海南）	不详	给老人看日本人的照片，老人笑了："日本人也老啦，连胡子都没有了。"	不详
李美金（海南）	喜欢在榕树下乘凉	对志愿者说："你们来看阿婆，阿婆就开心啊。"	爱笑

同时，电影的官方海报是手绘形式的。浅蓝的背景上，一个扎着麻花辫的小女孩正在描摹出另一个形态相近的女孩，她的发尾上同样系着两个粉红的蝴蝶结，因为受害老人们当年都是十几岁的花季少女。这种处理手法拉近了电影与年轻人尤其是小朋友的距离。

由此，一直以来作为民主政治符号、肩负着沉重历史的慰安妇群像变得清晰，变得可亲。"记忆贴近生活，才可能被唤醒。"从前，对于面目模糊的受害者，公众不容易生出感情，甚至有可能将受害者与性暴力混为一体，觉得肮脏，希望回避。而《二十二》重新书写了关于慰安妇老人的记忆，使得观众得以与这些老人亲近。

三、媒体对《二十二》的解读与误读

慰安妇题材牵动了中国人的两点共鸣：对战争的痛恨和对战争受害者的同情；带有态度与温度地陈述国家文化，彰显民族情结①。进入大众传播语境中的《二十二》被进行了重新解读和书写，同时某种程度上也被误读。

（一）民族国家叙事的印记

尽管《二十二》影片本身在努力摆脱民族叙事的框架，但是一旦进入大众传播的语境，仍然免除不了“民族—国家”的宏大话语。

一方面，慰安妇制度自出现之日起就是政治的。8 月到 9 月是个密集的集体记忆纪念期。8 月 14 日，世界慰安妇纪念日；8 月 15 日，日本宣布无条件投降日；9 月 3 日，中国人民抗日战争胜利纪念日。《二十二》选择在 8 月 14 日上映，占了天时。在这样的社会氛围中，《二十二》无疑带有浓厚的民族国家叙事性。影片结尾，一位慰安妇老人说：“希望中国和日本要一直友好，不要再打仗了，一旦打仗就会有人离去。”同样也是鲜明的民族国家叙事色彩。同时，影片已经入选第十四届精神文明建设“五个一工程”特别大奖名单。

另一方面，媒体在报道和解读《二十二》时，也无形间运用了这种框架。如新华社分别于 2017 年 8 月 14 日发文《这部纪录片今天公映：这些老人给我灵魂洗礼》，9 月 6 日发文《〈二十二〉：不仇于过往不忘于历史》，莫不采用宏大叙事。

这是个有着内在逻辑的悖论。一方面，民族主义叙事框架并不能装进慰安妇大娘的全部苦难，民族主义叙事框架中的记忆/忘却机制过滤掉了性别压迫机制，记住了只是作为民族苦难象征的抽象的慰安妇；但是另一方面，慰安妇本身是无法脱离政治符号化的。因此，中国人民大学副教授、女权主义学者宋少鹏呼吁从“女性反思史”的角度——以民族压迫机制与性别压迫机制的复合视角，重建“慰安妇”历史。

（二）“英雄记忆”和“非英雄记忆”：慰安妇创伤记忆的双重性

韦绍兰、毛银梅是新闻报道中出现频率较高的两位老人，也是最具代表性的两位（见表 1）。两人都爱表达，爱唱歌。韦绍兰老人哼唱的《九重山》

① 资料来源：http://news.xinhuanet.com/politics/2017-09/05/c_1121606773.htm.

作为片尾曲，成为影片的一大亮点；毛银梅哼唱的《阿里郎》《桔梗谣》令无数观众潸然泪下。此外，李爱莲老人家庭和睦，四世同堂，似乎不太看得出创伤的印记。她们积极向上、活在当下，这仿佛成为慰安妇老人的共有特质，但这是媒体对《二十二》的某种误读。看过影片后便会发现：很多老人都是不愿意表达的，只有零星的几个生活镜头；有的老人拒绝采访，因为怕给子女带来困扰。对于这两类记忆类型，可以用阿莱达·阿斯曼的"英雄记忆"和"非英雄记忆"来解释。

于韦绍兰、毛银梅、李爱莲而言，《二十二》中所展示的个人记忆属于"英雄记忆"，是"以一个整合的自我为前提，具备自我尊重、自由意志、思想行动、未来、积极的价值观和获救的修辞等特点"；而于其他出场很少甚至不愿意出场的老人而言，则属于"非英雄记忆"，她们展示的是一个"被损害的自我(disminished self)，它失去了任何身体和精神上的对于自己的环境的控制，它的语言也失去了所有积极掌控的内涵"。"非英雄记忆"和被损害的自我的起因都是创伤的形成，受害者们无力将这些创伤事件转化成有拯救力量的象征。

因此，阿莱达·阿斯曼总结道：通过事后阐释对恐惧进行克服是不可能的，因为为此所必需的精神和心灵的前提条件和价值都已经在恐怖统治中丧失殆尽了。媒体建构温暖的慰安妇形象无可非议，但同时也应该关注到那些未在镜头前久留的老人们。

四、结语

直视苦难是煎熬的，它让人坐卧不安；审视观看的意义，在于确认其本身是否是一种打扰。《二十二》采用日常化的叙事策略，建构起感性的、丰富的、个性化的慰安妇形象，与主流媒体下民族国家话语中的"千人一面"、模糊不清的慰安妇形象大相径庭。影片重新书写了国人对于慰安妇的集体记忆，在民族框架之外，复合了性别框架，发掘了慰安妇老人的个体性和真实性，某种程度上抵抗了国人对于慰安妇历史的遗忘和误读。

同时，媒体对于《二十二》的报道也有选择性和美化成分，旨在建构积极向上、直面生活的慰安妇群像。总之，作为一种象征性的记忆之场，电影文本与相关的新闻报道通过再建构，减轻了国人对于慰安妇的耻化记忆，重新回归到"善良温暖"。可以预见，这种不断覆写和回忆重构还将继续进行下去。

此外，我们需要看到的是，《二十二》的迅速走红，一个重要因素是社交网络的沟通和传播。朋友圈里评论的刷屏、公众号的扎堆推荐、微博的持续热搜都让《二十二》获得了较高的关注度。公众通过共享日常生活和体验，对于慰安妇的记忆的自觉性大大提高。在这样一个系统的社交网络中，公众在沟通中求得共识，在共识之下留存共同记忆。

在过去的几十年里，慰安妇问题和幸存者的不公正遭遇，一直在大众视野里隐形，但在遭到普遍漠视的同时，慰安妇又以另一种概念深藏在人们的观念中。如果没有护卫，这种记忆很快就会被历史扫除。因此，只要"慰安妇"这个词还在被用来攻击和羞辱女性，只要性侵受害者依然承受着耻辱和骂名，对慰安妇问题的关注和讨论就永远不该结束。

参考文献：

1. 阿莱达·阿斯曼. 回忆空间：文化记忆的形式和变迁[M]. 潘璐，译. 北京：北京大学出版社，2016.

2. 皮埃尔·诺拉. 记忆之场：法国国民意识的文化社会史[M]. 黄艳红，等译. 南京：南京大学出版社，2015.

3. 莫里斯·哈布瓦赫. 论集体记忆[M]. 毕然，郭金华，译. 上海：上海人民出版社，2002.

4. 宋少鹏. 媒体中的"慰安妇"话语——符号化的"慰安妇"和"慰安妇"叙事中的记忆/忘却机制[J]. 开放时代，2016(3).

5. 施海泉. 社交网络的记忆框架：基于MH370客机失联事件相关微博的考察[J]. 当代传播，2014(6).

口述史:历史叙事视域下的现场化重现

吴晓虹[①]

摘　要:口述历史作为一种历史叙事,是对“过去的声音”的现场化重现。历史事件都必然发生在具体的时空里,人们无法回到那些承载着各类历史事件、集体记忆、民族认同的时空中,却可以通过口述历史这一“场域”,通过文字、声音、图像等现代化手段,将历史故事进行现场化重现。口述史的呈现环节,便是对历史记忆的现场化重现,是口述历史中直接决定其历史和学术价值的关键一环。它讲述的是一个个发现的故事,它把搜集到的、支离破碎的历史故事通过整理、鉴别、考证与加工,点化为让人们兴趣盎然的完整叙述展示在受众面前,以期还原历史事实的本相,并引导和决定着受众对历史的解读。

关键词:口述史;历史叙事;现场化;重现

一、口述历史与历史叙事

“今天的新闻就是明天的历史。”口述历史讲述的是“曾经发生”的具有历史意义的事件,其资源主要来自地方和民间,记录的往往是不见经传或被边缘化的社会主体的生活与思考。这些充满民间文化或大众文化的个体记忆内容充满着具有第一手史料价值的历史知识,观照着某个人文群体的“集体记忆”。这些记忆通过文字、录音、拍摄等方式保存下来,呈现在受众眼前,帮助读者在自己的脑海中唤起某种记忆。因而,口述史的叙述过程就是历史的现场化重现过程。

---

① 作者简介:吴晓虹,中国传媒大学硕士研究生。

二、口述历史的现场化呈现

(一) 叙事声音:人与视角

所有的叙事均由“故事”和“叙事人”两个基本要素构成。叙事人的身份及其在叙述文本中表达的方式和参与程度,决定着叙事文本的基本特征。叙事人,是文本的讲述者,在口述历史中,口述者的声音无疑是叙事人在历史记忆中的存在方式。作为历史洪流中的普通人,其个体的记忆便是历史的闪现。这种充满不确定性的历史背后,究竟是谁在构建人类的“集体记忆”?

1. 谁在历史中说话?

皮埃尔·布尔迪厄指出,话虽是自己说的,但谁也不能肯定自己就是这话的主体。虽然一般情况下,受众感觉口述史中的思想和感情就是原始素材的自然呈现,是口述者的情感升华,而事实果真如此吗?1978年,查特曼以符号学的交流模式说明了叙述文本的交流过程:真实作者→[隐含作者→(叙述者)→(受述者)→隐含读者]→真实读者。

可以看到,叙述文本中,叙述主体有三个部分:真实作者、隐含作者、叙述者。在口述史中,真实作者和叙述者不能等同。事实上,从文化传统和故事来源进行考察,可以看出,口述史的叙事者并非是口述者本身,而是对口述者所从属群体的“集体记忆”具有一定价值研判和社会认同的某个人文群体。

当事人的口述见证是重现“历史”的关键,也是拯救自身所属群体的最好方式。法国纪录片电影导演克劳德·朗兹曼的纪录片《浩劫》将长达9个小时的历史影像投向了大屠杀中的普通人——火车司机、集中营看守、理发师、机械工等,通过讲述他们使自己成为“杀人机器的工业部件”的经历,反思这些普通人做出大屠杀行为的深刻原因,以警醒世人。在这一作品中,追踪灭绝欧洲犹太人历史的人并非口述者本人,而是《浩劫》的导演、策划者等对这一历史真相具有价值研判的、并引领观众进入当事人所描述的历史现场的人文群体。

2. 记忆构建的全知视角

按叙事者所知信息是否大于文本人物所知信息,可以将叙事视角分为全知视角和限知视角。如果说口述历史应从如实反映历史事件的角度来审视，口述史的叙事视角无疑为全知视角，既然如此，叙事者便不能贸然描绘心理活动，甚至虚构口述者并未看到的事物。口述史通过多个当事人的限知视角对历史知识进行呈现，以期通过这些差异而零碎的故事来构建特定历史记忆的全知视角。

见证历史的文件必须通过当事人的限知经历来重建历史的记忆。在《浩劫》中，导演朗兹曼通过说服当时作为理发师的亚伯拉罕讲述其为即将被送去毒气室的妇女剪掉头发这一经历，使观看者顺利进入了那个被湮没的历史时空中。当个人记忆成为这些重大事件的仅存证据时，当事人的讲述就为观看者呈现了一个原状的历史面貌。导演正是通过当事人的口述现场的局限性视角来重建历史现场，引导受众来解读这段被湮灭的历史遗迹。

同样，在《三节草》这一口述历史影像中，叙事者通过肖淑明记忆中的成都时代的面孔日记和声音来展现其亲历的历史。当事人以"我"的视角讲述自己的过去与现在，这个视角具备了元小说的暴露视角性质的局限性视角，叙事者将当事人这些零散的故事整合成八个段落，并通过对此故事结构的呈现来还原具有历史价值的原状生活细节。

因而，口述体纪录片的个性视角，是从个人的亲历与这一亲历的局限性出发的，从这个意义上说，口述体纪录片的局限性视角，恰恰是事件的真实视角，也正是由于"我"这个公开的叙述者的视角局限性，口述者才以"叙述＋事件/故事"的方式呈现。

（二）叙事话语：时间与情境

叙事话语是针对叙事文本结构的分析，更多是对叙事方法的分析，主要解决"怎么说"的问题。热奈特指出，"叙述话语的分析主要是研究叙事文和故事之间的关系，叙事文和叙事行为的关系，以及故事与叙述行为之间的关系"。在口述史中，这里将其话语对象集中于对时间、情境的探讨上。

1. 叙事时间的二次重构

米克·巴尔认为，"事件本身在一定的时间内，以一定的秩序出现"。故事发生的时间具有特定的时序、时长和频率，而叙述故事的时间与此不同，倒叙是故事讲述中常用的方式，此外还有平铺直叙、插叙等方式。

口述史中，当事人口述的细节与历史现场的事件层次，依照个体的经历与思考经过叙事者串联之后呈现出来，讲述的事件与现场的事件组成了一个叙事整体。因而,受众从影像资料中看到的事实由两部分组成:一部分是当事人讲述的故事,在这里,故事时间转化为叙事时间;另一部分是经过叙事者串联之后的故事,体现为对叙事时间的再次转化,重新赋予了事实呈现的秩序,也就是重新构建了受众对于历史真相的意义解读。在《二十世纪中国女性史》的口述史中,如果把当事人的口述看作对故事的重构,那么女性历史事件的"情景再现"的代言性叙述,女性史以及女性发展的研究者、见证人的讲述,则是叙事者为佐证或表达自身观点而对叙事时间的再次重构。如作品中出现相关研究专家讲述冯骥才的《三寸金莲》小说,这就是叙事者对叙事时间的二次建构。

2. 现场化手段的情境塑造

根据小说家詹姆斯所言,故事的"每一种讲述方式都会在读者身上唤起独特的阅读反应和情感效果,因此,如何讲述直接决定着这种效果能否得到实现"。在口述中,叙事情境应该是叙事者为了获得某种观看或收听反应而采取某种讲述故事的方式创造出来的声像语境。在受众方面,其表现体现为受众接受故事时的感受。因而,除叙事视角外,对素材的处理、语言、风格及叙事结构等都是构成指定叙事情境的主要因素。

口述史的叙事体现在这一环节的呈现上。呈现并非原始素材的简单罗列,而是对其进行分类、整理、佐证等之后,利用文字、图像、声音、视频等媒介对历史事件进行的现场化重现。口述史追求真相的目的及受众的草根化特征,要求其文本、声像语境的低度性,即要求大量信息被置于清晰的编码中。从受众角度而言,对文本、声像理解的就是其文字、声音、图像所直接表达的意义,不需要反复阅读或观看来思索言外之意。

语境的低度性可防止历史解读过程中的信息减损和变形,其呈现手段的现代化和个性化使得口述史都具有通俗易懂的大众化风格。如《浩劫》口述史中描述道,一位幸存者讲到受害者们在毒气室门口突然意识到自己不是来劳役的而是要被屠杀时,他语塞了,脸痛苦地扭曲着,不能继续讲述……无法言说的表情,结合当事人的声音引发了观众的视觉记忆与想象。特别是口述史电视化之后,面孔、手势、场景等的视觉表现力更是成为塑造优质画面、生动传情达意的最佳手段。

(三) 叙事接受:传播与解读

接受即对一种物质、事件、精神的容纳。精神接受的价值随着信息社会的到来而得以提升。精神接受是受体对外来信息的思维加工过程,是一组相关的心理活动，反映的是社会、自然、精神客体与认识主体之间的作用关系，精神生产者与精神消费者的交互作用关系，它包括经典接受、宗教接受、历史接受、权威接受、审美接受、传播接受等。笔者认为，口述史接受主要包括历史接受、审美接受和传播接受，是接受主体对所呈现的历史事件进行反应、加工、践行等的连续认识和反应过程。如果说口述史的现场化呈现是采访者、口述者、事件之间的编码过程，那么，叙事接受便是对其解码的过程。

1. 传播：口述者与采访者

口述者与采访者所构建的"讲述与倾听"关系致力于对过去历史事件的描述与还原。由于讲述者对事件的认知与态度体现在讲述者对事件本身的描述上，而并非是基于事件的自我展示，这便在一定程度上对历史的客观性提出了挑战。但无疑，构建采访者、口述者与事件之间的无障碍交流渠道是口述史呈现真相的有效方式。《三节草》口述史中，讲述者只有肖淑明一人，这个"我"与摄影机的"你"构建了纪录片唯一的叙述方式和视角。由于摄影机尊重讲述者对事件的描述，也就在一定程度上确保了事件的真实与客观。这种以人物所知的范围来确定"有限度的叙述"，才是口述史能够还原当事人过去声音的重要原则。

2. 解读：叙事者与接受者

口述史最重要的任务便是"让历史与传奇相互质"，从而以影像或声音来重现历史，并用其来确保历史论点的可信度。作为口述史的叙事者，其重要的任务便是通过对已具备一定可信度的口述史的呈现，对接受者进行观念、认知、行为上的引导。接受者对叙事者所构建编码的解读，可以用下图来表明：

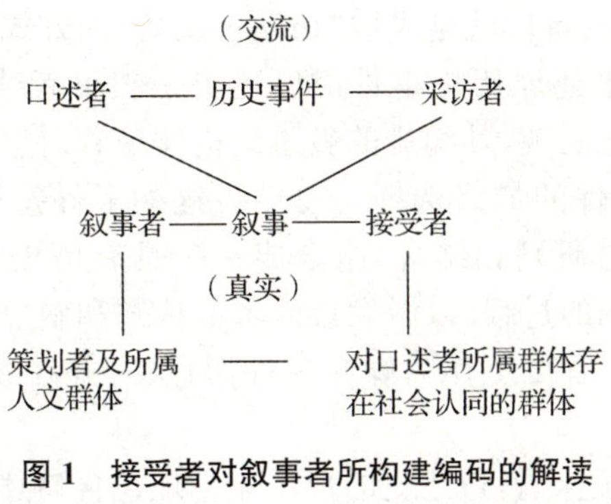

图1　接受者对叙事者所构建编码的解读

由于口述者必然是历史事件的亲历者，图中口述者与历史事件之间则无疑存在“交流”关系，这种交流是对历史的反思，体现在对所说之事的叙述上。同时，还需要认识到，叙事是叙事者构建的历史真实，是在限知视角下按照时间和秩序规则所陈述的真实，体现着最大程度的历史客观性。

三、话语功能：叙述与展示

（一）历史叙事中的反思

口述史作为历史叙事，表现出对事件真实性的热切追求及对事实的理性解释，而如何对历史中的人物、语言、事件等保持客观性和真实性，则是当前面临的一大困境。口述史的现场化呈现不能满足于对历史事实表象的刻画描述，而应探寻其背后的动因、意义及趋势。正如历史学家郭沫若所言，不仅要“实事求是”，更要“实事之中求其所以是”，不仅要“断定已然”，更要探寻“所以然”。

在口述史的叙事中，出于对客观性的尊重，采访者很容易停留在对口述者所述事实的描述之上，与此同时，一些作品中也出现了过度叙事的倾向。如《我的抗战》中，所有提问都被删除，而只保留了被采访者的回答，只是依靠画外音过渡将其串联，作品中还对口述者的叙述进行了主题归类编辑。这种呈现方式的弊端显而易见，接受者对于口述者的真实态度无从判断，由此也影响到口述史的真实与客观。

（二）“过去的声音”的重现

口述史最显著的特质就是采取“访问—谈话”的方式，并通过对这些“过去的声音”的叙事来还原历史事件。口述史是叙事者建立在自身认知、态度、意愿之上的外化展现，其编排的叙事结构体现着对口述者及其所属群体所经历的一系列事件的最终选择与总结。这些事件按照其自身的逻辑结构，与叙事者的价值研判相结合，组合成一个具有历史意义的口述叙事序列，通过现场化呈现的过程，以激发接受者的认知和叙事行为。从这个角度来看，口述史在一定程度上作为媒介事件而存在，并在此基础上重建“过去的声音”。

从叙述者的角度来看，口述史的现场化呈现包含口述还原与历史事件的代言性叙述两部分。从话语功能的角度来看，前者强调了话语的叙述功能，而后者关注的是话语的展示功能。可以说，讲述关注的是讲述者与倾听者互动关系中对历史事件的描述与还原，而代言性叙述则是重视对历史事件的重新构建和认知。由此看来，口述史的现场化通过二者的梳理与整合来重现“过去的声音”。

结　语

口述史作为历史叙事，其现场化呈现这一环节直接决定整部作品的学术价值和意义空间。这种现场化呈现建立在策划、采访、整理的基础之上，通过叙事方式完成对“过去的声音”的展示，实现叙事者与接受者之间的无障碍沟通，也直接影响着作品的传播效果和接受者的审美和认知体验。从这个角度理解，现场化呈现的意义主要体现在两方面：对历史的佐证和对历史洪流中的普通人价值的提升。

在历史的宏大叙事之中，口述史的呈现无疑会被视为一种较为权威的记录和表达方式，来为当时的历史下定义、做佐证。叙事者对这些历史资料的呈现也会被后人用来讲述历史。从这个角度来看，被选择的口述者、被描述的历史事件、碎片化的个人记忆，最后都会演化为被选择的历史、被修改的历史而合情合理地走入历史殿堂。

从口述史本身的呈现手段来看，在现场化呈现的过程中，叙事者需要更加重视口述代言性叙述文本的可信性，对历史事件原状材料与代言性叙述事件材料进行严格区分，让历史和故事相互佐证，进而增进接受者对口述史资料的信任感，并提高口述史资料的历史价值。

参考文献：

1. 何纯.新闻叙事学[M].长沙：岳麓书社，2006.

2. 肖平.“过去的声音”：一个说者的视角、视点及其影像写作[J].现代传播，2005(6)：81-84.

3. 曾庆香，黄春平，肖赞军.谁在新闻中说话——论新闻的话语主体[J].新闻与传播研究，2005(3)：2-7.

4. 陈墨.口述历史门径(实务手册)[M].北京：人民出版社，2013.

5. 谢莹.叙事学视阈中的“口述历史”[J].现代传播，2009(5)：143-144.

6. 方毅华.新闻叙事与历史叙事的省思[J].现代传播(中国传媒大学学报)，2010(10)：64-68.

7. 魏少华.“口述历史”与《我的抗战》采访呈现的得失[J].新闻界，2013(17)：51-55.

8. 龙迪勇.历史叙事的空间基础[J].思想战线,2009(5):64-73.

9. 林溪声.口述史:新闻史研究的一种新路径[J].国际新闻界,2006(7):73-77.

10. 陈墨.口述历史:个人记忆与人类个体记忆库[J].当代电影,2012(11):85-94.

11. 彭刚.历史记忆与历史书写——史学理论视野下的"记忆的转向"[J].史学史研究,2014(2):1-12.

12. 蒋蕾.口述历史访谈与新闻采访的异同[J].新闻记者,2011(9):74-78.

13. 杨琴,罗小红.口述历史的影像叙述——《中国记忆》与《人民记忆》的比较研究[J].当代电影,2012(3):154-157.

激活与强化："香港回归"社会记忆的建构
——以纪录片《紫荆花开》为例

曹曦冉①

摘　要：纪录片《紫荆花开》作为一个纪念香港回归20周年具有象征意义的"记忆场"，担负着唤醒、存储并传递内地和香港同胞共同的集体记忆的功能，从叙述个体记忆到承载集体记忆，以影像呈现与亲历者口述等方式实现了从"记忆中的历史"到"历史的记忆场所"的转化。本文通过分析纪录片《紫荆花开》，呈现香港回归20周年来的变化，对该片建构"香港回归"社会记忆的策略进行了研究，认为该片主要通过影像再现、纪念仪式和微观叙事这三个方面建构"香港回归"社会记忆，激活历史记忆，强化个人记忆，提升民族认同感，最终将个人记忆上升到集体记忆。

关键词：香港回归；《紫荆花开》；社会记忆

2017年6月26日至30日，纪录片《紫荆花开》在中央电视台综合频道晚间播出，6月27日至7月1日在央视中文国际频道重播，通过连续高密集的播放来庆祝香港回归20周年。纪录片以"一国两制"在香港成功实践为主题，从多个角度展现香港回归20年来的变化和繁荣景象。每集30分钟，共5集。前两集《开启归途》和《神圣时刻》重在讲香港回归的历史细节，后面三集《凝聚共识》《同舟共济》《同心圆梦》从现实入手，表现香港这20年来在"一国两制"的伟大构想下，在中央的大力支持下持续繁荣稳定，为祖国做出贡献，同时也分享了祖国发展带来的丰硕成果。本文将具体阐释该片如何营造记忆场、建构"香港回归"社会记忆以及建构社会记忆的效果，希望对当今社会利用信息传播技术建构社会记忆有一定的启发。

---

① 作者简介：曹曦冉，湖北大学新闻传播学院硕士研究生。

一、作为“记忆场”的纪录片《紫荆花开》

“记忆场”这一概念的提出者法国历史学家皮埃尔·诺拉把某一个地理场所、纪念碑、艺术品，甚至一个历史人物、某个纪念日等都纳入了“记忆场”。随后，德国文化记忆研究领域的著名专家阿斯特莉特·埃尔对“记忆场”这一概念做了总结，他认为：“任何能在集体层面与过去和民族身份联系起来的文化现象（无论物质的、社会的或精神的）都被称作为‘记忆场’。”根据诺拉和埃尔对“记忆场”所做的定义，沉淀了国人与香港同胞对“香港回归”集体记忆的纪录片《紫荆花开》作为一个整体就是一个“记忆场”，它跟国旗、纪念庆典、历史遗址、地标建筑物等一样，是一个能够唤醒民族记忆的意象，能促使国人进行民族身份认同。

纪录片《紫荆花开》作为记忆的媒介，生动、细致地向观众阐述了“一国两制”构想的由来，展示了20年来“一国两制”在香港实践取得的巨大成功。此作品作为一个纪念香港回归20周年具有象征意义的“记忆场”，担负着唤醒、存储并传递内地和香港同胞共同的集体记忆的功能，从叙述个体记忆到承载集体记忆，以影像呈现与亲历者口述等方式实现了从“记忆中的历史”到“历史的记忆场所”的转化。如果如诺拉所说，“记忆场是记忆与历史的相互交替”，那么，作为“记忆场”的《紫荆花开》链接的是个体记忆与集体记忆这两个页面，该片展示的是国人记忆中的历史，同时也记载了对“香港回归”这一整段历史的记忆。

（一）个体记忆与集体记忆的平衡

新媒体时代，创新、贴近时代的思想是不可缺少的，传统纪录片宏大的理念和主题已经无法兼顾广大受众的普遍需要，受众更想看的是展现人文关怀、有温度的纪录片。真正能够被普遍接受的纪录片应该具有人性的价值，应该关注人们的生存状态、关照他们的情感。《紫荆花开》叙述了很多具有典型意义的、香港回归的亲历者或间接被影响者的个体生活和情感体验，通过面对面的访谈、跟拍记录以及采访者的内心独白等形式对其进行了细致入微的展示。例如，第四集《同舟共济》中，讲述了香港餐饮业从业者凌志强的粤菜饭店在2003年香港“非典”疫情时遭遇关张危机，但他在逆境中保持乐观，穷困时不减斗志，在香港开通自由行后，积极顺应局势，缓解了危机并迎来了饭店的黄金期。这样一个非常典型且平民的例子很好地证明了香港回归给香港经济带来的好处，无须赘述，故事便是极好的证明。《紫荆花开》中的每一个人物展开的都是“图像化”的鲜活的个体记忆。

个体记忆总是与集体记忆相关联，法国社会学家、历史学家莫里斯·哈布瓦赫认为，个体记忆是集体记忆的依托和基础。“香港回归”这一历史事件包括的是一个庞大的群体，《紫荆花开》叙述的个体记忆是每一个亲历香港回归的中国人的共同记忆。当纪录片播出之后，作为影像的记忆媒介，《紫荆花开》实施了存储、唤醒和传递集体记忆的功能。

（二）宣传目的与艺术审美的平衡

对于《紫荆花开》这部纪录片来说，纪念香港回归20周年这一主题较为宏大，且由央视出品，官方的意识形态导向是不可避免的，但是该片突破了单一的、自上而下的表达方式，将具有审美价值的画面融入其中，从传统的宏大主题、国家历史的范畴转入寻常百姓家，贴近时代、贴近社会、贴近生活地选取题材，使得作品达到了宣传目的与艺术审美的平衡。

《紫荆花开》的节目风格类似电影，在色调上用了早期香港电影的风格，让观众在观看时眼前一亮，片头也营造了浓墨重彩的油画效果，有强烈地域特色的影片风格具有代入感和年代感。无论是空中的镜头还是地面的镜头，纪录片都想方设法拍出香港的味道，注重场面宏大的同时不缺乏温度，注重体现香港的文化历史特点和风貌的同时，也关注香港人内心的变化。

同时，该片要通过镜头表现香港经历的风风雨雨，传达出政治态度，达到宣传的目的。因此，片中有多处静态快进的香港风景的镜头，有乌云滚滚和暴雨中的维多利亚港，也有香港日出和日落的影像，这些无言的镜头从侧面表达出一种世事变迁、时光飞逝的感觉。在拍摄人物时，都会用到三四个机位，有特写也有跟镜头，配合人物的情绪表现出他们的压抑或激昂。而拍摄的主体镜头会采用仰视的角度，这样拍摄出的人物不仅形象高大，而且充满自信。同时，为了展现香港回归后的繁荣稳定，摄制组还利用大型直升机航拍，从空中到海上对香港进行了全方位、多角度的拍摄，将香港国际大都市的高楼林立和海港的繁忙景象一一呈现给观众，场面宏大，气势恢宏，也在无形中达到了政治态度与审美价值的平衡。

（三）讲述历史与观照现实的平衡

在《紫荆花开》五集的容量中，前两集着重回顾历史，后三集聚焦现实，串起从“一国两制”的来历、邓小平如何设计出“一国两制”路线，到香港回归如何靠谈判和平地达成，再到回归的过程以及在宪法、基本法框架之下，“港人治港”如何进行，直到香港目前的发展现状。值得关注的是，这部纪录片没有回避回归后的20年中出现的矛盾，比如“占中”等事件和金融风暴、“非典”肆虐等一些困局，片中都有反映。将“香港回归”这一社会记忆与后来发生的其他社会记忆结合在一起，既观照了现实，有力地证明了香港回归这一实践的重要影响，同时也丰富了受众的社会记忆。记忆不是单一存在于人的脑海中的，记忆也不是一成不变的。

二、《紫荆花开》对“香港回归”社会记忆的建构策略

（一）激活社会记忆：影像再现的纪实手段达成共识

纪录片通常被认为具有强烈的真实再现能力以及现实主义的纪实风格。作为一种呈现过去与召唤记忆的方式，纪录片具有权威性，通过“记录”真实世界的某些特征，为核实或证明某一个事件或观点提供无可辩驳的“证据”。对于消逝的历史事件，尽管我们无法亲临现场做事实的见证者，但是纪录片却可以将时间停滞在那个发生点上。它们借助于事件目击者栩栩如生的陈述、故事现场的重新建构、相关证据的发现与搜集，唤醒我们的记忆，通过对真实场景的模拟和影像深层意义的传递，强调事实的真相，使人记得它们所指出的事物与所界定的过去。

香港回归是众所周知的一个非常重要的历史时刻，在每个人的脑海里都有关于香港回归的记忆，而《紫荆花开》通过生动、真实的影像资料及当事人的叙述，将空洞的水平时间纳入集体的想象空间，使人们达成了共识，从而形成公众记忆，并借以强化群体成员的民族凝聚意识。在《紫荆花开》中，1997年7月1日0时0分五星红旗在香港升起的画面出现时，影像资料与受众脑海中的记忆产生碰撞，记忆有了真实的载体反映，变得鲜活和生动，社会记忆被再次激活，20周年纪念的意义也在无形中实现。

《紫荆花开》中有非常多香港城市街道、建筑等风景的镜头。我们总是在历史的城市建筑群的框架之内活动，从建筑史和城市建设的角度看，这些建筑群可能是没有历史和没有面貌的，但是它们却总是在以水泥、砖石和沥青的形式代表着物质化的历史时代。空间、高楼大厦和城市，都具有不言而喻的性质。这也是纪录片的一个优势——真实性。真实的影像再现让观众很少注意它们作为无意图地表达着历史的媒体而具有的功能和强大效果。为展现香港

回归 20 年的最新面貌，摄制组在香港组织了大型直升机航拍，从空中到海上对香港进行了全方位、多角度的拍摄，以新颖独特的视角展现了一个欣欣向荣的香港，提供了 20 年来香港全貌最新的航拍影像。

（二）强化社会记忆：纪念仪式提供集体记忆的具象表现

法国心理学家莫里斯·哈布瓦赫在其著作《论集体记忆》里提到，个体只有在社会中才能获得记忆，才能进行回忆、识别和对记忆进行定位，而这种唤起、建构和定位记忆的文化框架即所谓的集体记忆或记忆的社会框架。美国社会心理学家保罗·康纳顿对其观点进行了补充，他认为集体记忆需要社会仪式和身体实践两种传播方式的操演和表达，前者侧重于社会层面的仪式建构和传播，而后者更侧重于老者对于后来者的言传身教与文化传承。

仪式化过程是建构集体记忆的关键。仪式通常被视作一种标准化的、表演性的、象征性的，由文化传统规定的一整套行为方式，一种沟通和维持群体活动的途径。正如约翰·费斯克所定义的那样：仪式就是"组织化的象征活动与典礼活动，用以界定和表现特殊的时刻、事件或变化所包含的社会与文化意味"。倘若说传统的仪式是一种现实层面的参与和建构，那么，纪录片对于社会记忆的建构则是一种基于共同认知的象征性虚拟文化仪式。它通过对文化符号的选择和展演，进行着精彩纷呈的仪式表演和潜移默化的文化共享。通过纪念纪录片，历史议题不断以事实面目浮现，过去的经验被召唤出来成为人们共同分享的历史意向，形成国家认同的基础和建构集体身份的凭证。同时，这种有强烈导向意识的纪录片有助于唤醒社会记忆、构建集体认同，以历史事件为契机，结合当下，将追溯往事与展望未来并举，有助于公众打开尘封的集体记忆。

2017 年 7 月 1 日是香港回归 20 周年的纪念日，借此契机拍摄的纪念纪录片《紫荆花开》强化了受众的社会记忆。历年再现仪式通过重现当时的行为、事件，把日历的某个时间变成了群体特别关注的特别时刻。而影像作为纪录片独特的表达方式，成为表达集体记忆不可或缺的载体。在《紫荆花开》中，香港回归过程中具有代表性的珍贵影像资料、歌曲以及香港街头的风景和标志性建筑都在片中来回切换，这种纪念性的符号更加强化了"香港回归"这一社会记忆，通过载体联系到记忆，无须过多的言语强调，记忆自然被唤起、强化，浮现在观众的眼前。

作为一个历史的、经验的概念，集体记忆的表达及作用的实现必须依托于一定的载体，而该纪念仪式恰恰为集体记忆的具象表现提供了可能。《紫荆花开》的价值也就在于将抽象的集体记忆表现出来，并使之在社会上广泛传播。凭借纪录片这一纪实艺术载体，集体记忆由过去式成了现在进行时，通过影像的视觉叙事，得以成为真实的再现。集体记忆被保存得越完整，真实度就越高，当再次显现在人们眼前时，就越能唤起人们脑海中的联想和回忆，其内在价值就越明显。纪录片的真实反映意义让集体记忆具有文献价值。情景再现、现场模拟、真人扮演，这种与历史场景高度统一的纪实影像能够全面地刺激人们的感官，激活在人们脑海中封存已久的画面，唤起沉睡的、被漠视的民族集体记忆。

（三）重塑社会记忆：微观叙事丰富历史情节

微观叙事相较于宏观叙事来说，从题材上会较少从宏大的国家和民族意识出发，更多地是将镜头投射在普通人熟知的环境和事物中，从平视的角度对普通人的真实事件做出细节化、个性化、碎片化的记录。传统媒体的宏大叙事以“小”和“细”的方式被拆解，节目内容更加贴合受众的取向与需要，产生意想不到的传播效果。

纪录片《紫荆花开》在讲到“铁娘子”撒切尔夫人碰上了“铁汉子”邓小平时，用邓小平掷地有声的四川话同期声“主权，是不能谈判的”加强了社会记忆的现场感，从侧面反映了邓小平语气的强硬，观众在潜意识中感受到了中国收回香港的决心。在第二集中，驻港部队防务交接仪式中方卫队长谭善爱“我代表中国人民解放军驻香港部队接管军营，你们可以下岗，我们上岗”的同期声，被观众认为是最霸气的交接语。片中类似的有意图的背景在介绍类似于历史联想空间的东西的同时，也让观众能够想象历史行动者们当时所处的境况、时代特色以及他们的外貌举止等。同期声在传承过去的同时，也在附带地承载着历史，这时，叙述者不知不觉地、附带地和无意识地承载着历史。

在第二集《神圣时刻》中，中方要求五星红旗必须在 1997 年 7 月 1 日零时零分准时升起。当晚，先是英国查尔斯王子讲话，不知是出于不舍还是故意，发言时间拖慢，留给中方升旗的时间非常紧张，这关系到五星红旗能否准时升起。这个细节相信很多观众在观看《紫荆花开》之前是不了解的，观众只记得五星红旗在 7 月 1 日准时升起的那一幕，却并不知在这之前各方做了多少努力和调整。这个细节丰富了对香港回归来之不易的表达，由于细节化和故事化的情节，观众被带入当时的历史情景中，社会记忆重现在眼前，并且更加生动和细致，“香港回归”这一社会记忆也被重塑。

三、建构社会记忆所达到的效果

（一）从个体记忆上升到集体记忆

哈布瓦赫认为，随着时间的流逝，个体记忆会趋于淡化或渐趋丧失，除非通过与具有共同经历的人接触，或通过阅读或听人讲述，或者在纪念活动和节日的场合中，人们聚在一块儿，这种记忆才能被周期性地强化并间接地激发出来。香港回归后，随着时间的流逝以及经济的飞速发展，国人对于“香港回归”的记忆不可避免地会减弱甚至逐渐消失。然而，由于一些承载了集体记忆的形式（如周年纪念的庆祝活动等）周期性地出现，国人的个体记忆一次次被唤醒。

纪录片《紫荆花开》也具有同样的功能，它通过在艺术作品中保存国人的个体记忆，并经过持续、密集性地播放，来唤醒集体记忆。除了唤醒集体记忆之外，《紫荆花开》还发挥了将集体记忆传递给国人后代的功能。

（二）凝固历史，提升民族认同感

为了纪念香港回归这一重大历史事件，纪录片《紫荆花开》作为“记忆场”成了这段历史的另一种物质化的记忆。当香港回归这一社会记忆以亲历者们的个体或集体记忆为具体内容，以面对面口述的方式被载入艺术作品中时，《紫荆花开》作为一个“记忆场”将历史凝固在了艺术作品中，这也正是诺拉的“记忆场”的功能，她曾说过，“记忆场所存在的根本理由就是：让时间停止，阻止遗忘”。

香港回归是中国历史上一个重要的事件，《紫荆花开》抓住 2017 年香港回归 20 周年纪念的契机，唤起了国人的社会记忆的同时，也潜移默化地增强了国人的民族认同感和自豪感。

参考文献：

1. 高萍.社会记忆理论研究综述[J].西北民族大学学报（哲学社会科学版），2011(3)：112-120.

2. 齐鹏飞.“一国两制”与香港回归及“新香港”建设刍议[J].中国人民大学学报，2008(5)：11-18.

3. 王旭智.新媒体语境下纪录片的微观叙事探析[D].湘潭：湖南科技大学，2015.

《人民日报》"九一八"集体记忆的建构（1982—2006）

严茂亮[①]

摘　要：本文以集体记忆为理论视角，采用定量和定性相结合的研究方法，将研究视角聚焦在1982—2006年《人民日报》"九一八"集体记忆的建构上。研究发现，该时期通过新闻聚像、重复、对比等多种方式，以"国耻教育""罪行见证""否认、歪曲历史""反思、忏悔"等为议题，构建了民族复兴的宏大叙事。此外，民族主义有朝着国家主义和爱国主义演化的倾向，并为政权的合法性奠定基础。

关键词：《人民日报》；"九一八"；集体记忆

近年来，"抗战"纪念的相关研究逐渐引起学界浓厚的兴趣，从传媒的角度对"九一八"纪念进行研究成为"九一八"学术研究新的增长点。"九一八"纪念是"九一八"学术研究的重要组成部分，目前，学界对"九一八"的研究多聚焦于该事件的背景起因、历史地位与历史教训，国共两党对"九一八"事变的态度，以及"九一八"事变与国际关系。然而"九一八"纪念方面的研究成果较少，仅有若干篇期刊论文，且多聚焦于1931年至1945年这个时间段，有关"中国共产党对'九一八'的纪念"方面的研究成果则较少。白玉、郭辉、陈文胜以抗战时期的报刊史料为分析对象，探讨"九一八"纪念在抗战时期对动员民众所具有的重要意义。苏全有、邹宝刚在《对九一八国耻日纪念的考察与反思》一文中采用今昔对比的方式，以《申报》和《人民日报》为分析文本，提出了纪念"九一八"应有的四种反思：需要忧患意识、需要合理的方式、需要理性认知、需要全民意识。王春林以东北流亡民众作为考察对象，探讨1931—1945年的"九一八"纪念活动，发现"'九一八'纪念反映了中日关系及战争态势的变化"。总体来讲，目前，"九一八"纪念方面的研究方法和视

① 作者简介：严茂亮，南京师范大学新闻与传播学院硕士研究生。

角较为单一。基于此，本文将以《人民日报》图文数据库为史料来源，以集体记忆为理论视角，探讨1982—2006年《人民日报》“九一八”集体记忆的建构路径，即分析其“建构了什么样的‘九一八’记忆—如何建构‘九一八’集体记忆—‘九一八’记忆的传承”。

20世纪50至70年代，我国处在“大跃进”“大炼钢”“三面红旗”等高歌猛进的毛泽东时代，“国耻”“创伤”等词汇与该时代形成强烈反差，“九一八”进入了被遗忘的二十年。“镶嵌在一定政治、经济体制和发展环境中的传媒不经意地限定了历史事件的脚本，成为某类主体建构历史事件的积极合作者。”1982年7月20日，《人民日报》发表短评《必须牢记这个教训》，指出“文部省的审查官们甚至把震惊世界的‘九一八’事变轻描淡写地涂改为‘只不过是日军炸毁了南满铁路’。日本文部省对教材的这种篡改，不能不引起中国人民的极大愤慨”。20世纪90年代以来，中日摩擦不断，日本文部省修订历史教科书，成为“九一八”发文量变化的重要拐点。从1991年至2006年的16年间，《人民日报》共发表“九一八”纪念文章81篇，平均每年5篇。其中最高值出现在2005年，共计25篇，由于“九一八”是抗日战争的起点，2005年是抗日战争暨世界反法西斯战争胜利60周年，纪念文章的发表迎来了高峰；其次是2001年发文17篇，该年是“九一八”事变爆发70周年，同时中日关系也相当复杂。从总体上看，20世纪90年代以来，发文量呈现出一种波动上升的趋势，而80年代发文量仅占5.8%，仅有两年（1982、1985）有文章，90年代发文量占23%，进入21世纪以来发文量陡增，截至2006年，占71.2%。

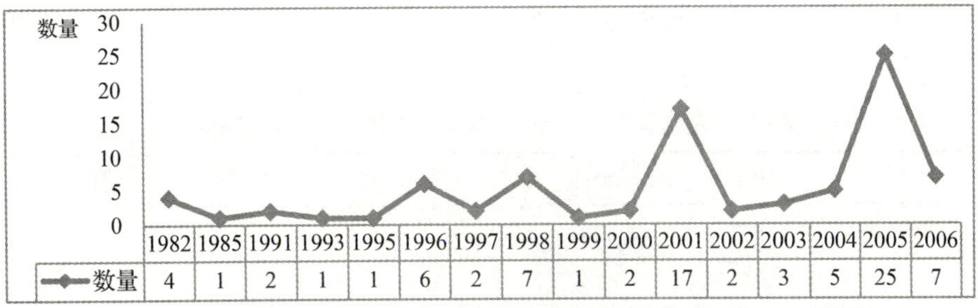

	1982	1985	1991	1993	1995	1996	1997	1998	1999	2000	2001	2002	2003	2004	2005	2006
数量	4	1	2	1	1	6	2	7	1	2	17	2	3	5	25	7

图1　《人民日报》“九一八”纪念文章数量分布图（1982—2006）

笔者对86篇纪念报道进行了系统全面的统计，将主题分为“国耻教育”（42%）、“罪行见证”（15%）、“否认、歪曲历史”（22%）、“反思、忏悔”（8%）、“凸显共产党抵抗者角色”（13%）。从表1可以看出，在当下，纪念“九一八”，主要是对广大民众进行国耻教育,"勿忘国耻,振兴中华"成为时代的主题,而日本"反思、忏悔"的篇数仅占8%,此外,《人民日报》着力凸显日本右翼势力否认、歪曲历史,淡化日本对侵华战争的反思、忏悔,将中国塑造成受害者的形象。值得关注的是,《人民日报》作为最权威的媒介话语平台,通过凸显共产党在"九一八"事变爆发后坚决抵抗的光辉形象,与蒋介石领导的国民党"不抵抗、片面抗战"的形象形成鲜明对比,从而为政权的合法性奠定基础,起到对民众的规训和教化作用。

表1 《人民日报》"九一八"报道主题分布(1982—2006)

	国耻教育	罪行见证	否认、歪曲历史	反思、忏悔	凸显共产党抵抗者角色
篇数	36	13	19	7	11
百分比	42%	15%	22%	8%	13%

通过对报道文本的版面分布进行统计(见表2),可以看出,要闻版分布较为集中,有39篇,所占比重约为45%;而国际版只有9篇,所占比重约为10%。这说明《人民日报》对"九一八"集体记忆的报道主要是给国内民众看的,在国内进行传播,国内版所占比重为90%,包括头版、要闻版、副刊版和其他,国内版和国际版的鲜明对比,从侧面反映了《人民日报》是宣扬主流意识形态,重塑民众集体记忆的话语平台。值得注意的是,位于头版的只有8篇,所占比重约为9%,与国际版、副刊版的比重相当,这反映了其并非居于主要地位。由此可见,《人民日报》对"九一八"周年纪念的报道,集中分布在要闻版,以及其版面分布多元化,形式灵活,既多样又统一,避免了形式的单一乏味。

表2 《人民日报》"九一八"报道版面分布(1982—2006)

	头版	要闻	国际	副刊	其他
篇数	8	39	9	5	25
百分比	9%	45%	10%	6%	30%

从体裁分布来看(见表3),消息占有绝对的比重,有54篇,占63%,简洁明快地报道了"九一八"纪念活动的相关信息、有关政府部门对"九一八"的相关评论、"九一八"亲历者对"九一八"的回忆,以及对日本右翼势力的抗议等。通讯体裁所占比重并不高,基本上在报道中简洁明了地穿插介绍了杨靖宇、马本斋、赵

一曼等"九一八"事变爆发后涌现出来的英雄人物。通讯体裁篇数与图片报道篇数相当,所占比重为6%。而评论报道主要针对日本右翼势力修订历史教科书、参拜靖国神社、否认歪曲历史、钓鱼岛纠纷等发表评论并进行谴责抗议。这一时期图片报道比重略有增加,但是仍然不是主体,包括一些图表、漫画、新闻照片,文字加图片是其主要呈现方式。总体来讲,从体裁分布来看,《人民日报》建构了以消息报道为主,以通讯、评论、图片报道为辅的呈现方式。

表3　《人民日报》"九一八"报道体裁分布(1982—2006)

	消息	通讯	评论	图片报道	其他
篇数	54	5	12	5	10
百分比	63%	6%	13%	6%	12%

一、"党—国"主导下的"国家主义"叙事策略

《人民日报》对"九一八"的纪念报道采取的是一种单一的线性叙事路径,从而将复杂的历史事件简单化,具体而言可从两个维度分析。

(一)时间维度

在时间维度上,贯串着两条线索:(1)日本帝国主义侵略—蒋介石"不抵抗"—民族屈辱;(2)共产党—雪耻救亡—抗日民族统一战线—中流砥柱—民族独立。蒋介石领导的国民党被内化为"卖国""不抵抗"等代名词,而共产党则是高大、光辉的形象,如"挺身而出""大声疾呼""英勇地带头抗战"。在"九一八"事变爆发以后,共产党扮演了"鼓舞者""组织者"的角色,"吹响了救亡图存的号角""举起全民抗战的旗帜"。换言之,"《人民日报》的每一篇文章均处于一个被精心建构和熟练运用的话语规则系统"。新闻媒体在报道的过程中采用"刻板印象"的方式固化人们对蒋介石"不抵抗"的负面印象,达到重塑人们记忆的目的。笔者在反复阅读的过程中发现,每次提到"九一八"事变,就会着重突出蒋介石的"不抵抗"。而除了谴责蒋介石的卖国政策之外,另外一方面,通过凸显共产党领导下的抗日联军积极开展抗日游击战争,并塑造杨靖宇等一系列典型人物来强化社会认同。共产党在"九一八"事变爆发后所扮演的"抵抗者"角色,成为"凝聚民族力量""挽救民族危亡"的中流砥柱。英国学者

霍布斯鲍姆指出,“国家和政权都该把握每一个机会,利用公民对‘想象共同体’的情感与象征,来加强国家爱国主义”。杨靖宇等典型人物的成功塑造,凸显了共产党“抵抗者”的光辉形象,有利于维持政权合法性。这种记忆的“不对称性”曾引起台湾政局的强烈不满,由于我国媒体是党的“喉舌”,其运作不可能“无拘无束”,所以,从某种意义上讲,“中国的民族主义带有强烈的国家主义倾向”,“民族主义进入官方话语则演变成爱国主义”。这种叙事方式起到一种对民众“规训”和“教化”的作用,向民众灌输了一种主流意识形态:共产党才是人民利益的坚决捍卫者,要紧紧团结在共产党的周围,实现民族复兴。马克斯·韦伯说过,“只有被人们认为具有正当性理由的命令,才会获得被统治者的追随,从而具有合法性”。

> 当时的中国,民不聊生,国力衰微。国民党政府的不抵抗政策,使东北锦绣河山全部沦陷,3 000 万同胞成为亡国奴。无数同胞有地不能种,有家不能回,到处漂泊流浪。在中华民族面临生死存亡的紧要关头,中国共产党积极倡导并推动国共合作,形成广泛的全民族爱国统一战线。①

历史记忆是为当下服务的,叙述共产党在民族独立、抵抗日本侵略中所扮演的“抵抗者”角色,是要灌输这样一种思想——“落后就要挨打”。因此,要紧紧团结在“党中央”的周围,只有这样,才能早日实现民族复兴,“这种民族主义话语,正如萧功秦所敏锐观察到的,在我国当代起着政治合法化的巨大作用”。

(二)空间维度

在空间维度上,建立了以“九一八”历史博物馆为中心的重要“场域”。亨利·列斐伏尔曾指出:“空间不是从来就有的,它往往蕴含着某种意义。”

其一,民族主义空间的建构。“九一八”历史博物馆自筹建到运营都得到了社会各界广泛关注,包括政界、商界、部队、海外人士,“中央军委”“国家有关部门”“海内外各界”十分重视,其中,“东北电业管理局、沈阳黎明服装

---

① 内容选自 2001 年 9 月 18 日《人民日报》的《勿忘国耻 奋发图强——纪念九一八事变 70 周年》一文。

集团、中兴沈阳商业集团、沈阳军区等单位捐款500万元”，将“九一八”历史博物馆变成“爱国主义教育基地”。民族主义在当下的中国则演变为爱国主义，成为红色教育的主题。社会各界的关注和参与渗透着民族主义和爱国情怀。

其二，记忆空间的建构。通过一些“图片、实物、立体雕塑和模拟电动声光及影视录像等形式”，“通过阴谋、事变、苦难、抗争、胜利五部分史料内容”，展示“共产党领导下的东北人民抗击日本侵略军的英雄业绩”。符号体系的建构及内容的展示都是处理和筛选后的结果，其意义在于展示共产党的英勇抗争，在民众参观的过程中，达到重塑人们记忆的目的。“其实象征一直都是政治交易的媒介，这种交易不仅重新分配政治收益，而且还建构我们的政治观念。”

其三，权力空间的建构。《人民日报》作为中共中央机关报，决定了其必须宣传、灌输本党的意识形态。“九一八”历史博物馆是在共产党的倡导下建立的，正如保罗·康纳顿所言，“控制一个社会的记忆在很大程度上决定了权力的等级”。人们在这样一个空间场域里接受爱国主义教育的洗礼，“参观”“留言”成为“九一八”历史博物馆里的主要活动，因为“它有助于建构对政治世界和身处其中的各种政治主体的政治态度的理解”。

二、“九一八”集体记忆的建构方式

（一）新闻聚像

所谓“新闻聚像”，是指“某些（浓缩新闻故事的决定性）画面（瞬间或人物形象），在被媒体引入后续的新闻故事中后，具有了超出最初事件的生命力”。新闻聚像是一种“高度浓缩的画面”或“高度抽象的表述”，是一种“重要的日常新闻实践”和“简化的新闻叙事类型”。《人民日报》在建构“九一八”集体记忆时，会反复再现某些经典图片，形成“九一八”集体记忆的“新闻聚像”。例如，“撞响、触摸警世钟”“在‘九一八’历史博物馆前宣誓”“参观‘九一八’历史博物馆”的图片成为媒体反复使用以及在后续的新闻报道中经常使用来建构“九一八”集体记忆的特殊类型。通过经典图片在不同年代的使用，可延长其记忆的“生命力”、强化现场感、扩大信息量。

图 2①

图 3②

图 4③

图 5④

图 2 至图 5 四幅图中隐藏的象征符号——国旗、党旗、红领巾，也折射出象征符号与政治权力之间密不可分的关系，“象征符号与仪式都是社会认同与社会动员的方式，具有强化国家认同的目的”。“因为我们自己的仪式和象征

---

① 图 2:9 月 18 日，辽宁金融职业学院部分师生在“九一八”历史博物馆前宣誓。图片选自文章《“九一八”，我们共同铭记（热点解读）》，该文章发表于《人民日报》2006 年 9 月 19 日第 5 期。

② 图 3:9 月 17 日，辽宁省盘锦市一企业的共产党员在沈阳“九一八”历史博物馆前重温入党誓词。图片选自文章《勿忘“九一八”（新闻摄影）》，该文章发表于《人民日报》2005 年 9 月 18 日第 4 期。

③ 图 4:9 月 18 日，观众在参观沈阳“九一八”历史博物馆的残历碑。图片选自文章《新闻摄影》，该文章发表于《人民日报》2005 年 9 月 19 日第 1 期。

④ 图 5:9 月 15 日，在沈阳“九一八”历史博物馆内，党史教育宣讲团的付常君老人为沈阳市的学生们讲述“九一八”事变的经过。图片选自文章《“九一八”历史博物馆　开馆 7 年参观人数超过 700 万》，该文章发表于《人民日报》2006 年 9 月 18 日第 4 期。

是最难被观察到的。它们看上去就像是自然而然的行为和不证自明地表现世界的方式，它们的象征本质被深深地隐藏了起来。”

（二）重复

正如勒庞所言，“极为重要的修辞法只有一个，那就是重复”。“重复性的仪式行为有时看似冗长，但这些因素，也正是引导情绪、形成认知和组织社会群体的重要手段。”笔者通过研究发现，《人民日报》对“九一八”周年纪念的建构，塑造了以杨靖宇为代表的一批英雄人物，每到“九一八”周年纪念日，都会出现与杨靖宇相关的报道，使用“重复”这一修辞策略是为了便于民众更好地记忆。为什么杨靖宇能够被纳入宣传框架之中，作为“九一八”集体记忆的一部分？因为杨靖宇不仅是“九一八”事变爆发后积极抗日的典型人物，同时也是优秀的共产党员，是符合意识形态宣传需要的。例如，2005 年 9 月 17 日，在《人民日报》第 1 版发表的评论员文章《不忘国耻　开创未来——纪念“九一八”事变 74 周年》中写道：“中国共产党直接领导创建了敌后武装，在白山黑水间艰难开展抗日游击战争，并向东北派出大批干部，组建东北抗日联军，在极端困难的条件下坚持抗战长达 14 年，给日本侵略者以沉重打击。杨靖宇、赵尚志等一大批优秀的中国共产党党员为此英勇献身。正是在中国共产党救亡图存、全民抗战的号召下，中华儿女迅速动员和武装起来，万众一心，众志成城，同仇敌忾，共赴国难。”相反，国民党方面在“九一八”事变爆发后的抗日英雄典型人物则很少被提及。“树立典型和模范，是权力规训民众以实现肉体支配和精神驯服的重要方式，它的建构，往往是权力因政治需要而进行修饰、删减和改写的结果”。“重复报道在于持续性地聚焦目光、扩大认知，是媒介记忆对社会记忆产生影响的主要策略。”

（三）对比

对比是媒体在报道过程中的一种常见方式，借此潜移默化地进行意识形态灌输。《人民日报》在“九一八”集体记忆的建构中，尤其是对国民党、共产党在“九一八”事变爆发后的态度、反应、描述性话语的呈现上较为明显。在人物的选择上，共产党方面着重突出杨靖宇、赵尚志、周保中、赵一曼等抗日英雄，而国民党方面重点突出那些在“九一八”事变爆发后，为寻求救国之道投奔共产党的人物，如李兆麟等。还对一些人物采用侧面烘托的方式，表现其对蒋介石“不抵抗”的不满，如蒋介石的东北军马占山在黑龙江的江桥抗击日军。这样的呈现方式，影响了民众对该事变的认知，从而有利于维持一种政权的合法性。表4以2005年9月18日第1版《以"九一八"事变为起点,中国人民的局部抗战由此揭开了世界反法西斯战争的序幕——九一八:勿忘国耻与抗争》为例,分析对国民党与共产党的描述性话语。

表4 对国民党和共产党的描述性话语对比①

国民党	共产党
1. 蒋介石继续坚持反共立场	1. 为雪耻救亡,中国共产党担当中流砥柱
2. 热衷于内战和内争的国民党统治集团根本顾不上外患	2. 中共中央严厉谴责了蒋介石的国民党政府的卖国、辱国的"不抵抗"政策
3. 东北军执行蒋介石"不抵抗"政策,未进行有组织的抵抗,使日军当晚即攻占北大营	3. 正是由于中国共产党在危难关头挺身而出,坚定地大声疾呼、英勇地带头抗战,才使得全民抗战的局面得以形成
4. 不满日、蒋的东北军马占山部在黑龙江的江桥抗击了日军	4. 抗日义勇军等力量在中国共产党的领导或支援下蓬勃发展,对侵华日军的打击越来越有力

由上表可知,在"国民党"一列的描述中,"反共""不抵抗""不满""热衷内战"等词汇的运用,将矛头直指蒋介石及其领导的国民党集团。而"共产党"一列的描述中,"中流砥柱""挺身而出""大声疾呼""带头抗战""严厉谴责"等词汇的使用凸显了共产党在抗战中的领导作用及光辉形象,两者形成鲜明对比。"政治精英占据着各种权力要塞,通过意识形态、霸权话语等种种形式,将合法性的建构和维护所转换成的政治记忆,刻写在民众的思维、立场和身体之上。"

(四)以故事方式再现历史细节

通过亲历者、见证者讲述历史故事再现一些历史细节,是一种重要方式。多以目前健在的老战士为报道对象,描述"九一八"的真实场景,这样的好处是让读者产生情感共鸣、缓解读者审美疲劳、拉近与读者之间的距离。如:"我们眼睁睁地看着,火光下,西营房前人影晃动,枪声不断,不断有人惨叫着扑倒。日本兵闯入营房,见人就杀。"②"我在嫩江地区目睹日本侵略者把江桥南岸20

① 内容选自2005年9月18日《人民日报》,冯春梅、包国俊发表的《以"九一八"事变为起点,中国人民的局部抗战由此揭开了世界反法西斯战争的序幕——九一八:勿忘国耻与抗争》一文。

② 内容选自2005年8月19日《人民日报》的《我所亲历的"九一八"难忘的往事》一文。

里以内的居民房屋焚烧一空，每进占一个村屯，先轰炸后扫射，见人就杀，所到之处，横尸遍野，惨不忍睹。”①“有人惨叫”“横尸遍野”“惨不忍睹”“见人就杀”等词汇，形象地再现了“九一八”事变爆发时的历史细节，比起单纯枯燥乏味的说教，更能激发读者的兴趣和想象。

三、该时期“九一八”集体记忆的传承

该时期对“九一八”集体记忆的传承方式多种多样，如影视作品《东北抗联》《东京审判》《闯关东》《远东阴谋》，歌曲《松花江上》《义勇军进行曲》《黄河大合唱》《“九一八”小调》《我的祖国》，书籍《“九一八”战争》《义勇军抗日斗争实录》《李兆麟》《“九一八”全记录》。这些固化的方式，保罗·康纳顿称为记忆传承的“刻写实践”②。

目前对集体记忆的研究更多关注传播主体（比如记者）在记忆中所扮演的主体角色，而忽略了受众。“研究者通常都聚焦于记忆文本，而极少追溯文本从生产者向受众流动的过程。”针对这一突出问题，《人民日报》在报道的过程中别出心裁，采用“老战士给孩子们讲述抗战历史故事”这一独特方式，既能激发受众兴趣，又能很好地传承“九一八”集体记忆。“讲故事是支持记忆、保存过去、激活已忘体验乃至建构集体认同的一个根本要素。”

其次，为让青少年一代很好地传承“九一八”集体记忆，还出现了一些颇受儿童欢迎的轻松活泼、幽默风趣的童谣教育。“你拍一，我拍一，南昌起义八月一；你拍二，我拍二，西安事变双十二……你拍八，我拍八，日本侵华九一八……你拍十我拍十，你我不能忘国耻。”③这种方式既摆脱了历史严肃化的“说教”，又能使双方产生共鸣，达到潜移默化、润物无声的目的。

另外，还有一些对广大民众产生记忆效果的常规方式，如拉响防空警报、撞响警世钟和放飞和平鸽。防空警报的声音能够在空间范围大幅度传播，对于唤起人们对“九一八”的记忆效果明显。

---

① 内容选自1982年9月18日《人民日报》的《沈阳一些老人回忆五十一年前往事，揭露侵略军制造“九一八”事变真相》一文。

② 所谓“刻写实践”，即我们用来存储和检索信息的现代手段，如印刷、百科全书、索引、照片、录音带、计算机。

③ 内容选自2004年9月19日《人民日报》的《我们共同成长——北京未成年人思想道德建设主题游园活动见闻》一文。

9月18日12时，乌鲁木齐数百台分布全市的防空警报统一鸣响，持续时间长达19分钟。

9月18日21时18分，辽宁14个城市首次同时鸣响警报。

同一时刻，辽宁全省14个城市首次同时鸣响防空警报3分钟。从今年起，每逢“九一八”这天，辽宁省14个城市都将同时拉响警报。①

防空警报作为一种无形的符号，它和文字、图像、照片等视觉符号一样具有较强的冲击力和震撼力，这种方式覆盖范围广，简单便捷，因此得到普遍使用。

这一阶段中日两国在历史认识上的不同态度，使得“九一八”记忆再次凸显。《人民日报》描绘了一幅爱国主义（民族主义）的宏大图景，这一历史图景的再现具有鲜明特征；同时，它反映了中国共产党希望以此建立一个“民族共同体”，对民众进行抗日战争史的再教育。这一民族主义建构逻辑下的集体认同，为反击日本右翼势力提供了有力武器。

（一）借助“九一八”反击日本右翼势力

《人民日报》对“九一八”集体记忆的建构过程，从某种意义上讲，是“九一八”符号化和意义再生产的过程。这一时期，随着中日关系的复杂程度加深，为反击日本右翼势力，《人民日报》在“九一八”集体记忆的建构过程中，以一种隐喻的方式，将“九一八”与日本“教科书事件、钓鱼岛争端、修改宪法、靖国神社问题”置于同一历史语境中，为“九一八”赋予不同的所指意义。隐喻是以“实在主体和替代元素之间的相似性和类比性为基础，也是不同符号系统之间的语境置换与意义借用”。“九一八”符号本身所承载的意义是被建构和生产出来的，这一时期，“九一八”这一符号本身所承载的意义发生了重要变化，换言之，这一阶段“九一八”集体记忆的主要指涉对象是日本右翼势力，而非蒋介石或美帝国主义。如：

日本右翼势力大肆篡改历史，意图何在？世界上一切爱好和平的人民看得十分清楚：他们就是要复活军国主义，重走“九一八”侵略扩张的老路。近年来，日本不断增加军费，扩大军队，加强武器装备，对周边国家和地区构成威

---

① 内容选自2006年9月19日《人民日报》的《“九一八”，我们共同铭记（热点解读）》一文。

胁。这些事实，是复活军国主义的严重步骤。历史已经证明，军国主义这条路是危险的，是走不通的。如果一意孤行，必将重蹈失败的覆辙。①

（二）借助“九一八”对民众进行爱国主义教育，以此强化一种“民族认同”

爱国统一战线是抗日战争时期民族统一战线在当下的一种映射，以此进行“抗日战争史”的再教育可提高人们的凝聚力。例如，“1931 年 9 月 18 日是中华民族的国耻日……从那时起开始的抗日战争，鲜明地展示了中国人民的民族自尊品格、民族团结意识、民族英雄气概、民族自强信念、民族创造精神和民族奉献精神”。该时期《人民日报》对“九一八”集体记忆的建构，是通过新闻聚像、重复、对比等方式。民族主义话语起到了一种维持政治合法化的作用。这种民族主义话语的生产并不是自上而下的一味地频繁灌输，“而是有着文化生产者的广泛和积极参与”。例如为纪念“九一八”事变，2006 年 9 月 16 日，电视剧《闯关东》在黑河开机，该剧反映了“自清末至‘九一八’事变 30 年间，山东人锐意进取的伟大民族精神”。2001 年为纪念“九一八”事变爆发 70 周年，电视剧《东北抗联》再现了以杨靖宇为代表的英雄儿女“在民族危亡之际的中流砥柱作用和英雄气概”。

参考文献：

1. 白玉.从《中央日报》看全面抗战中“九一八”纪念活动的社会记忆[J].档案与建设，2014(10):48-50.

2. 郭辉.抗战时期“九一八”纪念的历史考察[J].中国国家博物馆馆刊，2013(2):118-127.

3. 陈文胜.抗战时期中国共产党对“九一八”事变的纪念[J].哈尔滨工业大学学报(社会科学版)，2011(1):67-74.

4. 苏全有，邹宝刚.对九一八国耻日纪念的考察与反思[J].石河子大学学报(哲学社会科学版)，2012(2):104-108.

5. 王春林.国难中的“九一八”纪念:以东北流亡民众为中心[J].抗日战争研究，2013(1):34-45.

6. 周海燕.记忆的政治[M].北京:中国发展出版社，2013.

7. 不忘国耻　开创未来——纪念“九一八”事变 74 周年[N].人民日报，2015-09-17(1).

---

① 内容选自 2001 年 9 月 18 日《人民日报》的《牢记历史　反抗侵略——纪念“九一八”事变 70 周年》一文。

8. 埃里克·霍布斯鲍姆. 民族与民族主义[M]. 李金梅,译. 上海:上海人民出版社,2006.

9. 陶东风. 文化研究(第1辑)[M]. 天津:天津社会科学院出版社,2000.

10. 包亚明. 现代性与空间的生产[M]. 上海:上海教育出版社,2013.

11. 大卫·科泽. 仪式、政治与权力[M]. 王海洲,译. 南京:江苏人民出版社,2015.

12. 康纳顿. 社会如何记忆[M]. 纳日碧力戈,译. 上海:上海人民出版社,2000.

13. 李红涛. 昨天的历史 今天的新闻——媒体记忆、集体认同与文化权威[J]. 当代传播,2013(5):18-25.

14. 陈蕴茜. 崇拜与记忆:孙中山符号的建构与传播[M]. 南京:南京大学出版社,2009.

15. 周海燕. "赵占魁运动":新闻生产中工人模范的社会记忆重构[J]. 新闻记者,2012(1):78-84.

16. 王文岳. 新世纪以来《人民日报》对抗日战争的媒介再现研究(2000-2015)[D]. 武汉:湖北大学,2016.

17. 王海洲. 合法性的争夺:政治记忆的多重刻写[M]. 南京:江苏人民出版社,2008.

18. 李红涛,黄顺铭. 新闻生产即记忆实践——媒体记忆领域的边界与批判性议题[J]. 新闻记者,2015(7):36-45.

19. 哈拉尔德·韦尔策. 社会记忆:历史·回忆·传承[M]. 季斌,王立君,等译. 北京:北京大学出版社,2007.

20. 李红涛,黄顺铭. 记忆的纹理——媒介、创伤与南京大屠杀[M]. 北京:中国人民大学出版社,2017.

试论第二次国共合作期间国民党的抗战宣传策略——以《中央日报》1937—1945 年关于“九一八”事变的报道为研究蓝本

林　娜[①]

摘　要:“九一八”事变不管是在中国革命历史中还是世界革命历史中都占有重要的地位,它是中国全民族抗争史的开端,也是中国人民不屈不挠抗争精神的展现,它时刻提醒着我们“勿忘国耻、铭记历史、爱好和平”。在各方势力混杂的动荡格局中,报刊往往是作为党派纷争的舆论宣传阵地而存在的。对《中央日报》在 1937 年至 1945 年关于“九一八”事变的相关报道内容进行客观分析,有助于更为全面地了解抗日民族统一战线形成后的国民党报刊是如何发挥报刊的舆论宣传作用的,此时民族矛盾成为这个时期的主要矛盾。同时,通过对此期间相关报道的研究,可以勘察出在民族矛盾成为国家的主要矛盾、国共两党达成第二次合作的期间,国民党是如何处理民族矛盾与党派纷争矛盾的,这是个民族矛盾与党派矛盾并存的时期,国民党施行的是“合作又不是合作”的方针。本文将历史学与新闻学和传播学相结合,从新闻报道内容出发,结合具体史实来探究其传播意义。

关键词:《中央日报》;第二次国共合作;“九一八”事变;舆论宣传

报纸作为实时性新闻报道的载体,记录着每一个历史时段大部分人所关注的焦点,同时反映着时局变化过程中各民族、各党派的争斗,报纸是舆论宣传的阵地,“党报”更是承担着重要的思想宣传的任务,往往透露着党的真实意图,而《中央日报》作为中国国民党的党报,是以国民党宣传的“喉舌”自居的。研究抗日民族统一战线形成后《中央日报》关于“九一八”事变的报道,更是有

---

① 作者简介:林娜,安徽大学新闻传播学院硕士研究生。

助于凸显“民族矛盾大于一切，中国全民族团结起来一致对外”的精神，展现报纸舆论宣传、鼓舞士气的作用；同时，对具体的报道内容和报道语言进行研究，更有助于分辨在国共达成第二次合作、抗日民族统一战线成立的背景下，在民族矛盾上升为主要矛盾的同时，国民党当局是否是“真合作”，是否可以做到不计分歧一致对外，进而分析国共合作期间国民党对共产党的真实态度。

一、简述“九一八”事变与国共第二次合作达成

1931 年 9 月 18 日凌晨，日本侵扰我国东北营口，其后数月东北三省沦陷，日本严重侵犯我国领土主权，为实现奴役中国的野心，在我国东北建立伪满洲国，“九一八”已变成一个具有国耻意义的数字符号。1937 年 7 月 7 日，“卢沟桥事变”爆发，日本全面侵华。面对国内外严峻的敌对形势，中国共产党首先竖起合作统一抗战的旗帜，1937 年 7 月 4 日，中共中央起草《中共中央为公布国共合作宣言》，7 月 15 日递交国民党，国民党中央社于 9 月 22 日正式发表。此后，国共第二次进行合作，全民族统一抗战路线建立。全面抗战爆发之后，作为抗战起始日的 9 月 18 日永远被人们所铭记，我们将“九一八”设为我们国家的国耻纪念日，每逢“九一八”都会有众多关于此事件的纪念报道，“耻”的意义不仅在于耻辱，更在于让我们每个人都永远记得我们国家成立之艰辛，和平之不易，提醒我们务必珍惜和平，铭记历史。

二、《中央日报》与中国国民党

《中央日报》作为国民党第一份中央直属党报，1927 年 3 月 22 日创刊于武汉，直至 1946 年 4 月 23 日停刊，历经 19 年的发展时间，贯串于国民党执政时期，在此期间一直充当国民党的党政报刊，作为国民党的言论舆论场所，为国民党的舆论宣传发挥了重要的作用，但在蒋介石掌管《中央日报》之前，其已经在武汉发行出版。

根据《中央日报》发刊所在地的不同，具体可以将其发展分为如下几个时期。(1) 武汉时期：1927 年 3 月至 1927 年 9 月，社长是当时中央宣传部部长顾孟余。其时，《中央日报》作为武汉国民党机关报，代表国民党左派思想，坚持“指示国民革命之理论与实践，以领导全国民众实现国民革命的宗旨，忠实传达武汉国民党中央的声音，并发表过大量反对蒋介石和南京国民政府的文章”。(2) 上海时期：1928 年 2 月至 1928 年 10 月，“孙科任董事长，国民党中

央宣传部部长丁惟汾任社长，国民党东路军前敌总指挥部政治部主任潘宜之兼任总经理，彭学沛任总编辑。编辑委员会由各方代表人物组成：胡汉民、邵子力、罗家伦、傅斯年、邵元冲、唐有壬、马寅初、王云五、潘公展、郑伯奇等”。自此《中央日报》作为代表蒋介石一派的舆论立场而存在。何应钦在2月10日刊登的报纸发刊词《本报的责任》上如是写道：“本报为代表本党之言论机关，一切言论，自本党之主义政策为依旧。”由此可以看出，自此之后的《中央日报》已然是一份代表国民党的党政机关报，宣扬国民党精神，是国民党的舆论场所，这表明蒋介石已深刻意识到报纸在舆论宣传中的重要作用，并严格控制了《中央日报》。“随着国民党集团对其的逐渐掌控，该报的政治色彩愈加浓烈，在发表言论方面更具有一定的指向性和针对性。”(3) 南京时期：1929年2月至1937年12月。《中央日报》1929年7月21日刊登《蒋介石对记者之演辞》一文，介绍了蒋介石对报纸的认识：“报纸是国民的导师，报纸的言论记载，影响于国民的心理甚大……若引导不得法，国民便入歧途，于国家前途甚为危险。”充分体现了蒋介石重视报纸对国民心理的影响。(4) 重庆时期：1938年9月至1945年9月。1938年9月1日迁往重庆出版，1939年5月至8月以“重庆各报联合版”的形式出版。(5) 南京复员时期：1945年9月至1946年4月。1945年9月迁往南京，1946年4月23日在大陆停刊。(6) 台湾时期：1946年3月至今。

总体而言，《中央日报》的发展及其言论内容倾向的变化，也是对国民党内部政权更迭的记载，同时体现着国民党领导人对报纸言论引导作用的认识，通过《中央日报》的发展历史我们可以看出国民党的发展脉络。作为一份党政报刊，《中央日报》始终代表着国民党内部最有权力一方的意识倾向，同时其刊登的报道内容代表着国民党一党派之态度，所以研究抗日战争期间《中央日报》关于“九一八”事变的报道，对代表了其态度的报纸报道进行研究，更有助于探析在抗日战争过程中国民党人对于抗战及中国共产党的真实态度。

三、抗战期间国民党公开的舆论宣传

桑兵教授曾概括党国报业的主要宗旨：“宣扬该党主义，灌输民族意识，转移学术和社会风气，以聚合学人和青年，使之拥护中央政府和国民党，已达到抵抗日寇，打击汉奸，排斥中共，防止左倾，遏制地方，巩固中央的目的。”可见，作为党报而存在的《中央日报》是为中国国民党的统治而存在的，充分体现的是国民党的意志，但是抗日战争期间，民族矛盾上升，国共两党在此达成合作，报刊同样是作为舆论宣传阵地而存在的，那么此时的《中央日报》体现的是谁的意志呢？是否依旧宣扬“排斥中共”？这体现的是国民党对于民族矛盾和党派之争的处理方法和国民党彼时针对时局变化的看法。

（一）周年纪念“九一八”：启迪民族意识，鼓舞民族士气

“九一八”事变是长达十几年的抗日战争的开端，是日本帝国主义试图占领中国而发动的不正当的侵略战争，体现的是日本人侵略我国领土的野心，但是伤害的却是中国数万万无辜的百姓。彼时，作为中国执政党国民党党报的《中央日报》，在宣传抗日主张中发挥着巨大的作用。1937 年“七七”事变之后，国共两党开始第二次合作，确立了民族统一抗战路线，国民党在正面战场，共产党在敌后战场，共同抵御外来侵略者，救国家于危难当中。自 1937 年至 1945 年，《中央日报》关于“九一八”事变的报道篇数如表 1 所示。

表 1　1937—1945 年《中央日报》关于“九一八”事变的报道数量统计

年份	1937	1938	1939	1940	1941	1942	1943	1944	1945
报道篇数/篇	11	14	12	6	17	15	12	4	5

从表 1 我们可以看出，在民族生死存亡的关头，民族矛盾已然上升为国家的主要矛盾，在国家危难之时，我们必须一致对外，共同保卫国家，每一篇报道都是对历史的反思，尤其是当时的中国还没有从日本帝国主义侵略的泥淖中挣脱出来，报纸的报道能够唤起国人的民族意识，呼吁他们为了国家的利益而奋战到底。

1937 年 9 月 17 日，《中央日报》发表报道《“九一八”纪念日，扩大抗日宣传》，各地抗日后援会纷纷成立，呼吁民众共同抗日。1937 年 9 月 18 日，《中央日报》发表社评《六周年！》，“‘九一八’六周年了！六年前的今日，日本侵略主义者用盗贼的手段，夺取我们的沈阳，数月之内，占吉黑，制造伪组织，臣妾我人民，割裂我疆土……黄帝子孙永远忘不掉这个国耻纪念，黄帝子孙人人有湔雪这个国耻的责任……这一时代的国民，对当前的国难，大家都应当负责，就是前一代的国民，也应当负责，可是前一代的国民，死的死、老的老了，湔雪国耻的责任，不能不落到这一代国民的肩上……觉悟‘国家生命高于一切’的原则，觉悟‘用自力求生存’的原则……大众有没有彻底地觉悟？便是国家存亡的关键……”从中我们可以看出，彼时国民党报道的目的就是要唤起中国民众的彻底觉悟，“大众有没有彻底地觉悟？便是国家存亡的关键”，通过对日本暴力占领我国东北三省的回溯来启迪中国民众的民族意识，呼吁整个民族共

同抗日，共同为了国家的生死存亡而做出抗争。

1937年9月18日，《中央日报》发表《首都新运促进会，为“九一八”纪念告民众书，努力实行新运培植民族意识，把六年的准备与敌人总清算》一文，“我们回想起六年前的今日，正是三千万东北同胞辗转呻吟在敌人铁蹄的底下，可爱的东北富庶山河，从中国幅员上割裂下来为敌人所有，全国同胞对东北的沦亡，每个人都感觉到如同自己的肢体被割裂一样的惨痛……”同日发表《九一八痛史简述》一文，概述了“‘九一八’事变之起因”和“‘九一八’事变之爆发”。其实，在“九一八”事变爆发之后，《中央日报》已对该事件的具体细节进行了报道，但是1937年，时隔六年之际，再次报道事件的整个过程，正是由于1937年全面抗战已然爆发，1937年“卢沟桥事变”是日本帝国主义对中国继侵略东北三省之后的再次侵略活动，难免使人想起六年前的日本帝国主义为了自己的野心而进行的暴力侵略行为，对“九一八”事变细节的再次报道更有助于唤起民众的抗日热情。

其实，日本帝国主义侵略者对我国的侵略由来已久，刘光华先生在《日本侵华见闻录》的代序《中国与日本》中写道：“明朝我国东南沿海有倭寇之患，殊不知在永乐十七年(一四一九年)即有倭寇侵扰我辽东沿海岛屿，是年六月，明辽东总兵刘荣，在名叫望海埚地域，围歼倭寇，斩首千余，活捉一三〇人。在相当一段时期，日寇不敢骚扰辽东。不幸到一五四九年至一五六四年间，倭寇又大举侵犯我江浙及福建沿海地区，杀人劫财，人民深受其害。”可见，日人对我国侵略之野心从未间断过，侵略以谋利益是日本人的一贯主张，同时抵抗日本侵略势力一直都是我国人之根本任务，这是我们为了维护自己国家的长治久安而必尽的义务。

（二）呼吁大众捐款捐物，全面抗日

抗日战争期间，《中央日报》作为国民党的党政机关报，其本身的政论色彩就比较浓厚，时刻关注着国家社会的变动。在国共共同抗日期间，《中央日报》刊登了大量关于抗战具体信息的新闻，同时刊登了一些关于支援抗战的报道，尤其每逢“九一八”事变国耻纪念日的时段，《中央日报》都会刊登新闻呼吁大众捐款捐物支援前线战士。1937年9月27日，“南郑囚犯绝食一日，捐充抗敌战资”；1937年9月18日，“江宁狱犯绝食一天”；1939年9月19日，“涪陵难民，绝食一日”；1942年9月27日，“明日纪念九一八，万福麟等对东北同胞广播，巴县囚民发起绝食献捐”。“南郑监狱全体囚犯，绝食一日，凑齐国币廿二元三角九分，捐充抗敌费用。”“本日为‘九一八’六周年纪

念，又值日寇大举进犯，旧耻未雪，新仇又积，血气之伦，谁不悲愤，空军特别党部为激发空军全体官兵敌忾同仇之爱国热情起见，特发起素食一天，以纪念此悲痛之国耻，并已将素食撙节之资，解送首都抗敌后援会，作为慰劳前方受伤将士之用云。"1939 年 9 月 18 日报道："九一八八周年，各界今日扩大募衣运动，本社赠报千份参加义卖""渝市息市妇女为响应征募寒衣运动，特于今（十八）日举行九一八义卖献金，分赴城郊各处宣传劝募，数日来各方捐助画报用品甚多……"通过这些报道内容，我们可以看出，抗日战争期间，国民党当局通过政策调整来进行抗敌资费的募捐，且民间也进行着相应的资助前线的募捐活动。其时，我国正遭受特大洪水灾害，全国大片土地被淹没，百姓生活困苦，民无所依，想要从民间筹备抗战资费已非可能之事，但是仍时有关于募捐战资的报道，这充分体现了国民党当局对抗日战争的积极参与，表明民族统一抗战路线形成之后，民族矛盾的加深在一定程度上减轻了内部的矛盾。

《中央日报》通过对抗日战争和社会民众捐款捐物的相关报道，呼吁国民大众共同支援抗战前线，在激起国人共同为抗战而努力和表达对日寇的仇恨方面发挥了不容忽视的作用。

（三）舆论宣传，激发民众抗战热情

随着国共两党合作的达成，摆在民众面前的是国家的生死存亡问题，国家是我们存在之根本。在整个抗日战争期间，尤其是抗战初期，国民党当局充分利用报刊的舆论宣传作用，大量刊登抗战的实际情况，同时刊登大量的报道来引导舆论，激发民众抗战的热情。

1937 年 10 月 3 日的《中央日报》报道了平型关大捷，"图犯平型关受创后，敌大举进攻雁门关，我军奋勇出击连日战事激烈，迄仍扼守雁门至五台山阵地，我某部实行游击战予敌重创"，并在消息中具体描述，"我善于游击之某部已开抵前线作战，敌连日损失甚巨……我便衣队极活跃，昼夜出击，敌补充连输，极感困难"。1937 年 9 月 19 日报道的《中央昨举行"九一八"国耻纪念，并郑重举行抗倭自卫宣誓，汪委员报告决心抗战意义》一文，指出"中央在数日前为了南口全国将士殉难，及宝山全营将士殉难，曾经发布调令，要我们以必死之决心，求最后之胜利，我们今日站在总理一项面前，来宣这样郑重的誓，就是证明我们同心同德，要以必死决心，来求最后之胜利，最后之胜利是什么，是国家民族的生存。我们知道了非下了必死之决心，不能得打最后之胜利的，武装的同志们，一得命令，便往前进，不得命令，不往后退，天下只有因保存实力

而一败涂地的军队，至于壮烈牺牲的，牺牲越大，力量越大，同胞们，在未被敌人占领的区域，应该尽其所有来抵抗敌人，在已被敌人占领的区域，更应该尽其所有来破坏敌人，侵害敌人，天下只有顺民机会当亡国奴，机会以一己的生存，而致国家民族于死，否则必为义民。敌人虽然侥幸占领了我们的地方，而处处遭遇着破坏，遇着侵害，结果必现尾而去，这是以一己之死，历来换得国家民族的生存，这是全国同胞、全党同志，在最悲哀的今日，所能具有的最坚定的决心……”从中可以看出国民党当局极力宣传“以必死决心，来求最后之胜利”，而这最后之胜利，正是国家的存亡。

1938 年 9 月 18 日的报道《“九一八”七周年，本党发表告同胞书，抗战十四个月暴日已陷入泥淖，今后应加倍努力以求克敌制胜》一文中具体写道：“须认定抗战实名的重大，这次抗战原为国民革命途程中必经的阶段，亦即所谓第二期革命，必经此第二期革命，国民革命才能算成功，盖中国如外求独立，内求生存，接除民众的束缚，完成国家的建设，终不能不经此艰苦奋斗的一役……须坚定抗战必胜的信念……”无疑作为中国国民党“喉舌”的《中央日报》在宣传抗日、传播抗日必胜的信念方面发挥着巨大的作用，有利于鼓舞士气，鼓励民众共同抗日，在抗战时期的舆论宣传和引导中，国民党当局很好地发挥了报纸舆论宣传的作用。

抗战前，“程沧波接手《中央日报》，具体领导了党报的民间化工作，他创造了讲党报的‘党性’和民营报提倡的‘人民性’相结合的办法”。但党报依旧是党报，淡化了党性并没有抛弃党性，《中央日报》依旧担任着宣传国民党政治策略、美化国民党当局的任务，同时不忘丑化中国共产党，尤其是抗战即将胜利之时，民族矛盾虽未解决，但已不似以前那样尖锐，此时党政政权的争夺愈加激烈，《中央日报》也是不遗余力地发挥着舆论引导的作用，大量刊登美化国民党和丑化中国共产党的不实新闻报道。

（四）美化国民党、丑化共产党的新闻报道

国共第二次合作期间，国民党在正面战场进行战斗，《中央日报》在报道抗战进展的同时不忘宣扬国民党领袖的英明指导，这充分凸显了此时的国民党领导人蒋介石对报纸的严格把控。

1938 年 9 月 18 日，《中央日报》刊登国民党二级陆军上将何键所写的文章《九一八以来之教训》，文中写道：“我最高领袖在以往则苦心孤诣，维持两国之和平，至此当机立断，深知和平已不可望，牺牲已到最后关头，于是领导全国，发为全面战争……一致在最高领袖下共同奋斗，以彼敌国内大部分人之受

压迫……”1941年9月18日，《中央日报》刊登头条《北失地誓必收复，敌寇不除抗战不止，“九一八”十周年纪念，蒋委员长告全国国民书》，刊载了蒋介石于“九一八”十周年发表的告全国国民书原文，极大地宣传蒋介石的抗日主张，增强国人对国民党的好感认知度。

《中央日报》在宣传国民党积极抗日的同时，仍不间断地刊登新闻来解释前期抗战不积极的原因。“九一八”事变六周年纪念日时《中央日报》刊载的社评《六周年！》中写道：“‘九一八’到六周年，我们抗敌的正面战争方正式开始，正面抗战的开始，为什么延迟如此长久？不是畏怯，不是醉梦，乃是抗争阵容准备之必要步骤，政治上，无论国际与国内，许多现象的造成，绝不是偶然突发，乃是积累多少历史上的因素而成……”文章中将国民党迟迟不肯积极抗战的原因归结为“为抗战阵容所做准备的必要步骤”，以此掩饰其为争取一党统治而始终致力于剿共的事实。

《中央日报》在1943年9月16日刊登了社论《一个内政问题》，在1944年9月17日刊登头条新闻《中共暴行累累，各地要求戡乱》。在《一个内政问题》中如是写道：“中国共产党多年来背信违法的行为，久已成为国人所关切的问题……中国共产党之所以成为一个重要问题者，即由中国共产党在行动上，在理论上，是一贯企图以武装暴力，一贯企图以佣兵割据，达其政治目的。中国在国民革命军完成北伐的过程中，就遭逢着中国共产党这种破坏行动的不幸。其最不幸的结果，即是延滞了中国的统一，因而削弱了中国民族的抵抗力量。十二年前的‘九一八’，日寇就是乘着中国共产党的内部扰乱而发动侵略的……但是，中国国民党领导下的统一运动毕竟是一天一天成功的，共产党的力量一天一天衰落……这只是证明，中国人民的意志，愿意接受三民主义，而不需要舶来的共产主义……中国全民族为了生存，在国民党的领导之下，发动了空前的抗日战争，谁也知道，除了国民党以外，中国没有任何力量能够组织这样一个战争，而全国人民亦唯有团结在本党领导之下，才能争取胜利，挽救危亡。即使共产党人，也一定知道，没有本党抗战，中国只有亡国，那时中国也不会有共产党存在的可能了……而只要抗战胜利，中国共产党人只要自信其政见有益于国家，自可在国民大会中提出讨论。不幸事实与我们希望相反。中国共产党人数年来的行动，完全不顾其诺言……中国共产党的残忍荒谬的言行，早引起中国人民的愤怒……”可见，抗战后期，在抗日战争仍未结束，我们还没有取得抗战胜利，全民族统一抗战仍存在，国家危亡的信号还没有完全清除之时，《中央日报》的宣传策略就已发生了重大的变化，从前期同共产党一起积极抗战，到后期一边抗战一边进行反共宣传，刊登种种不利于共产党的信息，同时极度赞扬国民党，认为国民党的存在及其抗战行动是抗日战争能够取得最后胜利的主要原因所在，甚至将日本帝国主义发动“九一八”事变的原因归咎于中国共产党。

四、抗战期间国民党政治策略分析

《中央日报》是严格掌控于蒋介石领导班子手中的国民党官报，在抗战期间更是发挥了其作为党报“喉舌”的作用，一方面积极宣传抗战，另一方面始终维护国民党利益，拥护国民党统治。随着时局的变化，国民党对共产党的应对策略也发生了明显的改变。

（一）积极抗战，扩大抗战舆论宣传

抗日战争期间，《中央日报》不时就会有关于对日战争状况的报道，通过战况的描述，呼吁国人为了国家的生死存亡而战斗，以此唤醒国人的爱国主义精神和维护祖国独立的抗争心理。在此过程中，《中央日报》作为国民党的党报充分显示了其舆论宣传的作用，表明了国民党为救亡而做的努力，显然此时的国民党政府将我民族之命运放在首位，但首位之下是否还存在其对于共产党的敌对方针，这是毋庸置疑的，即使国家处于生死存亡之际，国民党当局仍是不忘维护自己的执政党地位，始终希望能够一党独大，特别是在抗战即将胜利之际，抗争已成定局，民族矛盾不似以前那样急迫，国民党对中共的态度发生了明显的变化，《中央日报》再次担负着“排斥中共”的任务。

（二）抗战不忘巩固权力，打压“敌人”，赞扬自己

在民族矛盾尚未解决之际，国民党对于中国共产党一直持有打压的态度，既团结又“背后捅刀子”：团结是为共同抗日，救国家于危亡；“背后捅刀子”是利用其党政报刊《中央日报》来散播种种不利于中国共产党的不实消息，同时发表赞扬国民党领导人英武领导的文章，为的就是维护国民党的执政地位，打击中国共产党的发展。可见国民党领导人并没有真的想要与共产党合作，不然何故外敌还没消退，就急于散播共产党的不实消息呢？同时可以看出，在民族矛盾存在的同时，即使国共建立了合作统一抗战路线，仍是无法实现真正的合作，党派之争依然存在，且在民族矛盾日益激化的同时，党派矛盾虽然可能会消减，但绝不会消失。在民族矛盾、国家生死存亡的危机还没有消除的时

候，对于国民党来说，党派矛盾有时仍旧大于民族矛盾，即使是在国家生死存亡的关头，国民党人也没有忘记争夺自己的执政权。

结 语

通过对1937年至1945年《中央日报》关于“九一八”事变的相关报道进行分析，我们可以知道《中央日报》在抗日宣传中发挥了巨大的舆论引导的作用，为抗战能够胜利积极地进行宣传，同时我们也可以透查出国民党在此期间的政策主张及其对于抗日、对于中国共产党所采取的态度，进而可以分析出抗日战争期间，国民党当局是如何处理民族矛盾与党派矛盾之争的。中国抗日战争的胜利与中国共产党和中国国民党及所有的中国民众的共同努力是分不开的。在1937年至1945年的全面抗战期间，民族矛盾的激化程度远远高于党派之争的矛盾，此时的国民党当局也认识到了这一点，继而愿意同中国共产党联合抗日，为早日争取国家之独立而抗争。但在抗争期间，国民党当局始终没有忘记争夺党派领导权，试图实现自己一党统治的愿望，利用《中央日报》一方面为抗战而进行积极的宣传，一方面不停地宣扬自己党派领导人的英明果断，试图将中国抗日战争之所以能够不断取得胜利的主要原因归结为国民党领袖的领导，而忽视了中国共产党在敌后战场所做的努力及全国民众的共同努力。随着抗战不断地取得胜利，后期的国民党当局改变了自己的宣传策略，开始散播未经核实或根本就是污蔑的种种不利于共产党的言论，以此凸显自己党派的伟岸形象。

参考文献：

1. 蔡铭泽. 中国国民党党报历史研究(1927—1949)[M]. 北京：团结出版社，1998.
2. 方汉奇. 中国新闻事业史[M]. 北京：中国人民大学出版社，1996.
3. 胡有瑞. 六十年来的中央日报[M]. 台湾：台湾裕台公司，1988.
4. 马丽娟.《中央日报》抗战救国报道研究——以长沙会战报道为例[D]. 开封：河南大学，2015.
5. 李金铨. 文人论政：知识分子与报刊[M]. 桂林：广西师范大学出版社，2008.
6. 刘光华. 日本侵华见闻录——中国与日本(代序)[M]. 北京：商务印书馆，2001.
7. 孟娜. 抗战时期国民党《中央日报》的宣传特点[J]. 东方传播，2011(1)：90-92.
8. 何键. 九一八以来之教训[N]. 中央日报，1938-09-18.

军事文化传播视域下社论对重大历史事件社会记忆的建构
——以《解放军报》八一社论为例

张 磊 马 克[①]

摘 要:社论是新闻评论的一个重要组成部分,是新闻媒体思想、价值观、立场等的集中反映。《解放军报》作为中央军委机关报,其发表的八一社论,具有坚定立场、宣传政策、提出任务、指引方向、传播文化、塑造形象的功能和作用。从军事文化传播角度来看,《解放军报》八一社论发挥了在受众中举行具有象征性与秩序性的媒介仪式,建构起受众对于核心价值观念的文化认同,向受众再现发展历程的集体文化记忆,为受众构筑肩负统一目标任务的想象的文化社群的作用,在受众中建构起关于八一建军节的社会记忆。

关键词:军事文化传播;《解放军报》;社论;社会记忆

面对重大历史事件,无论是传统媒体,还是新兴媒体都会展开声势浩大的报道。但新兴媒体具有自发性、互动性、多样化的特征,更加受到受众的青睐。新形势下,新闻评论已成为传统媒体维持与扩大影响力、控制力的必然。《解放军报》作为中央军委机关报,每年 8 月 1 日都会刊发社论,由于数量少、刊发时间显著,社论本身已成为面向全军官兵以及国内外受众的一种军事文化展示,其对军事文化的定调、定位、定向权威而广泛。通过八一社论,受众(《解放军报》的主要受众为广大部队官兵)可以感受到当前人民军队的价值观念、思维方式、规范制度。因此,社论具有重要的文化传播价值。

本文从军事文化传播视角对 1956 年以来的《解放军报》八一社论进行了分析,探寻《解放军报》八一社论对"建军"这一重大历史事件社会记忆的建构。

---

① 作者简介:张磊,国防大学政治学院军事历史专业博士;马克,国防大学政治学院伦理学硕士。

根据《解放军报》社论的阶段性特征，本文将《解放军报》八一社论的发展过程划分为三个阶段：第一阶段为 1958 年至 1965 年，第二阶段为 1966 年至 1977 年，第三阶段为 1978 年至今。

一、在受众中举行具有象征性与秩序性的媒介仪式

仪式已经从单纯的原始宗教概念逐步发展为一种社会现象，在社会结构中具有重要的作用，其强调传播表现的象征性与秩序性。不同的社会结构下呈现的是不同的仪式表征，仪式反映的是社会文化，其本身也是社会文化的产物。

美国传播学者、文化历史学家詹姆斯·W.凯瑞提出了仪式性的传播模式，他认为，“传播的仪式观不是指空间上的讯息的拓展，而是指在时间上对社会的维系，它不是指一种信息或影响的行为，而是共同信仰的创造、表征与庆典”，“其核心则是将人们以团体或共同体的形式聚集在一起的神圣典礼”。这一理念突破了当时占据主流地位的传播的“传递观”，“传递观”视信息在空间的传播为出发点，“仪式观”则强调传播在共同信念的表征和社会的维系方面所扮演的重要角色，尼可·寇德瑞提出了“媒介仪式”的概念。所谓媒介仪式，就是“广大受众通过大众传播媒介参与某个共通性的活动或者某一事项，最终形成一种象征性活动或者象征性符号的过程”。仪式传播具有一定的时空性、表征性、秩序性和非常规性，它通常表现为“媒介事件”或者“节日仪式”。

八一建军节是中国军队的独有节日，在这个特殊的日子刊发社论，特别具有一种文化传播的“仪式感”。“八一”首先是一个“节日仪式”，每年在这个节日前后，部队官兵以及社会相关部门、人士都会举行不同形式的仪式来庆祝，诸如部队常见的节日比武、晚会、宣誓、参观学习等活动。又由于它是我国军队独有的节日，身为军委机关报的《解放军报》便又将它作为媒介仪式予以特别报道。除了会议新闻、八一专栏组合式报道、图片新闻、专题策划等形式外，社论更体现出了报社对这个“仪式”的重视。

《解放军报》八一社论传播符号意义的过程，是通过举办媒介仪式，构筑传播平台，实现“天涯共此时”的文化联结的过程。八一建军节是我军官兵的节日，具有重要的地位和作用。1927 年 8 月 1 日，以周恩来为首的前敌委员会和叶挺、贺龙等人领导的部队在南昌发动了武装起义，打响了中国共产党武装反抗国民党反动派的第一枪，标志着中国共产党创建人民军队、独立领导武装斗争夺取政权的开始。1933 年 7 月 11 日，中华苏维埃共和国临时中央政府

决定将每年的8月1日定为中国工农红军成立纪念日，1949年，改称为中国人民解放军建军节，作为人民军队诞生的纪念日载入史册。

作为一种非日常性的媒介事件，《解放军报》八一社论是一种文化记录，是对我军八一建军节的传媒记录。1958年至2012年间，其中有24篇社论的标题中出现了庆祝建军节的相关字样，除1966年的八一社论只在题目中表达纪念建军节外，其余所有文章均将庆祝、纪念八一建军节设置在文章首段，这种重复与强调就具有媒介仪式传播中的象征意义，象征我军在不断的建设发展之中和全军官兵作为一个整体的凝聚力。《解放军报》八一社论的文化传播还具有阶段表现的特征，这符合媒介仪式中的时空性与秩序性要求。在限定的时空范围内具有秩序性，这种秩序性是指年度性的重复与阶段内的程式化套路。节日庆祝的周期性决定了八一社论的周期性，时代文化特征决定了其阶段的传播规律。第一个阶段的八一社论以平实近人的感情基调、朴素细致的阐述为主，着重论述我军的优良传统，层次分明，各比重相对持平。第二阶段情感激昂，夸张、排比的修辞手法运用多，赞扬一方、攻击指责另一方的语句交叉出现，表达口语化，说教感浓烈。第三阶段分为前后两部分：1978—1992年的八一社论具有大致相同的表达范式，从表达方式上看是对“文革”前八一社论的一种回归；1993—2012年属于综合性社论，模式感更强，层次清晰，主要由庆祝节日、回忆历史、分析形势、提出指示、结尾号召组成，语言表达程式化，理论阐述型强，紧贴中国特色社会主义理论与新闻理论的发展，涵盖国防和军队建设的各主要组成部分。《解放军报》八一社论提供的是一种虚拟的文化仪式，随着时代的发展，它呈现的也是变化着的象征性符号镜像，是传播共识、实现意义共享、形成群体凝聚力的过程。

二、建构起受众对于核心价值观念的文化认同

文化认同理论是20世纪初由美国著名的精神分析家埃里克森提出的，后被其他学者广泛运用到社会、历史、政治、文化等领域的研究中。文化认同包含了人们共同的价值观、情感，一个集群内部的凝聚力与向心力。英国文化理论家雷蒙·威廉斯有过重要论述：人们的社会地位和认同是由其所处的文化环境所决定的，也就是说文化具有传递认同信息的功能。价值观念是一个集体、国家共同拥有的价值尺度，反映的是其整体对某种事物的评价标准，对它的传播可以看作是对文化象征体系的阐释，它的走向决定文化的走向，文化的走向决定整个集体、国家的走向。对价值文化的传播是传播者进行编码的核

心，编者通过对文字符号意义的再现、强调、释义等过程，抽离出集体的文化内核，显著地标示出群体的独特性，从而在与他者比较的差异中找到本集体的同质属性，强化受者对集体文化系统的认同。

大众传媒，尤其是以党报为代表的社会主流媒体，担负着传递意义与共识、构建受众的文化认同的任务。《解放军报》八一社论的文化传播，其核心是军事文化的价值传播，詹姆斯·W.凯瑞指出："传播的起源及最高境界，并不是智力信息的传递，而是建构并维系一个有秩序、有意义、能够用来支配和容纳人类行为的文化世界。"而有秩序、有意义的文化世界的建构前提，是人们对其核心文化的认同与践行。它的作用更大地体现在引导与规范上，它通过确立特定集体里的共同价值观念以指导实践，是一种跨越时空的文化共享，具有不可替代的作用。

在军事领域，军事新闻是对军事文化的重要传播方式。作为我党我军新闻事业意识形态领域中的重要组成部分，《解放军报》传播军事文化，主要体现在对价值观的传播上。军事媒体进行军事文化传播，是为了构建受众的军事文化认同，使受众形成共识，塑造我军良好国际形象，从而凝聚军心，增强战斗力。《解放军报》八一社论秉承了军队宣传工作的要求，充分发挥权威报刊的作用，始终坚持坚强的党性和明确的党性原则，具有鲜明的阶级性与政治性。梁启超曾形象地将无"耳目喉舌"作用的报馆视为"废疾"，我军的新闻事业就是党和官兵的"耳目喉舌"。毛泽东把报纸列为意识形态范围，认为它是"反映和指导政治经济的一种武器"，要求党报必须无条件地宣传中央的路线、方针、政策。

1958年，《解放军报》八一社论谈及我军的建军原则时指出，必须要"强调党对军队的绝对领导，军队必须坚决为实现党的路线、政策奋斗，必须坚持党委集体领导下的首长分工负责制，必须坚持政治委员制度和不断加强政治工作"。第一阶段关于核心价值观念的论述集中在对我军优良传统的论述上，1959年，八一社论《加强传统教育发扬光荣传统》中明确提出我军的光荣传统是：全心全意为人民服务，党对军队的绝对领导，官兵一致，军民一致，政治工作与军事民主，既是战斗队又是工作队，艰苦朴素，英勇奋斗，团结紧张，活泼严肃，以及三大纪律八项注意，等等。此外，阶级斗争也成为第一阶段中论述的核心价值观念之一，如1963年八一社论的第二段句首就指出：中国人民解放军，是我国劳动人民用来进行阶级斗争，用来夺天下和保天下的工具。第二阶段的社论已经超出纯粹的文本意义，成为政治权力运作的一个重要环节。这个阶段的核心价值观念是听党指挥和无产阶级专政。《解放军报》同中共党委机关报《人民日报》以及《红旗》杂志联合发表社论，本身就是军队听党指挥的一个现实写照。三篇末尾呼号“万岁”的社论均包含“伟大的中国共产党万岁！”一句。这个阶段的另一个核心价值观念就是革命、斗争，这种极端的文化传播方式和途径反映了一个阶段的文化特征。第三个阶段的八一社论，单一论题社论的核心价值理念以我军的优良传统为主，如实事求是、爱国主义和革命英雄主义、听党指挥、军民团结以及艰苦奋斗等等。在综合性社论中，坚持党对军队的绝对领导这个原则体现在我党我军历届领导人的核心指导思想上。邓小平时期包括：建设中国特色的现代化、正规化革命军队的总的奋斗目标，部队要在大局下行动，走精兵之路，永葆人民军队本色等。江泽民时期包括：我军新的历史使命，“政治合格、军事过硬、作风优良、纪律严明、保障有力”的总要求，“三个代表”重要思想，“打得赢”“不变质”两个历史性课题，中国特色新军事变革和依法治军、从严治军。胡锦涛时期包括：科学发展观，“三个提供、一个发挥”的历史使命，当代革命军人核心价值观，国防和军队发展的主题主线。习近平时期包括：强军目标、改革强军、“强军梦”等等。《解放军报》三个阶段的八一社论，在核心价值观念的指导上都体现了时代和政治的发展步伐，及时宣传了我党我军的方针政策。它构筑的是官兵对我军各阶段的核心价值观念的认同，扮演着凝合剂的角色。

三、向受众再现发展历程的集体文化记忆

记忆，已经超越了心理学与医学的范畴，在社会学与文化学等学科中逐渐显露头角并不断发展壮大，它不仅与自身相关，更是人与人之间一种互动的体现。扬·阿斯曼将文化记忆归纳为“每个社会和每个时代所特有的重新使用的全部文字材料、图片和礼仪仪式的总和”。作为文化组成部分的文字使记忆得以保存，而记忆又是文化的反映。特定的记忆是为了实现特定文化的持续性，并使之具有现实价值，在同一个话语体系里，实现各种联结的相互协调。“意义往往是通过叙述或意向来表达的。”施拉姆认为，文字是被作为存储的媒介物而非交流的媒介物发明出来的。可以说，文字本身就是一种记忆媒介，这也是报纸成为史学研究者的样本素材之一的原因。

《解放军报》八一社论在文中均涉及对我军的发展历程的回顾与再现，呈现方式或宏观抽象或微观具体。通过回顾我军发展的历史，可以对历史事件进行把关、提炼，从而实现对现实的一个意义的延伸，一种同根同源的集体形塑得以展现。

八一社论的历史再现并不是随意抽取的，是根据报刊刊发时代所具有的核心军事文化而设置的。从文本角度分析，对我军历史的再现，是一种重置与再现，这在传播学里称为把关论，又称为守门论，这是对信息传播中把关人控制内容和渠道的一种形象的表达。

第一阶段的历史回忆部分论述得较为详尽，且根据行文需要，选择对局部某阶段或者某个历史特征进行论述，语言朴实、亲切，口语化程度较高。1960年八一社论《毛泽东军事思想永放光芒》中的历史回忆是："在中华人民共和国成立刚刚一年的时候，美帝国主义悍然发动了侵略战争，达到鸭绿江边，公开声称要扼死新中国，如果中国人民不敢挺身而出，组织志愿军抗美援朝，同朝鲜人民共同进行了三年之久的英勇抗战的话，就绝不可能有朝鲜停战的实现。"

第二阶段的历史回忆部分侧重点集中在阶级斗争上，根据行文需要，对历史部分进行删改，述说过程细致。1966年八一社论中提到，"建国十六年来，我们同混进党内、军内的资产阶级军事路线代表人物，进行了三次大的斗争"，随后对其逐一进行了分析。

第三阶段的历程回顾部分则简练宏观，2017年八一社论中如是表达："90年风雨兼程，90年开创伟业。90年来，从浴血诞生踏峥嵘，到中流砥柱御外侮；从南征北战建功业，到保卫江山铸长城；从改革发展谱新篇，到强军兴军再出发，我军从小到大、由弱到强，不断从胜利走向胜利，已经从单一军种发展成为诸军兵种联合、具有一定现代化水平并加快向信息化迈进的强大军队……为人民军队更好地履行职能使命提供了有力支撑。"

虽然在表述和侧重上不尽相同，但对集体记忆的再现，都是从情感上对受众进行的一次洗礼，集体内的个体已经参与到传承与创造集体历史的过程之中，对军队来说，这无疑也是凝聚军心的一种方式。

四、为受众构筑肩负统一目标任务的想象的文化社群

俞可平说过，社群就是拥有某种共同的价值、规范和目标的实体，其中每个成员都能够把共同的目标当作自己的目标。米歇尔·舒德森曾说过："所有社会都存在于想象之中。个人对于任何超出他日常生活中面对面接触的人群（即使是对这种群体）的认同，都依赖于想象的跨越。"现代社会的发展早已超越了氏族时代以血缘、亲缘为连接的社群组成。时空已不再成为阻碍人们沟通的鸿沟，现代社会中人们之间的互动与相互影响日益加深，可以和不认识、

未接触过的人相互联系，通过以传媒为主要通信纽带的想象来达成共识，从而跨越空间与时间最终形成一个整体。

整体赋予个体的意义在个体之间构筑了一座沟通交流的桥梁，个体在按既定框架想象他者的同时，也在意义框架内约束自身的思想与行为。跳出体制编制、政治系统的外在设置，文化心理的联结也是集体强大的机体凝合剂。布尔迪厄曾说过："人们如此苛刻地要求屈从于机体节奏的理由，在于时间形式或空间结构不仅构成了群体对世界的表达，也构成了群体本身，这是按照这种表达来使它本身有序化。"

《解放军报》八一社论，对当年所处的国内外形势都有提及、分析，虽然目标任务具有阶段的差异性，但文章均从当时的背景下，明确提出全军的总体任务和要求，并号召全体行动起来，为实现目标任务而努力。八一社论的核心受众是军队的全体官兵，它将其作为一个整体，对其所处的形势环境进行分析，在思想与价值观上也进行统一指导。对于官兵来说，这种想象意义上的熟悉不是现实社会中的相识，它跨越时空，超越民族的概念，是职业理念与集体共识的凝聚。报纸呈现出的是相同的服饰、相似的表达和活动等各种符号，传达给受众的潜在意念，就是他们都接受着同样的教育，秉承着同样的理念，执行着同样的命令，所以理所应当成为一个集体，这也就在心理层面形成了一种接近性。文中均使用第一人称"我们"，从全局层面论述文章的核心论点。

1959 年八一社论《加强传统教育发扬光荣传统》呼吁"使我们人民解放军的每一个同志，永远保持和发扬我军的光荣传统，并使我军的光荣传统，在新的历史时期，放射出更加灿烂的光辉"。1968 年八一社论《无产阶级专政的坚强柱石》中提出，"让我们高举'拥军爱民'的伟大旗帜，沿着毛主席的无产阶级革命路线，向着无产阶级文化大革命的全面胜利奋勇前进！"1978 年八一社论《发扬政治工作的实事求是传统》中指出，"我们的军队是个好军队。我军的政治工作曾经做出过第一等的成绩……只要我们肃清林彪、'四人帮'的流毒影响，发扬了政治工作实事求是的优良传统……我们的政治工作就一定会有新的起色，一定能够在新的长征中发挥更大的威力"。

五、结语

部队是一个强调整体划一的集体，但又具有较强的流动性，俗称"铁打的营盘流水的兵"，这就需要考虑如何使不熟识的个体通过想象的文化社群，构成一个紧密的战斗集体，实现战斗力的最大发挥。政治、机制的要求是基础，官兵的心理认同与归属感也是不可忽视的。军队实现其跨时跨地联合作战的最有效手段之一，就是通过大众传媒对官兵价值观、指导精神、任务要求等内容进行全局指示，从内在精神层面着手推动预期战斗效果的实现。现代作战样式复杂多变，多军兵种的机动联合已成为日益明朗的发展趋势，官兵的接触、协作、竞争等也越来越多，在整体的任务要求指导下、提升各组成单元的有效联结，实现各军兵种的特色文化发展，大众传播的文化传播功能是不可忽视的。

参考文献：

1. 丹尼尔·戴扬，伊莱休·卡茨. 媒介事件　历史的现场直播[M]. 北京：中国广播学院出版社，2000.

2. 詹姆斯·W. 凯瑞. 作为文化的传播"媒介与社会"论文集[M]. 北京：华夏出版社，2005.

3. 扬·阿斯曼，金寿福. 文化记忆　早期高级文化中的文字、回忆和政治身份[M]. 北京：北京大学出版社，2015.

4. 郭讲用. 传统节日仪式传播与信仰重塑[J]. 当代传播，2012(4)：29－32.

5. 邵培仁，范红霞. 传播仪式与中国文化认同的重塑[J]. 当代传播，2010(3)：15－18.

第三章
国际传播中的民族国家记忆

浅析美国主流媒体网站对“一带一路”的形象建构

陈　欣[①]

摘　要：“一带一路”倡议自2013年提出以来就受到了国际社会的广泛关注。美国是当今世界最具强话语权的国家，深入了解作为塑造中国国家形象和国际舆论环境的主要外部因素之一的美国媒体对于“一带一路”的看法和反应具有重要意义。本文采用内容分析法，以美国主流媒体《华尔街日报》《纽约时报》和《华盛顿邮报》2016年的新闻报道为研究样本范围，探讨在当前国际背景下，美国媒介话语对中国“一带一路”形象的建构，旨在通过研究“一带一路”推进情况的相关报道，把握国外媒体舆情，为我国媒介更加主动地设置议程、提升“一带一路”的海外传播力提供基础性参考。

关键词：“一带一路”；内容分析法；美国主流媒体报道

一、序言

2017年5月，中国成功举办了“一带一路”国际合作高峰论坛。这是继2014年亚太经合组织峰会、2016年G20峰会之后，中国主办的最高规格的峰会活动。“一带一路”的构想，由中国国家主席习近平在2013年先后提出的“丝绸之路经济带”和“21世纪海上丝绸之路”共同构成，2015年完成顶层规划设计，2016年进入全面落实阶段。目前，已有100多个国家和国际组织参与到项目建设中来，“一带一路”的宏大叙事正稳步铺展开来。

“一带一路”是推动国家和地区发展最为重要的合作公共产品之一，构建“一带一路”国际传播的话语体系，打造务实、负责的大国形象显得更为迫切。2016年12月，《关于加强“一带一路”软力量建设的指导意见》出台，意见指出

① 作者简介：陈欣，谢菲尔德大学新闻学院硕士研究生。

软力量是“一带一路”建设的重要助推器，加强理论研究和舆论宣传能为“一带一路”建设提供理论支撑、舆论支持、文化条件。在此背景下，我国新闻和传播学界掀起了新的研究热潮。目前的传播学领域研究主要集中于三个方面。一是以个别省市为研究对象，探讨如何借“一带一路”的契机，以国家为主导，推动城市形象与城市文化建设，培育参与海外传媒市场竞争的核心竞争力。二是在“一带一路”的视域下，探讨影视、体育、中医药文化等具体产业的海外传播力的建设，开发产业国际传播的新模式。三是站在国家战略传播的大视角，对“一带一路”的传播内涵进行多角度解读，通过对舆论环境和面临困境的探讨，提出提高我国媒介海外传播力的策略。综合来说，学者们多是以中国为主体，探讨如何加强国际传播的话语权。为此，本文尝试以美国主流媒体已有的报道为研究路径，采用内容分析法，从议程设置、话语分析和报道倾向三个方面，探讨“一带一路”以及中国国家形象的建构。

二、研究方法

内容分析法(content analysis)是一种对如报纸杂志、广播电视等传播媒介的信息做客观而有系统的量化及描述的研究方法。此方法不仅将研究内容量化再加以归类统计，还对数字做叙述性的解释。透过量化的技巧，可以客观分析传播内容中的各种语言和特性，并且分析传播内容对于整个传播过程所发生的影响，借以推论产生该项内容的背景和意义。本文以美国发行量最大的三份报纸《华尔街日报》《纽约时报》和《华盛顿邮报》作为研究对象，以 2016 年 1 月 1 日至 2016 年 12 月 31 日为研究范围，在 LexisNexis 数据库中，以“一带一路”常见的三种英文表达“the Belt and Road Initiative”“One Belt, One Road”“New Silk Road”为关键词，共检索出有效新闻报道 52 篇(见图 1)，其中《华尔街日报》

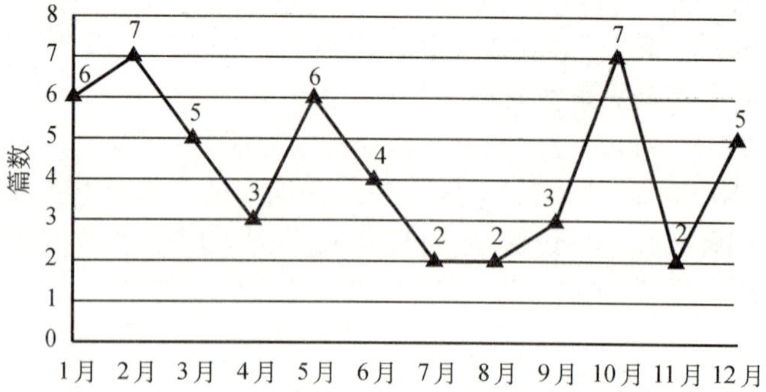

图 1　2016 年各月份“一带一路”相关报道的篇数分布图

26 篇,《纽约时报》16 篇,《华盛顿邮报》10 篇。本研究以一篇新闻为分析单元,报道中出现的除文字外的图表、照片、视频等,均不列入分析之中。

对中国"一带一路"报道形象的构建,主要通过具体的议题设置来体现。议程设置理论由 McCombs 及 Shaw 于 1972 年提出。他们通过实证研究发现,传播媒介所提供的报道重点与受众脑海中认为重要的题材间有强烈的正相关关系。媒体通过对某些议题进行整理、标签化,将议题与民众关注与焦虑的议程相连接,引起受众对该议题的注意。一旦受众对大众媒介建构起真实的长期依赖,媒介将逐渐影响人们对社会真实的认知。尤其在以美国为代表的西方商业媒体体制下,媒体报道是一个包含了媒介议题、政策议题与公共议题的复杂的议程设置过程(agenda-setting process)。中美关系是全球最重要的双边关系之一,美国亦是当今世界最具强话语权的国家,关注美国主流媒体对"一带一路"议程设定的处理面向和报道策略,有助于把握国外媒体舆情,为提升"一带一路"的海外传播力提供基础性参考。

三、议程设置

从议程设置的角度看,52 篇关于"一带一路"的报道共设置了 9 个主要议题(见图 2)。其中,9 篇报道(占总篇数的 17.3%)将"一带一路"对美国"亚太再平衡"战略的影响作为议题重点,这是 2016 年美国主流媒体对"一带一路"关注的焦点。文章将重点放在了"跨太平洋伙伴关系协定"(TPP)战略与"一带一路"的对比上,这是有迹可循的。在美国进行总统大选的 2016 年,特朗普异军突起的国内形势下,美国媒体尤其是《华尔街日报》,表达了对"一带一路"可能使中国取代美国掌握亚太地区主导权的担忧,将中国塑造为有野心的竞争者。其次,8 篇报道(15.4%)将对中国"一带一路"外交战略意图的分析作为核心议题。美国这 3 家媒体纷纷弃合作共赢的理念不谈,歪曲和放大中国的野心,将"一带一路"形容为地缘政治(geopolitics)的产物,是中国获取地缘优势、扩大海外投资(foreign investment)的策略。《华盛顿邮报》更形容"一带一路"是中国版的马歇尔计划,但绝对没有实现的可能,是中国自大(hubristic)和过于热切(overeager)的妄想。正如中国外交部部长王毅在 2017 年十二届全国人大五次会议记者会上的表示,"一带一路"的版权虽是中国的,但收益为各国共享。关于"一带一路"报道的议题充分体现了美国乃至西方媒体涉华报道中最为常用的"中国威胁论"的议题。

尽管对"一带一路"的报道存在共有的轻视和俯视视角,这 3 家媒体在议

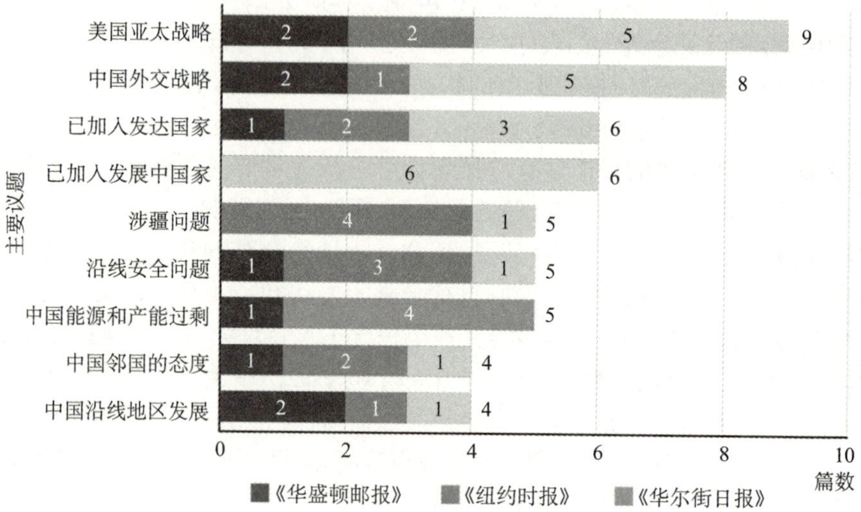

图 2 “一带一路”报道的主要议题设置

题设置上的侧重点仍有不同，这与美国媒体的商业属性和政治立场相关联。《华尔街日报》的议题相对多元，关于“一带一路”的报道议题与 2016 年“一带一路”在各个国家和地区落地生根的轨迹多有重合，它结合沿线各国家和地区的参与展开议题，讨论具体项目落实对加入国和中国自身发展的影响。例如，它既有对德国、法国、匈牙利等欧洲国家参与项目的报道，又有对如“北斗卫星”系统、海上建设等中国自身行动的呈现。“一带一路”涉及大量重大的国际投资与合作，对以财经类新闻立报的媒体来说，这可能是其议题多元的主要原因。《华盛顿邮报》则主要集中在对巴基斯坦、菲律宾等中国邻国的报道上，它将中国描绘成通过“一带一路”进行侵略性的扩张，以威胁(intimidate)邻国来获取利益的野心大国。同时它特别关注兰州、新疆等中国沿线地区在“一带一路”中扮演的角色，例如将兰州形容成“鬼城”(a ghost city)，称西北地区沿线城市的建设都是“愚人的黄金”(fool's gold)，即“金玉其外，败絮其中”。但其也有明显支持参与中国“一带一路”的议题，报道出现于 2016 年年末，可能是在美国大选结束后，特朗普退出 TPP 之后对美国政治形势和国家利益的再思考。《纽约时报》的议题则处于动态、矛盾之中。《纽约时报》作为反华急先锋，长期将焦点放在涉藏、涉疆问题上。但文章中仍会有正面的观点出现，例如在言及新疆宗教问题的同时，报道中也提到了“一带一路”为该地区清真食品产业带来的商机。

四、话语分析

从消息源和2016年“一带一路”相关报道对不同国家和地区的提及次数的统计分析来看(见图3),美国媒体最热衷的仍然是对中美亚太地区战略布局的对比和讨论,其次是对欧洲在“一带一路”中参与内容的讨论,同时对沿线国家和地区也给予关注,对“一带一路”中巴基斯坦扮演的角色和中非关系的报道尤为频繁。

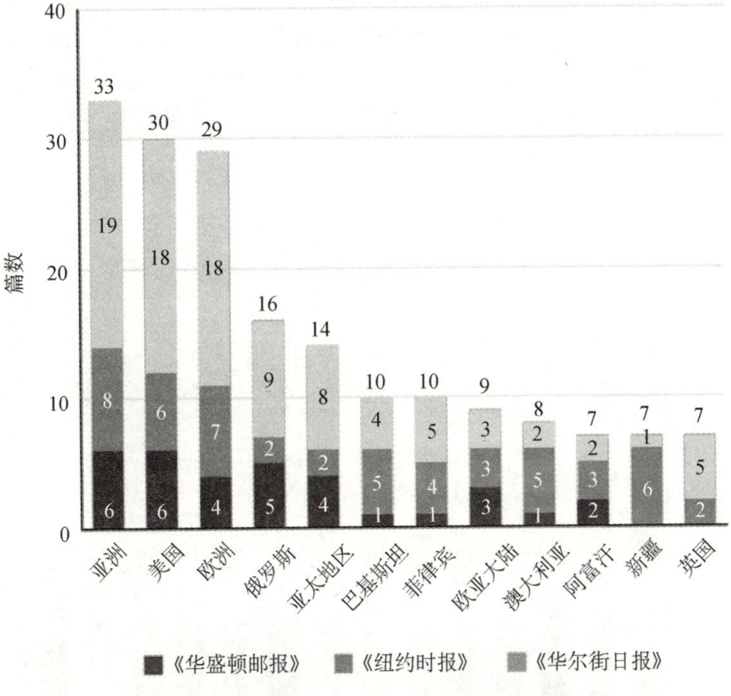

图3　报道提及国家和地区的频数分布图

实际在涉华报道中,国家利益始终是影响美国媒体议程设置的决定因素,议题的讨论始终围绕欧亚大陆的各个国家和地区的“分”与“合”展开。从相关报道的用词来看,美国媒介话语对“一带一路”的建构(见图4)主要有3个方面。

第一个方面是从美国自身出发,将中国和美国放在同一个角力场中。其中55.8%的报道都强调“权力”(power)一词。类似频繁出现的还有“挑战”

(challenge)、“侵略性的”(aggressive)、“支配”(dominate),他们通过类似的表达,将“一带一路”形容成中国与美国在亚太地区非此即彼的激烈竞争关系的战略,认为这是中国在美国对该地区影响力式微时的趁虚而入。这一点从一系列以“re-”(再)构成的词语中可以看出,例如 resurgence、restore、revive、resurrect、reshape、recreate,均表达了他们的观点:中国正在取代美国,重建、复兴其在亚太地区的影响力。

第二个方面是从沿线国家出发,48.1%的文章都提出“安全”(security)的议题,这一“安全”议题,既包括恐怖主义等冲突,又包括沿线国家社会治安、自然灾害、流行疾病等风险。此类议题多批评沿线安全问题无法解决,将“一带一路”形容成不切实际、无法实现的战略,强调“一带一路”是“中国经济帝国主义的特洛伊木马”(a Trojan horse of Chinese economic imperialism)。例如在提及较多的巴基斯坦问题上,突出巴基斯坦国内什叶派与逊尼派之间的斗争以及伊朗与巴基斯坦边境地区的恐怖主义袭击。

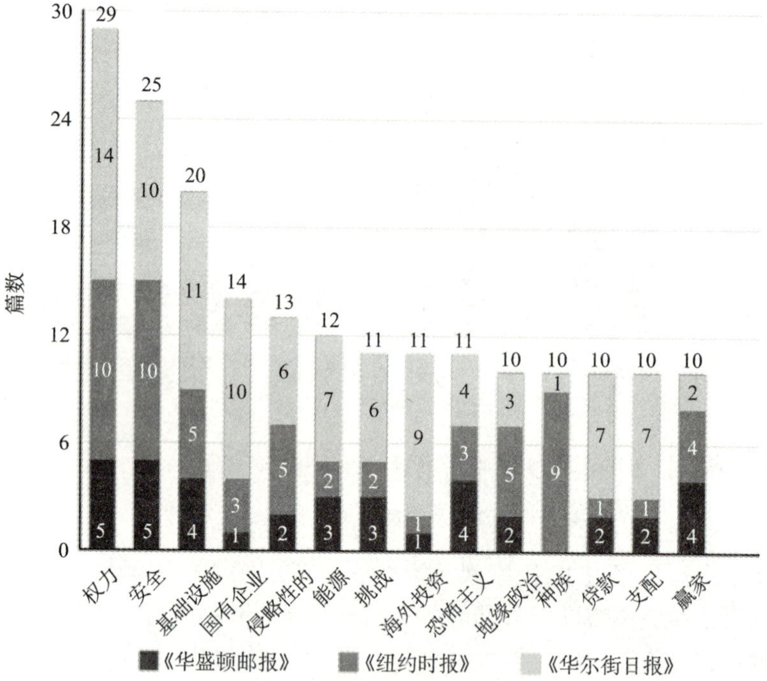

图 4　相关报道高频词汇分布图

第三个方面是从中国本身出发,38.5%和 27.0%的文章提到“基础设施”(infrastructure)和“国有企业”(state-owned business),批评中国的“一带一路”是借丝绸之路的历史符号，降低地缘政治的敏感性，实则是向沿线发展中国家投资基础设施建设，调整国家经济增长模式和疏解国内过剩产能(over-capacity)的自我救赎。该类议题尽管多数是在批评中国的做法，但也对具体的合作项目给予了项目获益的客观报道，并不是将中国塑造为“一带一路”唯一的赢家。例如在对参与国背负贷款压力表达忧虑的同时，也强调如美国通用电气、霍尼韦尔等跨国公司能够在“一带一路”中受益(benefit)。

五、报道倾向

从2016年52篇报道的篇幅、消息来源的分布以及观点的平衡等因素综合判断，正面的文章占23.1%，中立的文章占44.2%，负面的文章占32.7%的比例(见图5)。其中保持中立态度的文章，议题大部分与习近平主席从2016年开年的中东到中欧、东欧再到南亚的沿线国家的出访路线相吻合，以热点新闻的报道为主。而负面的文章，基本都是以美国“亚太再平衡”战略为主的老生常谈。值得一提的是，态度正面的文章，多以沿线各国尤其是欧洲国家如英国、法国、德国与中国展开的已有合作为视角：提倡“一带一路”不是对抗(counter)，美国可以在基础设施等方面与中国合作；强调这不是一场零和博弈(It's not zero sum.)，美国可以从中国“一带一路”中获益。这一结论也与部分学者关于美国媒体对中国国家形象建构的研究的结果相呼应。徐明华、王中宇在以《纽约时报》十年涉华报道为例的研究中发现，“中国的国家形象从最初的被边缘化和妖魔化，逐步得到主流媒体的普遍关注和一定程度上

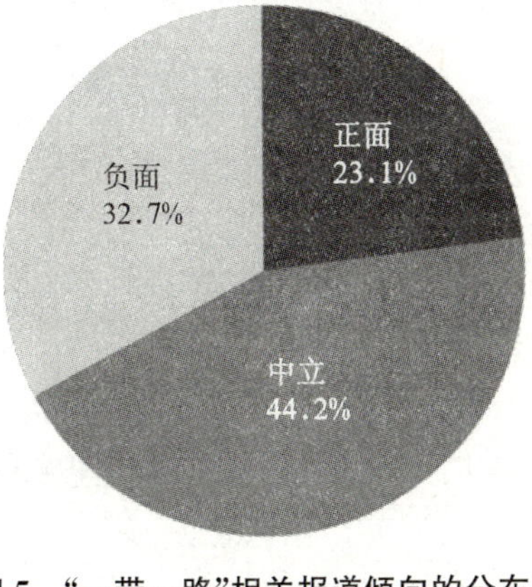

图5　“一带一路”相关报道倾向的分布图

的认可”，报道视角开始平和。强月新、叶欣也通过对西方媒体的研究，强调主流视角中开始出现平视的视角，即能够客观、平衡、中立地报道中国发生的事件。同时，美国主流媒体对“一带一路”的报道倾向，从2013—2015年的疑虑与消极，逐步向具体、纵深的中立甚至正面转变，这与“一带一路”倡议三年以来，在经济、文化等领域累积的成果分不开，美国主流媒体开始意识到它的包容性和推动各国经济联动发展的影响力。

六、结语

通过对美国主流媒体相关报道议程设置、话语和报道倾向的分析，我们不难看出，尽管负面报道仍占一定比例，但伴随着2016年“一带一路”倡议在沿线国家的落地生根，美国主流媒体开始出现越来越多客观、积极的论调。本文针对当前美国媒介话语对中国“一带一路”形象的构建，对我国对外传播把握主动权提出五点建议。

第一，去中心化，主动设置议程。我国媒体在对外传播中，大部分时候是针对美国乃至西方媒体的解构式传播，这种“兵来将挡”的方式无法占据主动权。我们要跳出以西方媒体为中心的国际话语体系建设，主动进行换位思考，理解并回应相关国家的利益关切，逐步化解疑虑，与他国加强互信。

第二，分享协作，打造共同传播。“一带一路”跨越亚非欧三大洲60多个国家，不应仅是中国媒体单方面进行官方解读和宣传，要增强沿线互利共赢国家的传播主动性和主体性，积极建立信息传递和分享机制，形成沿线国家的媒体合作联盟，消解西方媒体“噪音”和“误读”的消息来源，共同打造“一带一路”的国际形象。

第三，乘时乘势，把握传播时机。在“一带一路”开展重大项目合作和国际交流会议的时候，媒体要积极地利用国际氛围，因时因地地采用传播策略，让严肃的外交辞令更接地气，摆脱中国对外传播空泛、抽象的刻板印象，展现具体的合作内容和成果，讲好中国故事，优先占据话语权。

第四，有的放矢，培养“意见领袖”。面对“一带一路”倡议中复杂的传播对象，对目标受众的厘清十分重要，要尊重受众的习惯，对不同的目标受众应当采取不同的传播方式。同时，“意见领袖”的被认同感较强，在传播效果的形成过程中起着重要的中介或过滤的作用。在“一带一路”的传播上，仅将媒体作为传播途径的传播方式存在优化的空间，在各国培养“意见领袖”对引领“一带一路”在该国的社会舆论走向具有积极作用。

第五，多元传播，重视融合语境。在媒介融合的时代背景下，引导舆论和传播话语权的焦点已逐渐转移到互联网领域。在“一带一路”的对外传播中应把握和运用媒介融合带来的传播思维和规律，积极创新信息传播的范式，以文化为纽带，丰富中国故事的表现形式，聚合多种媒介形态，做到传播语境的亲民化，提高“一带一路”的国际传播力。

参考文献：

1. 唐艺赫. 深改组会议审议通过 13 项重要内容[N/OL]. 凤凰网，2016 - 12 - 05[2017 - 04 - 18]. http://news.ifeng.com/a/20161205/50367083_0.shtml.

2. 王林，李晓霞. “一带一路”战略与云南媒体国际传播力建设[J]. 思想战线，2015(3)：116 - 119.

3. 倪建平. “一带一路”建设背景下城市形象与城市文化对外传播策略——以江苏省南通市为例[J]. 南通职业大学学报，2015(2)：1 - 5.

4. 黄俊，董小玉. “一带一路”国家战略的传播困境及突围策略[J]. 马克思主义研究，2015(12)：121 - 127.

5. 黄会林，朱政，方彬，等. 中国电影在“一带一路”战略区域的传播与接受效果——2015 年度中国电影国际传播调研报告[J]. 现代传播(中国传媒大学学报)，2016(2)：17 - 25.

6. Klaus Krippendorff, Mary Angela Bock(eds). The Content Analysis Reader[M]. Thousand Oaks, CA: SAGE Publications, 2008.

7. M. E. McCombs, D. L. Shaw. The Evolution of Agenda-Setting Research: Twenty-Five Years in the Marketplace of Ideas[J]. Journal of Communication, 1993, 43(2): 6.

8. E. M. Rogers, J. W. Dearing. Agenda-setting Research: Where Has It Been, Where Is It Going? [J]. Communication Yearbook, 1988(11): 555 - 594.

9. 赵为学. 新闻传播学研究中话语分析的应用：现状、局限与前景[J]. 上海大学学报(社会科学版)，2008(4)：90 - 99.

10. 徐明华，王中字. 西方媒介话语中中国形象的“变”与“不变”——以《纽约时报》十年涉华报道为例[J]. 现代传播(中国传媒大学学报)，2016(12)：56 - 61.

11. 强月新，叶欣. 西方媒体对中国国家形象塑造的转变及其启示[J]. 湖北大学学报(哲学社会科学版)，2013(2)：101 - 106.

12. 彭兰. 影响公民新闻活动的三种机制[J]. 上海师范大学学报(哲学社会科学版)，2010(4)：38 - 47.

中国中亚国际传播议题的拓展与深化
——基于新世界主义分析框架

沈　珺[①]

摘　要：中亚地区严厉的媒介制度、宗教/文化的排外性、语言政策的迥异性，致使针对中亚地区进行的国际传播陷入僵局。现有的针对中亚的国际传播研究大多数聚焦在文化传播层面，或者媒介治理层面，研究视域较为狭窄。本文以新世界主义为理论框架，重设中亚传播的核心议题，在科学分层的文化接近策略、地缘优势带动的人际/组织传播、区域经济合作契机下的战略传播布局、政治命运共同体催生传媒体制改革、丝路记忆重构中亚历史话语体系五个方面进行拓展，意在构建中国中亚国际传播新格局，即传受双方有机协同、传播渠道立体多元、媒介产品融合共享的新型国际传播合作机制。

关键词：新世界主义；中亚；国际传播；传播共同体

一、问题的缘起

中亚是一片神奇的土地。它是丝绸之路的枢纽，东西方文明在这里碰撞；它是民族迁徙的走廊，多元民族在这里融合、繁衍生息；它是宗教传承的胜地，多种宗教文明在这里争奇斗艳，交相辉映，印拓下历史的痕迹。近年来，中国政府积极推行的上海合作组织、"一带一路"、丝路基金等一系列国际政治经济合作平台，旨在整合周边力量共同维护和保障地区的和平、安全与稳定，焊接欧亚大陆被历史冲淡的丝路情谊，携手共求多民族繁荣发展，最终达成"构建人类命运共同体"的终极理想。而位于欧亚大陆腹地的中亚地区，作为连接欧亚两大板块的桥梁，也因中国开拓出的新世界美丽蓝图而被注入了新的活力，

---

① 作者简介：沈珺，浙江大学传播研究所硕士研究生。

封存于中亚的丝路记忆有待被激活。然而，中亚重要的地缘战略属性，在“一带一路”布局中的枢纽地位，决定了中亚地区是中国新世界主义视野下国际传播格局中不可忽略的关键一环。让中亚了解今日中国，知悉上海合作组织、“一带一路”、丝路基金等国际合作背后的正面动因，让中亚与中国民心相通，是开展跨国合作交往的基础和润滑剂。虽然中亚地区对于中国国际传播具有重要意义，但有关中亚国际传播的研究并不如人意。将知网上以“中亚”为关键词的搜索结果按学科进行分类统计发现，研究的方向多集中于经济、政治、能源、地质、生物等学科，有关国际传播的研究不到1%。

究其原因，这与中亚地区物质信息的难接近性、宗教/文化的排外性、语言政策的迥异性密切相关。首先，中亚地区物质信息的难接近性源自于其压制性的媒介制度，多元流通的媒介语言环境，落后、扭曲的传媒产业。在试图构建起中亚传媒议题设置框架的研究中，Eric Freedman 与 Richard Shafer 将中亚传播研究稀缺的症结归为三点：苏维埃政权对于中亚地区媒介意识形态的严格管控，对质疑媒体意识形态驱动宣传功能的严厉打击，使得研究难以进行，即使中亚各国独立后，媒介严控的传统仍在沿袭；中亚地区多语言并用的现状，致使报纸的呈现语种繁多而加大了研究难度；中亚报业体系的不完善，大量报纸缺乏完备的保存途径，使得针对报纸内容的研究缺少完整的样本，难以形成框架性分析。Christopher Schwartz 以中亚地区维基泄密事件为例，通过分析中亚五国的媒介反应及政府相关政策，揭示出中亚各国媒介被全球媒介边缘化的深层原因，也侧面反映出中亚各国扭曲的媒介镜像。其次，中亚虽属多民族、多宗教地区，但由于使用突厥语的诸民族和使用波斯语的塔吉克族占绝大多数人口，伊斯兰教在中亚地区占主导地位，穆斯林的民族生活、宗教传统同质化，因此中亚的社会结构与中国儒释道并存、人民物质文化丰富多元的社会结构截然不同。Baurzhan Bokayev 等的研究表明，即使是生活在中国的部分哈萨克族人，依然使用古老的哈萨克族语言并维持原有的生活习惯及族内婚配繁衍的习俗。执着的民族文化身份认同阻碍了这些中亚侨民融入中国本土文化，在哈萨克斯坦宣布独立后他们毅然返回母国。笔者在与驻扎在哈萨克斯坦进行公路设计项目咨询的苏交科集团道桥二所张昕所长的对谈中，也证实了哈萨克斯坦本土对中国文化的拒绝和排斥。他说：“当地居民对中国人并不热情，也不了解中国，甚至觉得中国还很落后。当地的报纸很少有关于中国的消息，而有关俄国的新闻比较多。”再者，闭塞的语言环境使得中华文化难以润泽这片土地。在苏维埃政权时代，法律规定俄语为中亚五国通用语言，并强制使用西里尔字母拼写规则，而中国境内的同族少数民族大多使用阿拉伯拼写规则,迥然相异的语言政策形成民族交往的天堑。媒体宣传的口子被扎死,受众语言、宗教、文化顽固排外,针对中亚地区进行的国际传播也陷入了僵局。

二、现有的针对中亚地区国际传播策略的研究框架

(一)跨文化传播的视角

一些学者指出,中亚不仅是一个地理概念,更是一个文化概念。"中央亚细亚之地,在人类文化史上,一方面是许多风俗习惯和艺术发源的中心,另一方面又是上古世界一切主要文化中心间的媒介。"从大文化上看,中亚地区"印度文化、波斯文化、汉文化、斯拉夫文化、穆斯林文化相互影响、相互渗透"。丝绸之路开拓了商品交换的渠道,让人们接触并意识到这些不同的文化,同时也导致了对这些文化的许多误解。因此,针对中亚的国际传播研究,跨文化传播是避不开的重要话题。李建军指出:"中华文化中亚传播是跨文化传播理论和实践研究的重要组成部分,对提高中华文化传播能力、提升中国文化软实力、实现中华民族伟大复兴具有重要作用,对促进中国与中亚地区文化发展繁荣具有深远意义。"他进一步强调跨文化传播要讲求"韧性传播",即以"传教士传播宗教那种专注、忘我的心劲和无畏劳苦、敢于挑战极限的坚强意志"传播中国文化,并要擅长用"柔性传播",即将民族的风俗习惯、气质个性寓于常态化表达,把"历史文化资源整合成现实的文化传播力量"。现有的中华文化中亚传播的优选方略研究主要集中在以下几点:(1)以孔子学院为依托,推广汉语语言文化交流,同时以"维吾尔语、哈萨克语、柯尔克孜语等符合中亚地区民族构成多样性及伊斯兰文化与中华文化沟通的穆斯林语言作为辅助方式","建立更全面的语言文化传播机制",为中华文化中亚传播搭建沟通的基础桥梁;(2)包装中华优秀文化传统以符合中亚受众的感知,传播"和"文化精髓和文明传统,传达中国自先秦以来便奉行的"亲仁善邻,国之宝也"的和平外交政策,以深刻的历史观、博大的世界胸襟、强大的文化感召力激发"中亚国家要求解决边界纠纷、资源争端,缓解民族矛盾和实现共同繁荣"的精神诉求;(3)推进民间外交,助力中华文化的民间传播,充分利用政府搭建的文化合作框架,比如"中国—中亚"地区民间外交的"三驾马车"搭建的多边文化交流平台,形成中华文化民间传播的长效机制。

（二）区域/周边传播的视角

区域之内或周边国家之间往往存在着同一民族的文化基因和生活习性，因此基于区域/周边视角的传播“立足于地缘相邻、文化相近、血缘相似、习俗相同、语言相通的国家和地区的主客体之间存在着天然的、密切的历史和现实联系”。以地缘角度出发的区域性传播研究，也为中亚传播领域输送了最为宝贵的经验。例如以中亚周边国家为研究对象的中央欧亚区域研究协会(Central Eurasian Studies Society)，旨在促进欧亚大陆地区学者之间的交流和互动，从而提升欧亚地区的奖学金和教学的标准，并推进学者和有关组织在欧亚大陆的学术研究合作①。而享誉世界的中央欧亚区域研究机构——美国印第安纳大学中央欧亚研究系(Department of Central Eurasian Studies，简称CEUS)，对于中央欧亚地区的定义更为广泛，其包括蒙古、中国西部(新疆、西藏)、中亚(乌兹别克斯坦、哈萨克斯坦、土库曼斯坦、吉尔吉斯斯坦、塔吉克斯坦，以及阿富汗北部、阿塞拜疆、土耳其)、匈牙利、爱沙尼亚、芬兰-乌戈尔民族地区。在浏览与以上机构密切合作的 *Central Asian Survey*、*Central Asian Affairs*、*Central Eurasian Studies Review* 等中亚研究的顶级杂志后不难发现，以区域/周边概念泛化的研究为中亚传播研究打开了视野。正如一些研究发现，通过对中亚及周边地区相近的媒介体制、媒介模式及媒介环境的对比分析，能更有效地归纳出该地区媒体的普遍发展规律，从而更有针对性地提出整改方案。Jan Lublinski 等人对吉尔吉斯斯坦的 OTRK、蒙古的 MNB、摩尔多瓦的 TRM、塞尔维亚的 RTS 这四家公共媒体的转型发展过程中公共性(public sphere)与融合性(integration)功能的塑造进行分析，套用 DW Akademie 模型剖析四家媒体在政治法律机制、员工资质培养机制、新闻专业主义与盈利模式、社会参与机制框架下媒体发展的促进和制约因素，勾勒出吉尔吉斯斯坦及其周边国家媒介发展的优选路径。Rabiee 等人从地域地缘政治的角度出发，解析因文化、能源输送通道、语言策略、历史等多维优势，伊朗的传播影响力在里海—中亚地区占据霸权主义地位的深层原因。

从跨文化传播到区域/周边传播的不同路径的探究，可以看出中亚传播研究领域由远及近、由抽象到具体、由宏观到微观的发展趋势。然而大多数研究仍聚焦在跨文化传播策略层面，或者媒介治理层面，研究视域较为狭窄。

---

① 资料来源：http://www.centraleurasia.org/history-and-mission.

三、以新世界主义理论框架重设中亚传播的核心议题

当今国际传播格局风云多变，一方面以美国为首的发达国家因经济的滞后不前爆发出逆全球化的口号，另一方面以中国为首的新兴经济体却扛起了助推全球化的大旗。处于中西文明缓冲带的中亚，历史上遭遇过古希腊、波斯、匈奴、突厥、阿拉伯、蒙古等多个强权文明的洗礼，至今也仍被视为多国外交辐射、争夺外交影响力的重地。由于曾受苏维埃政权的霸权管控，中亚五国虽于1991年相继宣布主权独立，但通用的语言文字使其政治、经济、文化等诸多方面尤其是媒介环境始终受到俄罗斯的强势浸润。倾倒式的媒介注入导致中亚地区逐步实行“扼杀民主式”(stifle democratization)的媒介立法体系，尤以土库曼斯坦的媒介制度最为严厉。对于2010年宣布收紧外刊报文的进口额度，土库曼斯坦总统称：“国内的报刊已经够多了，不需要引进这么多国际刊物(尤其指俄国)。”而处于地缘隔离劣势的美国，则以网络为新媒体外交时代的联通桥梁，通过向中亚地区输送互联网自由理念、资助中亚地区网络媒体、为当地提供互联网技术培训、推进中亚国家加入开放政府伙伴关系组织等举措，达到传播美国核心价值观的政治目的。事实上，中亚国家的网络普及率并不高，根据2012年一项全国性的抽样调查，三个中亚国家的网民占比均低于50%(其中哈萨克斯坦为49%，吉尔吉斯斯坦为40%，塔吉克斯坦为20%)，网络使用低下除了因为网络普及率低、网络收费贵，还有个很重要的原因是政府的监控。“阿拉伯之春”事件的警示，更使得中亚国家逐步收紧网络治理政策。在经历了长时段的强权压迫控制后，抗争性与排外性成为中亚地区的民族主义情绪的主旋律。美俄的单边传播并没能打开中亚自由传播的格局，却导致其施行封锁传播路径的一系列媒介立法和行政措施。以此为鉴，中国在中亚地区的国际传播活动，应建立在尊重中亚各国家民族利益的基本原则之上，避免单向注入、强势推广、意识形态为主导的传播模式，立足于同心打造人类命运共同体的合作与交往价值准则，打开中亚地区闭塞的心灵，携手共享新世界的繁荣稳定。

事实上，中国政府在“一带一路”、亚投行、丝路基金等一系列国际活动中体现出的新世界主义主张，正是基于“尊重他国利益为出发点，并从民族主义维护本国利益的基本面向中汲取养分”的现代性思考，倡议“基于经济同盟考量的世界民族协作”，致力于共同推进人类和平与发展的崇高事业。中国现任领导集体在国际传播活动中传递出的新世界主义理念，为针对中亚地区的国

际传播活动构建了新的理论指导，“在宏观层面，新世界主义核心思想或远大理想就是‘同心打造人类命运共同体’。在中观层面，其理论体系的可操作性表现为五点主张：(1) 反对霸权主义和西方中心主义，主张世界多极化和文化多元化；(2) 反对地域保护主义，主张人才物讯自由流通、开放合作；(3) 反对利己主义，主张共商共建、共赢共享、共生共荣；(4) 反对干涉他国内政，主张和谐包容、市场运作、和平发展；(5) 反对否认、歪曲、篡改历史，主张牢记历史，防止历史悲剧重演”。“‘五点主张’分别从文化、地理、经济、政治、历史层面诠释出中国新世界主义的发展理念、战略选择和努力方向”，它将有助于化解僵局，为针对中亚地区的国际传播活动提供更为全面的策略机制。

(一) 科学分层的文化接近策略

文化接近性理论认为，人们会偏向选择与其自身文化相近的电视节目甚至文化产品，包括地方的、民族的、方言/语言、宗教等多层面的因素。而中亚地区与中国西部地区尤其是新疆的多元文化接近。在民族构成上，以新疆为例，不少跨国民族与中亚民族交往甚密，“有些民族比如哈萨克族、柯尔克孜族在境外有自己的民族国家哈萨克斯坦、吉尔吉斯斯坦；有些民族比如维吾尔族、塔吉克族、塔塔尔族虽然没有独立的民族国家，却与境外的民族有着共同的文化与宗教背景；有些民族比如东干人，在中国不成为一个民族，在境外也不成为国家，但是却有着共同的民族传统”。在宗教信仰上，现代中亚五国民众多数信仰伊斯兰教。“其中乌兹别克斯坦、塔吉克斯坦、土库曼斯坦的穆斯林人口占90%左右，吉尔吉斯斯坦和哈萨克斯坦的穆斯林人口也占到70%左右。”而在中国西北部，伊斯兰教也十分普遍。根据2010年全国第六次人口普查，穆斯林人口已占新疆人口半数以上，而宁夏、青海、甘肃、云南、河南等地的穆斯林人口也超过了百万。相似的文化背景是中国开展国际传播活动的良好前提，同时，新世界主义国际传播原则提倡的层次性，为以跨文化为国际传播主题的民族交往提供了有效方案。Straubhaar曾以历史性眼光修正其“文化接近性”理论，认为“文化接近性”是通过受众“多层次文化认同”“杂糅”实现的。而对于现代中亚地域伊斯兰文化、突厥文化、俄罗斯文化等多种文化力量并存的混杂局面，新世界主义认为应该“构建科学有效、层次分明的传播结构和机制”，在对中亚的国际传播活动中，要避免大汉族主义的文化帝国范式压迫，尊重伊斯兰文化、突厥文化、俄罗斯文化等多种文化的多样性，兼顾不同层次文化的差异性，采取科学分层、整体均衡、不偏不倚的传播策略。

（二）地缘优势带动人际/组织传播

中国与哈萨克斯坦、吉尔吉斯斯坦和塔吉克斯坦三国拥有 3 300 多千米的共同边界线，天然的地域联通优势为中国与中亚地区人才物讯自由往来、流通提供了便利，也为国际传播活动的开展提供了条件。面对中亚闭塞的网络环境导致大众传播失灵的局面，新世界主义理论指导下的“宝塔糖策略”主张针对国际受众的不同口味，调试传播手法。因此，可让来华留学生、中亚侨民、入境中亚的中国商贾、游客以及驻中亚机构组织等多元主体担任中国信使，在大众媒体闭塞区域发挥人际传播、组织传播的作用。据教育部统计，2016 年仅哈萨克斯坦来华留学的人数就达到约 1.4 万人，居来华留学人数最多的国别第八位。这些中亚留学生日后多为中亚社会的精英人才，尤其在接受过汉语教学、中国传统文化的熏陶后，对中国的经济、政治、社会都具备较客观的认识，也更容易产生对中国的亲缘性，更乐于将中国的正面形象传递给本国亲戚朋友，成为中华文化中亚传播的世界主义者。再则，中国境内的中亚侨民，往往是因祖辈躲避战乱，或经商谋生，从中亚辗转至中国境内定居，但因语言或民族习俗的隔阂，其文化身份并没有融入中国民族，却与祖籍同族保持着血缘认同。中国政府应对其在政策上给予倾斜，生活上予以关怀，使这些中亚侨民向异境而居的同族传递出中国政府的正面形象，加深中亚同族人群对于中国社会的正确理解。另一方面，因经商、旅游等因素入境中亚的中国人员、机构数量也相当可观，特别在当下“一带一路”的促动下，入境中亚的大量商贾、游客成为“游走的中国形象”。为了一改中亚对中国商人利己主义、素质偏低的刻板印象，中国应提升入境国人的世界主义者意识，即乐于与他人交往并善于与他人交往，让国人发扬西方传教士精神，以实际行动提升中国形象。对于入境中亚的组织机构，要充分发挥已成规模的组织体系如中亚孔子学院，传播中华文化，推广汉语教学，并提升中亚境内中国公民、公共组织甚至政府驻扎/合作机构的网络外交功效，以弥补地方保护主义、网络的严格管制而造成的舆论偏向。

（三）区域经济合作契机下的战略传播布局

自 2013 年习近平主席在哈萨克斯坦纳扎尔巴耶夫大学发表演讲，提出共同建设“丝绸之路经济带”以来，中国政府开设丝路基金，创办亚洲基础设施投资银行，旨在为欧亚区域经济重注活力。中亚在这场经济接力赛中位于头棒地位，在“一带一路”经济合作互利共赢的巨大感召力影响下，中亚各国纷纷推出“光明大道”(哈萨克斯坦)、“复兴古丝绸之路”(土库曼斯坦)等合作对接计划,深入推进双方在贸易、基础设施建设、能源项目、信息技术设备、旅游等多个领域的合作。以经济互惠为驱动的合作交往契机,是让中亚民众了解中国科技水平、中国商品信誉,展现中国人民勤劳善良品质的有利时机,亦是让中亚民众改善对中国的刻板印象、提升中国大国形象的最佳时机。在经济交流活动中交织出的庞大人力、物资、信息网络,为区域媒体重新配置公共产品赋予了新义。基于新世界主义的国际传播战略统筹谋划,主张“积极构建信息传播的命运共同体”,“搭建资源互惠、技术共通、人员合作、渠道共享的传媒共同体平台,携手发展中国家媒体共同推进国际新闻的生态平衡”。要充分发挥“‘一带一路’媒体传播联盟”“丝路电视国际合作共同体”等已有国际传媒平台的共享机制,推动丝路节目落地中亚主流媒体,并壮大中国驻中亚记者站团队,携手中亚主流媒体正向引导舆论,共同推进中亚区域新闻的生态平衡。

(四)政治命运共同体催生中国传媒体制改革

长期受强权政治的统治,中亚国家政治独立性意愿强烈,中亚政治历史的特殊性决定了其政治价值观和政治信仰的排他性,因此针对中亚的国际传播要避免单向注入,要强调双向交流。要从国家层面凝聚中国中亚命运共同体的政治理念,摒弃“以民族主义、保护主义或孤立主义、利己主义、干涉主义为核心出发点”,“基于新世界主义理念,寻求更丰盛的信息交换、价值包容和文明理解”。要充分利用上海合作组织、“一带一路”国际合作高峰论坛等官方外交平台,增进中国与中亚的政治沟通,加固中国与中亚的政治互信。新世界主义强调的中国中亚政治命运共同体,对内是整合中国和中亚从官方到民间的政治凝聚力,对外体现了周边政体抱团抵御美国重返亚洲“西进战略”的政治智慧,提出以“和谐包容、和平发展”的东方智慧消解中亚地区政治排他性立场,以便中国与中亚开展更为顺畅的政治沟通。并且,新世界主义强调以更开阔的视野看待媒介制度与政治权力的博弈关系,在全球化多元政治权力的博弈场中,要学习西方媒介体系客观和公正地报道新闻事实、善尽社会职责的正义感,发挥东方媒介体系步调一致、团结协作的高效率,调动南方媒介体系推进社会经济变革的积极性。在全球媒介体制系统与政治权力博弈场域中要准确定位、调试中国的媒介制度,权衡中亚政治环境的特殊性,基于人类伦理道德制高点建立传媒共同体,为中亚提供公平、正义、高效的传媒公共服务。

（五）丝路记忆重构中亚历史话语体系

自汉朝张骞“凿空”以来，中亚作为丝绸之路的中枢地区，从古至今遗留下许多绚烂的文化瑰宝。据史料记载，《大唐西域记》《经行记》等书中均有对中亚各国风土民情、商贸来往的详细记录。时至今日，中亚地区各民族对丝绸之路的历史记忆已经升华为“一种珍视、缅怀，甚至崇拜的情感”，丝绸之路的历史元素也被冠以现代性的表征，例如用古时的“驿站、商队和商品名称命名的民族特色餐厅、旅游胜地的旅馆，甚至是现代化的星级酒店、公司、企业、街道等”。新世界主义建构的国际传播话语体系，以兼顾本土性和全球性的双向平衡的话语方法论，援引多重“在地”景观为素材，勾勒出具有新世界主义普遍意义的全球图景。因此在构建中亚历史话语体系的过程中，要利用世界通用的话语体系，融合讲述民族交往的历史记忆和现实图景；用发展动态的话语体系，串联民族历史记忆中的璀璨瞬间，结合官方媒介记忆与民族历史记忆交错呈现中国与中亚的丝路情谊，为顺利开展中国中亚国际传播提供亲缘性工具。

四、以新世界主义的理念建构中国中亚国际传播共同体新格局

新世界主义理论指导下的中国中亚国际传播新格局，打破了“霸权”“中心”式的文化传播模式，接近“多极”“多元”的范式构架，强调以科学分层的方式处理中亚地区多层次的文化杂糅、文化拼接现象，选择文化接近的最优方案开展跨文化传播活动；充分利用地缘优势突破地域保护主义的桎梏，着力打造中国形象的世界传播者，在国际传播层面以人际传播、组织传播的功效弥补中亚地区大众传播的疲软现状，拓宽中亚开放合作的渠道；以经济合作为契机完善中国媒体在中亚的战略布局，同心打造中国中亚传媒共同体平台，全面推进传媒公共产品在中亚国家的落地效应，携手中亚主流媒体切实改变对中国的刻板印象；整合官方、民间渠道增进中国与中亚的政治互信，在和谐沟通的政治共同体环境中开展民族交往，既平衡全球媒介制度的整体多元性，又兼顾中亚政治环境的特殊性，在媒介体制与政治权力的博弈场域中调制出中国方案；用动态发展的历史话语体系，挖掘民族交往历史记忆中的“在地”特色，展现历史元素现代化的现实图景，凝聚中亚民族记忆中的丝路情谊，提取丝路历史中的媒介记忆，在历史记忆与媒介记忆的双重演绎下增进中国与中亚的交往情感。

除了从以上五方面全面拓展中国对中亚的国际传播议题，在新世界主义

理念的指导下，在“凿空”中亚地区的媒介阻碍、改善中亚媒介生态恶性循环的进程中，还应提出构建中国中亚国际传播共同体的宏大倡议。滕尼斯指出，“共同体”意味着“人类真正、持久的共同生活”，是“一种有机结合，而不是机械的聚合”。而人们在共同体中深度沟通的前提建立在“憧憬未来的美好社会，超越亲缘和地域的、有机生成的、具有活力和凝聚力”的“共同体冲动”上。新世界主义时局下的中国中亚国际传播共同体，是在达成中国中亚政治命运共同体的现实愿景下，利用中国中亚传媒共同体传播渠道，以中国中亚历史话语体系为沟通工具，由官方主导到民间参与的全方位、多层次的新型国际传播体系，它应具备以下几点特征：(1) 摒弃传统国际传播模式下传者与受者二元对立的身份，实现传者与受者有机转换、协同传播的合作效应，使中亚华侨、中亚留学生、中亚网民被动接受中华文化的态度转变为主动推介；加强政府机构、民间社团、跨国企业与中亚政府—民间机构的交流合作，实现传者身份由客体到主体的转变；组建中亚区域性媒体人才库，一方面培养通晓中亚多语种的本土新闻人才，另一方面培养中亚新闻人才，采取业务培训与文化熏陶双重培养的模式，着力打造既精通中亚语言、知悉中亚受众价值观，又具备中华文化视野、乐于传播中华之音的新闻团队，双向助推中国中亚文化共同体内部的信息自由传播。(2) 改进传统国际传播倚重传统媒体的单一渠道的状况，整合新兴媒体、新兴技术的多元渠道，改善由中亚闭塞的媒介制度、媒介环境导致的信息受阻或传播不畅的现状；既讲求共同体内部的渠道整合，又适应单个国家内部传播渠道的特殊体制，努力构建最大力度地覆盖中国中亚共同体的传播网络。(3) 深化中国中亚媒体间合作，打造产权共有的融合产品，充分发挥丝路文化等公共性文化资本的多层次附加值的效用，利用新媒体融合技术全面打造公共融合产品品牌，从而提升丝路节目等公共传媒产品的传播效应，促进完善中国中亚国际传播共同体的合作机制。

参考文献：

1. E. Freedman, R. Shafer. Advancing A Comprehensive Research Agenda for Central Asian Mass Media[J]. Media Asia, 2016,39(3):119 - 126.

2. C. Schwartza. “If They're Collecting All of This Information, They're Surely Using It, Right? ”WikiLeaks' Impact on Post-Soviet Central Asia[J]. Global Media Journal Australian Edition, 2011,5(1):1 - 10.

3. 李琪. 历史记忆与现实侧观：中亚研究[M]. 北京：中国社会科学出版社，2016：254 - 255.

4. Baurzhan Bokayev, Sholpan Zharkynbekova, Khalida Nurseitova, et al.. Ethnolinguistic

Identification and Adaptation of Repatriates in Polycultural Kazakhstan[J]. Journal of Language Identity & Education, 2012,11(5):333-343.

5. J. Landau,B. Kellner-Heinkele. Language Politics in Contemporary Central Asia: National and Ethnic Indentity and the Soviet Legacy[M]. Landon:I. B. Tauris, 2012.

6. W. M. 麦高文. 中亚古国史[M]. 章巽,译. 北京:中华书局, 2004:7.

7. 单波. 跨文化传播的基本理论命题[J]. 华中师范大学学报(人文社会科学版), 2011(1):103-113.

8. 李建军. 中华文化中亚传播的战略态势和优选方向[J]. 当代传播(汉文版), 2013(4):102-104.

9. 李建军. 提升新疆文化对外传播力的路径选择[J]. 当代传播(汉文版), 2012(2): 76-78.

10. 王冰雪. 国际传播语境下中华文化中亚传播的共识之路[J]. 新疆大学学报(哲学·人文社会科学汉文版), 2014(1):130-134.

11. 金文恺. 试论建立新疆—中亚区域传播新格局(二)[J]. 采写编,2014(5):6-8.

12. 吴建民,于洪君. 中国民间外交发展报告 2016[M]. 北京:中央编译出版社, 2016: 190-191.

13. 陆地,许可璞,陈思. 周边传播的概念和特性——周边传播理论研究系列之一[J]. 现代传播(中国传媒大学学报), 2015(3):29-34.

14. Aaron Platt. The Eleventh Annual Central Eurasian Studies (CEUS) Conference[J]. Publication of the Central Eurasian Studies Society, 2005,4(1): 56-57.

15. J. Lublinski, E. Albrecht, P. Berner, L. Schneider, M. Wakili, J. Wilson. From the field: Windows of Opportunity—The Transformation of State Media to Public Service Media in Kyrgyzstan, Mongolia, Moldova and Serbia[J]. Global Media Journal: German Edition,2015,4(2): 1-30.

16. H. Rabiee, M. Gharehbeygi, S. S. Mousavi. Hegemony of Iran in the Caspian—Central Asia Region From the Perspective of Geopolitical Realities[J]. International Journal of Communication Research, 2015(5):65.

17. E. Sherstoboeva. Media Law Reform in Post-Soviet Turkmenistan: The Illusion of Democratization[J]. Problems of Post-Communism, 2014, 61(5): 32-45.

18. 廖成梅, 刘国强. 美国对中亚的网络外交研究[J]. 国际论坛, 2017(3):26-31.

19. K. E. Pearce, R. E. Rice. Social Exclusion Through Internet Awareness, Adoption, and Use: The Cases of Kazakhstan, Kyrgyzstan, and Tajikistan[R]. Conference Papers—International Communication Association, 2012.

20. 邵培仁,沈珺. 构建基于新世界主义的媒介尺度与传播张力[J]. 现代传播, 2017(10):70-74.

21. 邵培仁,沈珺. 新世界主义语境下国际传播新视维[J]. 新疆师范大学学报(哲学社会科学版)，2018(2)：96－104.

22. J. D. Straubhaar. Beyond Media Imperialism：Assymetrical Interdependence and Cultural Proximity[J]. Critical Studies in Media Communication，1991，8(1)：39－59.

23. 刘大先. 新疆：文化差异与国家认同[J]. 粤海风，2008(5)：7－13.

24. 赵会荣. 中亚国家发展历程研究[M]. 北京：社会科学文献出版社，2006：139.

25. J. D. Straubhaar. World Television：From Global to Local[M]. Los Angeles：Sage，2007.

26. 汪金国，黄达远. 影响现代中亚社会发展的内部文化力量因素[J]. 俄罗斯中亚东欧研究，2004(2)：74－77.

27. 李大巍. 丝绸之路连接“光明大道”——访哈萨克斯坦共和国驻华大使努雷舍夫[J]. 中国经济报告，2017(6)：99－101.

28. 王尔德. 中国驻土库曼斯坦大使孙炜东：土“复兴古丝绸之路”与“一带一路”倡议契合 中土正商签合作文件[N]. 21世纪经济报道，2017－07－20(5).

29. 邵培仁. 面向新世界主义的传媒发展与愿景[J]. 中国传媒报告，2017(3).

30. 廖卫民. 新世界主义与对外传播战略：基于“传播与人类命运共同体”穹顶模型的理论思考[J]. 浙江社会科学，2017(5)：114－120.

31. J. 赫伯特・阿特休尔. 权力的媒介：新闻媒介在人类事务中的作用[M]. 黄煜，裘质康，译. 北京：华夏出版社，1989：315－336.

32. 许涛. 中亚地缘政治沿革：历史、现状与未来[M]. 北京：时事出版社，2016：408.

33. 殷企平. 西方文论关键词：共同体[J]. 外国文学，2016(2)：70－79.

建构主义视角下对外传播之互文性叙事策略及其意义探析——以纪录片《一带一路》为例

方佳媛①

摘　要:本文结合建构主义国际关系以及互文性、叙事等理论，运用符号学领域组合轴与聚合轴的概念图解纪录片《一带一路》的叙事结构，阐释互文性叙事策略的意义:现实意义即着力打造融通中外的新概念、新范畴、新表述，讲好中国故事，传播好中国声音;功能意义即潜移默化地说服受众、发挥认同作用、增强叙事建构功能。本文同时探析了互文性叙事策略于《一带一路》中的具体体现:自我论述与他者塑造之间的互文性建构;历史追溯与现实呈现之间的互文性建构;平民化叙事策略实现文本与受众文本的互文建构。最终，纪录片通过对“一带一路”沿线各个国家全景式的拍摄和国内外普通民众与“一带一路”之间的故事来阐述理想宏图，达成“一带一路”人类利益共同体的国际共识。

关键词:建构主义国际关系理论;对外传播;互文性叙事特征

一、研究背景

“一带一路”是“丝绸之路经济带”和“21 世纪海上丝绸之路”的简称。建设“一带一路”是以习近平为总书记的党中央提出的重大战略构想，是实现“两个一百年”奋斗目标和中华民族伟大复兴的中国梦、协调推进“四个全面”战略布局的重要举措。“一带一路”倡议融合了各领域的跨国合作、协同推进——包含政策、设施、贸易、资金和民心“五通”，同时“一带一路”作为我国对外传播

① 作者简介:方佳媛，中国青年政治学院新闻与传播学院硕士研究生。

中的一个重要价值观念,需要观念传播与交流合作的先行,使其成为"一带一路"沿线各国的共有观念,达成各国间的身份认同关系。只有当"一带一路"价值观念被沿线各国人民接受、采纳,围绕"一带一路"的政治、贸易、金融等层面的行动才能得以展开。

同时,在构建我国对外传播话语体系的背景下,讲好中国故事、传播好中国声音有利于中国在国际社会上话语体系的建立。而建构主义国家关系理论认为,国家身份是国家间交往互动和观念共享的产物,"讲好中国故事"是与世界积极互动的方式以及对自身身份的建构。因此,本文聚焦"一带一路"观念在对外传播时所运用的叙事策略,从建构主义视角切入,选择具有代表性的纪录片《一带一路》为案例,探究其互文性叙事策略的具体体现。旨在从历史和现实的高度出发,以宽广的视野、多维度的视角,全面、准确、生动、透彻地展示"讲好中国故事"的叙事手段,服务于"一带一路"的顺利实施。

二、文献综述

(一)关于建构主义国际关系理论

建构主义兴起于社会学,更准确地说源于心理学,最早可追溯至瑞士认知心理学家皮亚杰。他认为,儿童是在与周围环境的相互作用的过程中逐步建构对于外部世界的认识的。后来,建构主义认知心理学被发展成为建构主义学习理论,即认为人的学习过程是人在特定情境即社会文化背景下通过人际协作、对话而建构意义系统的过程。之后,建构主义从人的内心世界转向外在世界,从心理建构转向身份建构,从而成为重要的社会学研究方法和范式,用来解释、说明人类社会普遍存在的成员身份认同、利益界定以及行为制约现象。

建构主义认为世界及其万物是被建构的产物,事物通过"社会地"建构而有意义、相互关联地存在着,因而应当在交往互动的关系中促进事物的生成。作为社会学方法论,建构主义有许多流派,但都遵循两条基本原则:一,人类关系的结构主要是由共同观念而不是由物质力量决定的;二,有目的的行为体的身份和利益是由这些共同观念建构而成的而不是天然固有的。

美国政治学者尼古拉斯将建构主义引入国际关系学领域,其著作《被建构的世界中的国际关系》开创了国际关系学意义上的建构主义。这一引入较为有力地解释了国际社会成员即国家,其身份、利益、行为倾向以及国际社会体系的转换、体系内各种事物与行为的意义。

建构主义国际关系理论范式的主要观念如下。首先,世界是一种建构。国际政治的本质结构是社会意义上的结构,即社会关系是文化结构,而非物质结构。该理论的主旨是探究世界政治是如何"社会地"建构起来的,是如何受观念支配的。其次,建构主义的国际关系理论范式是理念主义的,认为国际关系是非物质主义的,因此其更注重国际关系中作为施动者的国家所置身的社会观念结构(如共有知识、共有观念或文化),而不是经济物质结构。最后,该范式认为国际社会行为个体的属性及其社会关系都是一种社会建构。

国际政治学学者亚历山大·温特是建构主义国际关系理论范式的重要倡导者,其著作《国际政治的社会建构》对国家身份进行了建构主义的解读。他认为,一国的国家身份不是私有物,也不是与生俱来的,而是该国在国际社会与他国互动中通过观念共享,凭借观念结构或结构化的观念而"社会地"建构起来的,因而它是社会性共有知识、共有观念或主体间共识的建构物,也就是与他者关联的共生物。

目前,学界根据建构主义国际关系理论对对外传播中的国家的身份、形象的研究主要体现在从关注自我澄清到关注他者塑造的转变。长期以来,对外宣传、对外传播、国际传播被等同于是一种"自己说自己好""自己为自己塑造形象"的过程;但"以我为主"的国际传播在受众接受的过程中经常遭遇障碍,因此,我们还要重视"以外制外"的"他者塑造",即"别人替我说",通过自我澄清与他者塑造两种方式的相互建构,使国家形象被成功塑造、获得认可。

(二)关于叙事理论

Berger 认为叙事即讲故事,故事由一系列事件构成,这些事件按照发展时间线排列,时间线可以是线性的也可以是循环的,故事依靠情节来推动,情节指的就是文学或历史叙述下事件的秩序安排。Annette Simmons 则认为叙事就是通过叙述对某个事件进行解释,叙事与举例的差别就在于其增添了情绪、情感性的内容,同时通过感官上的细节描述去打动受众,叙事巧妙地将细节、人物、事件编织在一起,创造出超过其单纯相加在一起的影响力。

多数情况下,叙事总是和故事联系在一起的,作为一种对历史或虚构事件的连贯的写作与言说。故事更常用来表示虚构性,而叙事强调的是非虚构性。Annette Simmons 认为,不论故事是否真实,它总是包含某种真相,这种真实是受众从感性方面能够感知到的真实,它不需要实证去检验,他们对故事所进行的叙述深信不疑。因为,受众总是把这种故事与自己的经历结合起来,产生一种心灵的共振。因此,叙事被称作"真相的全息影像"——叙事比事实表现得更真实，叙事借助文本，讲述具体的时间、地点，将人物、动机、结果编织形成多维的事实呈现出来。这使得叙事为人们留有空间去思考，一个好的故事会不知不觉地在受众心中留下印记并被不断回忆、讲述，从而产生影响。

叙事逐渐成为一种文学理论之后，受到俄国形式主义者和法国结构主义者的关注——作为形式系统的叙事。结构主义叙事学又称为经典叙事学，其研究的是如何按照某种语法规则对作为形式系统的叙事进行全面描述。结构主义的首要原则是意义的创造是有章可循的活动，因此它试图在不同意义创造的领域中找到潜伏的规章制度，即各种惯例与准则。其第二原则即语言是所有符号系统的原型。因此这一领域的研究建立在索绪尔的结构语言学基础之上，关注点为叙事的基本元素以及它们之间的关系，同时对叙事话语进行分析。普洛普是此领域的重要先驱，他提出故事形态学理论。“形态学”指的是结构与形式，即对某个系统的各个部分及其相互间关系的研究。通过分析俄罗斯民间故事的叙事结构，普洛普认为故事有其形态或结构，以使得受众能够识别出故事的各个必要部分以及它们之间的关系。而故事与话语的区分对于叙事学来说至关重要，故事关注叙事的内容，话语关注叙事的方式，即结构主义理论认为每一个叙事有两个部分——故事(即内容，事件顺序链以及人物设置等)与言说(即话语，故事如何被表达，通过什么方式传递给受众)。

目前，学界关于对外传播中叙事策略的分析主要是以纸媒为研究对象，运用框架理论进行分析的较多，也有从文化维度探讨叙事的，更多的是从修辞、话语等方面进行研究。因此，本文从叙事学中的互文性出发，探析对外传播中的叙事策略。

三、研究方法

本文选择纪录片《一带一路》作为案例，是出于其代表性与影响力。这部由中宣部、国务院新闻办公室“纪录中国”传播工程重点立项，央视科教频道制作的纪录片，以反映“一带一路”建设对中国及沿线国家和地区带来巨大变化、造福沿线各国人民为主要内容，拍摄历时一年，行程 20 万千米，涉及 30 多个国家和我国 20 多个省、自治区、直辖市，通过 60 余位人物的真实讲述，用小故事阐释了“沿线国家共创辉煌”的大主旨。该片已在国内外 50 余个传媒机构播出，收看人次超过 5 亿，受到各界的高度肯定。

在研究方法方面，本研究采用文本分析法，借鉴符号学领域组合轴与聚合轴的概念图解案例纪录片《一带一路》的叙事结构，结合叙事学中互文性等相关理论，探究其叙事策略。

四、对外传播中互文性叙事策略意义探析

《叙事的本质》一书指出，我们正生活在“叙事转向”的时代，叙事凭借其普遍性与重要性赢得了广泛的口碑。现如今叙事是一种“至尊话语”以及人类社会的一个重要组成部分。叙事对事实以及经验的把握恰恰是其他分析解释模式如统计、描述以及抽象概念的推理所不能达到的。在一部叙事艺术作品中，最核心的意义是它所代表的两个世界之间的联系：一是叙事作品中存在的世界；二是受众所身处的“真实”的世界。言下之意，当提到“理解一则叙事”时，就是指理解这两个世界之间令人信服的关系或关系链。因此，探讨叙事策略对对外传播的意义，一方面要关注其现实意义，另一方面要关注叙事本身的功能与特性。

（一）互文性叙事策略之现实意义

2013 年 8 月 20 日，习近平在全国宣传思想工作会议上强调“要构建对外传播话语体系，精心做好对外宣传工作，创新对外宣传方式，着力打造融通中外的新概念、新范畴、新表述，讲好中国故事，传播好中国声音”，开启了中国对外传播工作的新时代。

习近平同志指出，讲故事是国际传播的最佳方式。讲好中国故事，就是要讲好中国特色社会主义的故事，讲好中国梦的故事，讲好中国人的故事，讲好中国优秀文化的故事，讲好中国和平发展的故事。讲故事就是讲事实、讲形象、讲情感、讲道理，讲事实才能说服人，讲形象才能打动人，讲情感才能感染人，讲道理才能影响人。

中国采取“讲好故事”的对外传播策略，是基于在国际舆论格局中西强我弱的客观现实——中国在国际社会上的话语体系还未建立起来，对于许多国际事务的话语权不强，甚至处于“失语”或“无语”状态，我国的发展优势和综合实力还没有转化为话语优势。因此，中国需要以外国民众听得到、听得懂、听得进的途径与方式，积极传播中国文化，把中国国情、中国特色与国外受众的表述习惯和接受心理结合起来，把我们想讲的与国际社会想听的结合起来，让中国人民与世界各国人民追求美好生活的梦想相通相融。

同时，从建构主义国际关系理论视角来看，一国的国家身份既包含主体国家对自我的观念，也包含作为他者的对象国家对该国的观念，是国家间交往互

动和观念共享的产物。向国际世界讲好中国故事是对自身身份的一种建构。在故事中,有争议、有矛盾的双方实现沟通,人们能从对立方的角度去思考问题。虽然事实上的矛盾仍然存在,但是故事却能够在修辞、言语上让双方达成一致、和解。

(二)互文性叙事策略之功能意义

1. 故事具有潜移默化的说服、认同作用

一切都可被言说——叙事具有遍在性。它将过去、现在、将来的事件组织进叙事框架内,影响几乎所有不同的文化实践。叙事是人类认知世界、事物的重要方式,也是一种说服、表达的方式。认知心理学家 Jerome Seymour Bruner 认为叙事性说服是人类最基本与最普遍的认知模式之一,而另一个模式是依照逻辑科学性来进行认知。前者是特殊、具体事件间的联系,其解释是依据具体文本中上下文的关系来嵌入;后者是依据普遍的真实条件,其解释则是从具体时空事件中提取出抽象的联系。换言之,前者出于感性,后者出于理性。受众在做出行为选择时,很难真正全面思考事实问题。人是感性的动物,容易受到焦虑、懊恼、刻板印象等的影响,往往做出对自己来说最容易的那个决定(依据自身经验、原有观念行事)。

故事之所以能够发挥影响是因为它能够潜移默化地重新建构受众内心中的困惑、观念、意义。受众需要叙事去帮助他们理解世界。事实上,受众的潜意识里已经存在某个故事了,只不过他们没有察觉。如果叙述者的故事能够使受众更好地建构观念、理解事物的意义,为其提供一种新的视角来思考自身的态度、行为,那它会潜移默化地改变人们心里的故事(原有观念)。这是叙事的魅力,而事实就不能达到这样的效果。针对同样的事实,采用不同的文本去讲述会产生不一样的效果。一则好的叙事是以多维的视角对事实进行阐述,让受众在毫无防备的情况下接受,即以"saying it without saying it"的方式。

2. 叙事的互文性特征加强了叙事的建构功能

20 世纪 60 年代,法国理论学家克里斯蒂娃(Julia Kristeva)创立了互文性概念。澳大利亚媒介分析学者 John Fiske 对于互文性的观点主要从符号学的视角进行阐释,他认为正是通过互文性,媒介产品的文化意义才得以构建。随着后现代理论的影响,互文性越来越频繁地运用于当今的媒介分析中。

互文性是指文本与其他文本之间,文本与社会身份、意义、主体以及社会历史之间的相互联系与转化的关系和过程。狭义的互文性指的是一个文学文本与其他文学文本之间可论证的指涉关系;广义的互文性指的是任何文本与赋予该文本意义的文化、符码、表意实践的关系。后者并非仅限于文学作品，还包括非文学的艺术作品、表意实践等。克里斯蒂娃提出的互文性是属于广义层面的。

克里斯蒂娃首先将巴赫金的对话主义理论介绍给欧洲学界，并在其启发之下提出互文性理论。对话主义理论认为文本是几种主体之间的对话——作者与人物的对话、作者与读者的对话、作品中人物之间的对话以及现在文本与以前文本的对话，并且“对话绝不是言说主体双方字面意思的交流和沟通，更重要的是两者之间社会身份、历史文化等广阔语域在不同层面共时性交锋的互动，为文本的生产和消费拓展出了广阔空间”。

因此，克里斯蒂娃的互文性强调他者化、异质性，将社会、历史因素引入文本分析中。文本的生产不是静态的，而是处于过程之中。文本生成后的意义流动与转化也是动态的，是作家、作品、读者相互之间对话的过程。

一方面叙事文本的互文性特征在某文本内部或与其他文本的互文性关系中体现，共同建构叙述者所希望传达的意义；另一方面，互文性实现了多个主体间的意义建构，文本的互文性为不同社会身份、文化背景、个人经验的叙述者、受众提供了一个观念交流、讨论、互动的场所，并让他们最终达成一种共享的文化观念。

五、《一带一路》中互文性叙事策略探析

《一带一路》用镜头与事实将紧密叙事与宏大主题相结合，为新时期构筑“一带一路”话语建设创新了表达、树立了标杆。它尝试打破存在于外国受众心里的刻板印象枷锁，从文化与商贸、历史与全球的视角展现“一带一路”之于当今世界的重要意义，以润物细无声的方式，将“一带一路”的大概念化解为之于国家、企业、生命个体的意义，通过与世界不断互动交流，建构“一带一路”之下的共享、共赢、协商、合作的观念。

本文运用符号学领域组合轴与聚合轴的概念图解该纪录片的叙事结构（见表1至表6），其中横向列表表示组合轴，纵向列表表示聚合轴。组合轴指组合关系，指语言中的各个词语横向排列、组合为话语，从而形成了语言的线性特征。从文本范围看，组合轴强调将文本当作某叙事性事件所形成的结果，文本具有逻辑性，呈现历时性特征。聚合轴指聚合关系，指在语言体系中能够出现在话语中同一位置、功能相同的词语，这些词语形成的一个个集合叫作集合体。在一个集合体中，各个词语间的关系就叫聚合关系。同时，叙事注重因果关系与过程，因此在作为组合轴的类目表中强调“动机”与“过程”。

表 1 共同命运

主题	地 点	人物(或被述主体)	特点	元素/符号	动 机	过 程
共同命运	哈萨克斯坦(古丝绸之路经过的地方)	习近平	中国国家主席	人物本身	对外推介"一带一路",首次提出共同建设"丝绸之路经济带"的倡议	在哈萨克斯坦最高学府做了一场深远具有意义的演讲
	印度尼西亚				共建海上丝绸之路	在印尼国会发表重要演讲
	古埃及(亚历山大)	埃拉托托斯特尼	绘制了人类史上第一幅世界地图	地图(最东方只绘制到恒河,对于恒河以东区域一无所知)	回溯历史	
	古希腊	托勒密	突破埃拉托托斯特尼的认知界限,计算出东方世界大致位置	世界地图		
	古罗马	丝绸	使罗马人了解东方"赛里斯"(中国)的存在	丝绸		
	中国陕西	鎏金铜蚕(西汉)、甲骨文	证明中国养蚕业、缫丝业兴盛	鎏金铜蚕,"蚕、桑、丝"文字		
	从长安向西	张骞为首领的中国使团	使中国第一次认识并打通"西域"	丝绸之路		

续表

主题	地　点	人物（或被述主体）	特点	元素/符号	动　机	过　程
共同命运	西班牙昆卡（丝绸之路的最西端，西班牙是最早掌握中国造纸术的欧洲国家）	桑托斯	手工造纸技艺在西班牙的最后一位传承者	手工造纸（源自中国）	沿着古老通道传入西班牙	桑托斯最后一次造纸，为葡萄牙诗人造纸，展现手工造纸过程
	中国吐鲁番	交河古城	见证佛教东传的历史	宗教	讲述佛教从西方传入中国	
	联合国	阿德南·阿明	国际可再生能源署总干事	人物本身	外国对于丝绸之路的认识；“丝绸之路”命名的由来	讲述对于丝绸之路的观点、看法
	德国	李希霍芬	德国地理学家	根据其在中国的游历写出的研究成果		书中将这条东西贸易通道命名为丝绸之路
	中国泉州（东方大港）	马可·波罗	来华的威尼斯商人	人物本身	引出海上丝绸之路的兴起	描述马可·波罗眼中的泉州城
	中国	刘迎胜	南京大学历史系教授		讲述西方人来东方的原动力	为了财富
	海上丝绸之路沿线	港口	由海上贸易促使产生的港口	手工造船	回溯历史	讲述“海上丝绸之路”命名由来
	法国	沙畹	法国汉学家	西突厥史料		
	瑞典	斯文·赫定	瑞典探险家	《丝绸之路》一书	丝绸之路的历史意义	丝绸成为连接不同民族的纽带
	中国陕西	唐代的长安城	商业繁荣	城镇	丝绸之路的推动使其成为大都市	长安地位、规模、繁华场景复原

续表

主题	地　点	人物(或被述主体)	特点	元素/符号	动　机	过　程
共同命运	日本京都	龙谷大学	日本最古老的综合性大学	15 世纪《混一疆理历代国都之图》(最早绘制海岸线)	反映东方人对于世界的认识	采访龙谷大学教授
	非洲	郑和团队	古代中国规模最大、持续时间最久的航海队伍	海上丝绸之路的壮举	历史回溯	
		达伽马、麦哲伦等船队	早期航海家	航海船队	西方人的大航海时代	历史回溯
	机器时代的到来		丝绸之路的沉寂			
	万隆	第一次亚非会议	南南合作的开端	万隆精神	亚非独立,发展是出路,开创南南合作	采访外交学院前院长
	联合国	博科娃	联合国科教文组织总干事	合作互助精神	各民族之间要相互了解对方文化、回顾历史、共同合作	
	中国	中华人民共和国成立	最大贸易国、唯一拥有联合国工业分类中全部种类的国家	中国	中国有能力承担起"一带一路"的重任,这是历史赋予的使命	中国发展的成就,对世界的贡献,为发展中国家树立范例
	澳大利亚	陆克文	澳大利亚前总理	人物本身	说明中国保持着开放的态度	讲述中国对内改革、对外开放
	白俄罗斯	中白工业园	中白两国合作,打造国际产业新城	产业园	两国合作共赢	一批高新产业入驻
		卢卡申科	白俄罗斯总统			为产业园背书

续表

主题	地　点	人物（或被述主体）	特点	元素/符号	动　机	过　程
共同命运	沙特麦加	麦加轻轨	由中国修建	中国高铁	说明中国制造给力，使彼此联系紧密	缓解朝觐人流的压力
	阿尔及利亚	大型水利设施	由中国修建	阿尔及尔水塔、沿线饮水工程		缓解其用水压力
		塞拉勒	总统			为中国制造背书
	意大利	罗玛诺·普罗迪	意大利前总理	丝绸之路	对“一带一路”表示赞同	对于丝绸之路的回顾
	俄罗斯	普京	总统	“一带一路”		阐明两国已经达成合作意图，为“一带一路”背书
	斯洛文尼亚	达尼洛·图尔克	前总统			为“一带一路”背书
	法国	拉法兰	前总理			

表 2 互通之路

主题	地 点	人物(或被述主体)	特点	元素/符号	动 机	过 程
互通之路	乌兹别克斯坦	撒马尔罕	自古以来是丝绸之路上的重要枢纽	丝绸之路上的城镇	历史回溯	讲述由骆驼、商队打通的横贯东西的驿道
	阿拉伯	苏莱曼	商人	海上丝绸之路行者		记录下了他从波斯湾到广州的航程
	中国重庆	笔记本生产基地	全球最大	中国企业	说明中国制造的力量	讲述重庆制造的力量
	老挝	塔纳楞	老挝国内唯一的火车站,成为最受恋人欢迎的拍摄背景	火车	说明沿线国家基础设施情况不太乐观	老挝国内基本不通火车
	吉尔吉斯斯坦	卡米拉	小学生	丝绸之路、火车	说明沿线国家情况不太乐观,尤其是交通线路落后	其家对面的火车只有夏季时候才运载乘客;最大的乐趣就是画列车
		交通系统	落后	基础设施		吉尔吉斯斯坦境内火车线路匮乏、落后;公路线路有一半里程是乡村公路;高昂的运输成本导致贸易量减少
		徐天雪	中国路桥集团吉尔吉斯斯坦办事处副总经理	中国筑路		讲述吉尔吉斯斯坦决定修建一条南北大通道,但是其能力、财力不足

续表

主题	地　点	人物(或被述主体)	特点	元素/符号	动　机	过　程
互通之路	土耳其安卡拉	欧麦尔	伊斯坦布尔人	中国高铁	中国助力沿线国家实现互联互通	通过搭乘中国制造的高铁于周末到安卡拉;之后讲述一条穿越高原直抵地中海的高速铁路成功通车,中国企业建造了其中最艰险的一段
	美国	托马斯·萨金特	诺贝尔奖获得者	人物本身	说明中国有能力实现沿线各国基础设施互联互通的愿景	对中国基础设施建设的能力感到惊叹
	联合国	阿德南·阿明	国际可再生资源署总干事			中国有人力资源、技术资源,在研发创新等方面具有优势
	沙特	吉达	沙特阿拉伯第一大港	中国高铁	沿线国家有需求、有必要加快基础设施建设	每年会有许多朝觐者前来
		阿哈迈德	现就职中国一家修建铁路的企业			讲述原来朝觐者由于交通不便而深感路途艰辛
		一家中国高铁公司	曾修建海湾地区铁路河的重要组成部分			正在修建麦加与另一圣城的高铁——朝觐铁路
	苦盏(塔吉克斯坦)博物馆	中国筑路工人的工作服	有关现代丝绸之路的故事	中国筑路	沿线国家有需求、有必要加快基础设施建设	讲述收藏这一件工作服背后的故事
		马蒂娜	博物馆馆长			
		中国路桥公司	中国筑路企业			成功修路,实现塔吉克斯坦南北贯通;塔吉克斯坦总统为中国企业授勋

续表

主题	地点	人物(或被述主体)	特点	元素/符号	动机	过程
互通之路	杜尚拉附近的村庄	古洛夫希拉里	塔国百姓	光明大道计划	沿线国家有需求、有必要加快基础设施建设	中国路桥集团的工人将路修到了村民们的家门口,村民们表达感谢、激动之情
	塔乌公路	卡米尔	长途运罐车司机			讲述修好公路后的各种好处
	印度尼西亚	苏加纳	当地货车司机	海上高速公路		讲述跨海大桥建成之后带来的便利
	巴基斯坦	喀喇昆仑公路	世界上最让人敬畏的公路,中巴友谊的象征	公路	兴建港口为城市带来光明的明天	讲述其修建历史,正改造与扩建,中巴经济走廊延伸至瓜达尔港
		瓜达尔港	港口,中巴友谊的象征	港口		中国企业于 2012 年参与港口建造,小城开始兴盛,建造各种基础设施,中国企业参与
		伊克巴尔	巴基斯坦计划与发展部部长			讲述中巴经济走廊带来的便利
	斯里兰卡	科伦坡南港码头	斯里兰卡历史悠久的港口			讲述该城市的历史、港口的修建历史,中国招商局参与规划
		萨普马杜	港口的一名桥吊司机			曾经在深圳接受技能训练,展示其技能

续表

主题	地点	人物(或被述主体)	特点	元素/符号	动机	过程
互通之路	希腊	比雷埃夫斯港口	希腊第一大码头	港口	兴建港口为城市带来光明的明天	中国通往欧洲的门户,讲述其重要性
		中国远洋运输集团	中国企业			中标该港35年的特许经营权,自中希合作以来,该码头成为全球发展最快的码头之一
	肯尼亚	蒙内铁路	肯尼亚独立以来最大的铁路工程	铁路	中国助力沿线国家推进基础设施建设	中肯两国共建铁路的重要性,介绍其里程
	俄罗斯	莫喀高铁	中国在俄国设计的一条高铁			对修建情况进行介绍
		张雪才	中国铁道第二勘察设计院工程师			参与建造莫喀高铁
	老挝	北部电网工程	中国南方电网承建	电网联通工程		电网修建的意义——孤立电网的状态成为历史

表 3　光明纽带

主题	地　点	人物(或被述主体)	特点	元素/符号	动　机	过　程
光明纽带	巴基斯坦	曼娜扎	北部山区的一所女子小学的五年级学生	电力	处于极度缺电的状态	因为没有电,必须赶在太阳落山之前写完作业
	几内亚	克拉克里	几内亚首都、西非最大海港			入夜后这里一片漆黑。这里水源充足,亟待开发
	新疆	中国电器制造公司		巨型变压器	中国帮助沿线国家改善窘境	中国制造的大型变压装备经过喀喇昆仑公路进入巴基斯坦
	巴基斯坦	尼鲁姆-杰鲁姆水电站	最大的水力发电站,中基两国合建	水电站		讲述修建进程、修建技术、所解决的问题
		卡西姆港燃煤电站	中巴经济带上首个电力合作项目	燃煤电站		
	斯里兰卡	麦娜可	小镇上的一位居民	电力		讲述通电以后生活的便捷
		普特拉姆电站	现代化燃煤电站,中国承建,两国最大签约项目	水电站		中斯两国最高领导人出席启用仪式;介绍建造电站的意义
	几内亚	凯乐塔水电站	中国修建			讲述修建进程、修建技术、所解决的问题
		卢纯	中国长江三峡集团公司董事长			讲述利用海外资源扩大自身力量的意义
		孔戴	几内亚总统		"一带一路"获得沿线国家的国家领导人支持	表示建立战略关系,愿意与中国政府、中资企业合作

续表

主题	地点	人物(或被述主体)	特点	元素/符号	动机	过程
光明纽带	中国瑞丽	比票莫	缅甸居民	中国企业	展现中国制造的力量	通过口岸进入中国工厂工作,成为一名技术工人
		中国力帆摩托车厂	中国企业			所生产的摩托车受到周边国家的欢迎
	莫斯科	鲍威尔	莫斯科大学中文教授,第二职业是三一重工在俄罗斯的最大代理商	中国制造		三一重工在俄罗斯的最大代理商,产品销售至北极地区;讲述"一带一路"的好处
		三一重工	中国最大工程机械制造商			中国制造展现出巨大优势,泵送设备用于全球众多著名高楼建筑的建造
	苏州	苏州经济开发区	跨国投机者眼中最具吸引力的开发区之一	中国经济开发区	与中国合建的产业新城为各国带来各种好处,提供就业,促进发展,推动产业升级,带来大量税收	以此为切入点介绍中国经济开发区的建设
	白俄罗斯明斯克	加里宁	白俄罗斯副总理	中白工业园		前后六次来到园区现场,表示对其重视
		卢卡申科	总统			宣布对入园企业实行的极大优惠政策
		有利耶维奇	中白工业园区第一副总经理			讲述中方对于中白工业园的各种支持
		习近平、卢卡申科	国家领导人			考察中白工业园,将其打造成为丝绸之路上的典范

续表

主题	地点	人物（或被述主体）	特点	元素/符号	动机	过程
光明纽带	埃及	内斯玛	苏伊士经贸合作区一家服务厂的工人	苏伊士经贸合作区	与中国合建的产业新城为各国带来各种好处，提供就业，促进发展，推动产业升级，带来大量税收	讲述产业新区的建设为其提供了就业、改善了生活
		中国巨石集团	全球最大玻璃纤维生产商			入驻产业园区，填补埃及新材料领域的空白
		阿哈迈德	苏伊士运河管理局			预计经济区将有良好的发展前景
	马来西亚	中马钦州产业园区和马中关丹产业园区	实现产业园区与港口的直接对接，两国合作	产业园		讲述其地理位置的优越与发展前景
	伊朗	雅达瓦兰油田	中石化国际勘探公司打下第一钻，是中国石油企业第一次在境外开发大型油田		推动能源合作	讲述该地油气资源的丰富，但缺乏资金技术，于是向中国寻求合作，经过四年半的谈判达成合作
	蒙古	扎猛乌德	位于蒙古边境的小城镇	民生工程	推进沿线各国民生工程的合作	讲述该地居民的艰苦生活，中国企业在这里进行基础设施改造工程
		钱大强	扎猛乌德基础设施改善项目工程师			讲述这个小城镇随着设施建设而产生的变化
		夏超	扎猛乌德基础设施改善项目供水标段负责人			与当地居民交流，了解他们对于自来水的渴望

表 4　财富通途

主题	地　点	人物(或被述主体)	特点	元素/符号	动　机	过　程
财富通途	美国华盛顿	《诸神的盛宴》	意大利著名画家贝利尼最后一幅画作，1514年	陶瓷	明朝的瓷器那时已经被运往欧洲	取材于奥维德的诗作《盛宴》，有趣的是画作中都是中国青花瓷器
	英国大英博物馆	古粟特人的信札	在中国敦煌的沙漠中由斯坦因发现	信札	溯源：见证古丝绸之路上的贸易中心	粟特人信件写于313年，其中提到许多用于贸易的商品、中国古城等名称
	中国	郑和船队	古代中国空前的远洋贸易团队	古船队	贸易从陆地转向海洋	古代中国空前的远洋贸易
	广州	广州丝绸之路博物馆	主题博物馆	众多历史见证物(瓷器、远洋贸易商船)	见证海上丝绸之路	选取“南海一号”考古遗址进行讲述
		广州港	千年商都、千年商港	港口贸易	追溯历史	与世界排名前20位的商贸公司均有合作，拥有多条贸易路线
		老梁	穿梭巴士司机	穿梭巴士	说明商业贸易的发展扩大	见证穿梭巴士业务的扩大
		朱小丹	广东省省长	港口贸易	广州有能力有需要进行“一带一路”建设	表明广州将其资源充分利用，建设好“一带一路”
	新疆	西红柿	经海上丝绸之路传入新疆，长势良好	口岸贸易	口岸贸易得益于农产品出关绿色通道的设立	销往周边国家，跨境销售

续表

主题	地　点	人物(或被述主体)	特点	元素/符号	动　机	过　程
财富通途	中国	AEO互认	通关时候享受对方国的便利优惠	港口贸易	推动贸易合作	中国与重要贸易伙伴开展AEO互认
	广州	小陈	广州一家果品公司的报关员		政策为贸易带来便利	通过网上申报节省报关时间
	马德里	毛延伟	温州商人	跨国贸易通道	跨越欧亚大陆的贸易通道——中欧班列，为贸易带来便利	与西班牙供货商签订大单，将商品运往中国
	浙江义乌	义乌市场	全球最大小商品市场			通过中欧班列运往欧洲
		夏宝龙	浙江省省委书记		政策为贸易带来便利	讲述义乌市参与“一带一路”建设的叠加效应
	喀什	阿米尔	巴基斯坦商人	口岸贸易	撬动新疆的战略支点与在丝绸之路经济带的重要支撑；构筑向西开放新格局	每年春天从红其拉甫口岸来到喀什；主营业务是将中国生产的小型水电设备卖到巴基斯坦
	新疆霍尔果斯	苏张茂	广东商人			在边境小城经商20年，店铺离霍尔果斯中哈商贸合作区非常近，生意源源不断
	中国泉州	邓新聪	中共泉州市委书记	港口贸易	竭力推动“一带一路”建设	表明为贸易发展，泉州对基础设施进一步建设，积极参与“一带一路”

续表

主题	地　点	人物(或被述主体)	特点	元素/符号	动　机	过　程
财富通途	福建平潭	潘莲琴	台湾商人	台湾商品免税市场	“一带一路”促进两岸商品沟通，建设自由贸易试验区	在平潭生活 20 多年，是台湾商品免税市场的商家
	福建	于伟国	福建省省长	港口贸易		福建作为海上丝绸之路的核心区，有利于发挥自古就有的深厚底蕴
	深圳	傅嘉禾	香港商人	前海深港现代服务业服务区	推动深港两地的服务贸易自由化，各种便利政策吸引港资入户	香港人在深圳创业，每天往返深圳与香港，位于前海贸易区
	福州	福耀玻璃	中国唯一进行汽车天线测试的企业，第二大汽车玻璃制造商	玻璃贸易	依靠创新，中国逐步迈向产业链高端	获得来自丰田的订单，因创新获得进步
		C919	中国自主研发的大型客机	飞机贸易		已经收获订制 500 多架飞机的订单

表 5　金融互联

主题	地　点	人物(或被述主体)	特点	元素/符号	动　机	过　程
金融互联	韩国新罗南道	元代的沉船	出土众多的中国古钱币	瓷器、铜钱	追溯历史:古代货币的跨境流通	讲述沉船被打捞的过程,沉船目的地是日本
	日本	小岛毅	日本东京大学教授	铜钱		讲述日本在 10—16 世纪基本使用的是中国的铜钱
	西安	大唐西市博物馆珍藏的金银币	来自拜占庭的金币	钱币		讲述其来中国的历程
	巴基斯坦	苏斯特	喀喇昆仑公路进入巴基斯坦的第一个口岸	中国银联卡	贸易推动货币结算更加通畅便捷	中国、巴基斯坦各种产品都通过这个口岸进行交换,银联标识出现
		卡拉奇	巴基斯坦的商业和金融中心			每年价值数亿的商品被运往这里,使用中国银联卡可以顺利结算
	美国	马克·乌赞	布雷顿森林体系再生委员会主席	人民币	人民币在世界经济中的地位、价值越来越高,有潜力成为全球货币	讲述布雷顿森林体系的出现至崩塌,并指出中国将主导一种新的货币体系
	印度	斯里兰达	印度精算有限公司执行董事			采访时说即使人民币还不是储备货币,也希望有越来越多的交易使用人民币
	中国	人民币跨境支付系统	人民币国际化的重要里程碑			人民币跨境支付系统上线运行
	美国	拉加德	国际货币基金组织总裁			人民币加入 SDR,推动人民币国际化

续表

主题	地点	人物(或被述主体)	特点	元素/符号	动机	过程
金融互联	云南	老滇票	民国时期云南发行的地方性货币	滇币	回溯古老丝绸之路上货币跨境流通的历史	在云南与缅甸、越南、老挝边境流通，成为跨境流通的区域性货币
		富滇银行	民国时期成立的银行，现扮演云南跨境人民币结算行的角色	银行	中国跨境货币	讲述其在口岸城市的历史与如今的发展
	香港	香港离岸市场	最大的人民币离岸市场	人民币离岸市场	全球金融中心竞相争夺人民币离岸市场	拥有全球人民币离岸市场存额的53%
	新加坡	新加坡离岸市场	第二大人民币离岸市场			人民币清算总额超6亿
		英国离岸市场	最大一笔非中国发行的人民币主权债券			发行以人民币计价的主权债券
	宁波	海上丝绸之路指数	由宁波航运交易所发布	海上丝绸之路指数	发布的指数是衡量国内外航运和贸易市场行情的综合指数，获得国际市场的认可	
	中国	中国长电科技	电子领域排名第六	中国金融机构	金融机构保证跨国并购，企业并购交易数量仅次美国	收购晶元产业规模第四的新加坡星科金朋公司
	新加坡	辛迪·帕勒	星科金朋公司总经理		为“一带一路”背书	认为此次并购是一次双赢合作的典范，是“一带一路”的红利，预计未来会开发更多市场

续表

主题	地　点	人物(或被述主体)	特点	元素/符号	动　机	过　程
金融互联	中国	葫芦岛钢管工业公司	排名中国第一	中国金融机构	金融机构保证跨国建厂	由于文莱石油运输钢管需求大,且无能力生产,该公司在文莱建厂,但遇融资难题,辽宁当地银行提供支持
	澳大利亚	陆克文	澳大利亚前总理		现实情况需要中国金融机构给力	世界银行与地区银行所提供的全球公共资本不足,所以发展中的新兴国家需要寻求新出路
	中国、俄罗斯、巴西、印度		金砖国家新开发银行			设立1 000亿元基础设施储备基金
	美国	麦伦·舒尔斯	诺贝尔经济学奖得主	“一带一路”	中国的“一带一路”倡议获得外国专家认同	认为“一带一路”为中国以及发展中的新兴国家提供了强大支持
	英国	宝拉·苏巴奇	英国皇家国际事务研究所主任			中国将成为世界上重要的投资国

表 6　筑梦丝路

主题	地　点	人物(或被述主体)	特点	元素/符号	动　机	过　程
筑梦丝路	中国、俄罗斯、哈萨克斯坦、乌克兰	《千回西域》	大型民族歌舞秀(来自中国、哈萨克斯坦、俄罗斯、乌克兰的360位演员出演)	丝路文化	东西方文化交流	历时两年排练,展现丝绸之路的文化与魅力
	意大利	马可·波罗	意大利人,来中国游历		中西方对丝绸之路的历史回溯	讲述马可·波罗走完两条丝绸之路的历程
	中国	杜环	唐朝人			同样走完两条丝绸之路,见证中国技术如何在丝绸之路上流传,写成《经行记》
	泉州	清净寺	阿拉伯建筑风格清真古寺			伊斯兰教流传至中国的遗迹,文化交汇、交流的代表物
	中国	华涛	南京大学历史系教授		文化的借鉴与汲取、融合与吸收,人文交流之路、文明互鉴之路	讲述郑和下西洋不仅依托中国的造船术,还依靠了阿拉伯人的航海技术
	瑞丽	岩龙	缅甸的一名小学生	边境情谊	边境上的居民虽然分在两国,但却人相近、情相通	每天穿过口岸到中国境内的小学读书,享受义务教育,这所小学是中国第一所边防小学
	新疆吉木乃县	库里奇拉一家	哈萨克斯坦斋桑县人			每天乘坐两县之间跨境往来的国际班车进行跨境往来;中方政府提供了许多便利

续表

主题	地　点	人物(或被述主体)	特点	元素/符号	动　机	过　程
筑梦丝路	阿拉木图	阿莉亚	中国石油大学留学生,在中石化阿拉木图分公司工作	文化融合	文化沟通促进各方面的融通	学业、家庭、工作都与中国结缘
	开罗	张宏	跨国合作公司的高层管理人员		各国不同企业间的文化融通	在中国、美国、埃及不同语言的项目部通过合作,相互学习借鉴
	匈牙利米什科尔茨	米什科尔茨孔子学院	匈牙利第三所孔子学院			孔子学院特别开设了适合他们的汉语课程
		万华集团宝思德匈牙利方员工和高管	中匈合资企业			
	中国	万华集团	中匈合资企业			万华集团兼并匈牙利宝思德,但刚开始因为企业文化不同很难融合,后来逐渐全面融合
	西班牙马德里	恒大足球海外分校	落户西班牙	足球文化沟通	足球文化的融合:与西班牙足球文化进行碰撞	来自中国的足球学院进行为期 3 个月的训练
		凯赛尔	维吾尔族学员			采访:在西班牙足球技艺得到提高
	陕西	甘雅春	印度留学生	文化、知识融合流通	异国大学生来到中国学习	在西安交通大学攻读博士学位,希望通过在中国学习相关知识后,能使印度环境得以改善

根据表1至表6所展示的叙事结构，纪录片《一带一路》从“章节”层次开始，在组合关系中，每一章主题的诠释包含众多故事轴线（或文本），每一个故事轴线（或文本）中都包含人物或被述主体、符号、动机、过程。每一章节中的故事轴线相互交叉，它们（文本）的联结一方面依靠旁白解说，另一方面则依靠互文性所发挥的作用。在聚合关系中，不同故事轴线中的人物或被述主体、动机、过程具有相似的特征，构成不同的聚合群，共同建构与放大主题意义。而着眼整体——这6个章节（6个文本）也存在一种互文关系，只是每一章从不同侧面表现不同领域的人物及其行为结果，它们共同建构出一幅“一带一路”的历史、商贸、人文地图。《互文性：文学理论研究的新视野》的作者李玉平认为，文本的互文性特征可以从文本、作者、受众三个层面来阐发，他指出了作为符号的文本与其他文本、语境以及作者之间意义互动生成的过程和轨迹，指出了文本与其他文本、文本与规则、文本与受众之间的互动关系。因此，对于该纪录片的互文性特征分析主要从以下几个层面论述。

（一）自我论述与他者塑造之间的互文性建构

建构主义国际关系理论认为，国家身份是通过与有意义的他者发生联系而形成的，是自我与他者的相互建构，目的是达成国家间的某种观念认同关系。

在建构过程中，自我与他者共同作为主体，呈现出主体间性的特征。主体间性，又称互主体性，这是20世纪哲学中的一个重要概念，讨论的是自我与他人的关系。主体间性在处理自我与他人的关系时，超越了“主体—客体”的二元对立方式，而代之以“主体—主体”的模式。这种模式中的关系超越了人与世界间认识、利用的关系，将对象主体视为一种像自我一样的超越对象性存在的主体性存在。

互文性与主体间性有天然的联系，文本的互文性正是在相互对话的主体间性中体现出来。《一带一路》的叙事方式正是一种主体间性的存在，主要体现在它对于被采访人物和被述主体的选择以及该片中不同人物的对话等方面。根据叙事结构表可以看出，这60多位（个）采访人物以及被述主体可以分为三类——在中国的中国人以及被述主体，在“一带一路”国家工作、生活的中国人，“一带一路”沿线国家的领导人、普通民众以及被述主体，他们因为“一带一路”而与中国或是沿线国家发生了千丝万缕的联系。有的是其自身对中国文化认同与仰慕而来到中国学习文化或从事贸易，有的则是从中国出发来到沿线国家参与该国基础设施建设、贸易、文化交流等活动。

在每一主题中，都包含除“中国人”外的其他主体，他们围绕各主题从个人经历出发对“一带一路”的意义进行阐释，说明各自观点。该纪录片的叙事不仅仅是一种自我论述，它还通过其他主体的发声，让“他者替我说话”，增强认同、说服的作用。因此，文本所蕴含的解释、阐述的有效性、合理性存在于主体间性之中。例如第二章“互通之路”，这章的主题是要突出“通过中国与各国的合作，‘一带一路’将会有力促进沿线国家的基础设施建设，从而推动各国全方面地发展”。在叙述时，纪录片讲述了一个个由中国在外国承建的基础设施工程，或是在国外参与建设的中国人所做出的努力与贡献，更重要的是，该片有来自迫切需要这些基础设施建设的国家的人民所发出的声音，从最高领导人到受惠于建设的普通百姓。比如，在讲述中国所承建的港口或公路为该国带来众多发展与好处时，有来自普通货车司机、港口桥吊司机、公路沿线居民的声音，他们以直接受益者的角色为“一带一路”的传播、认同提供支持。纪录片通过不同主体表达，利用叙事的互文性特征，强调这不是一种主体对客体的改造与征服，而是自我主体与对象主体的共同发展、互利互惠、和谐共存。

（二）历史追溯与现实呈现之间的互文性建构

内外融通、古今结合的双重叙事，与单一的现代叙事相比，可以增加历史的厚重感，这种厚重感使得建构的意义与叙事说服的力度大大增强。在《一带一路》的语境下，历史追溯与现实呈现之间的互文关系，为当今“一带一路”的提出赋予了历史合理性，并且唤醒了海外受众与中国受众的集体记忆。古代丝绸之路与海上丝绸之路曾是最重要的亚欧商贸文化通道，凝结了沿线沿岸国家共同的历史记忆与文化符号，为促进东西方的思想交流和文化交融做出了卓越的历史贡献，它们已凝结为“一带一路”的魂，成为支撑今日实施“一带一路”倡议的文化底蕴。因此，在纪录片的叙事中加入历史维度，同时结合当今人们通过海陆贸易获得成功的事实展现，使“一带一路”的观念在潜移默化中被接受与认同。

该纪录片以文化融合为主题，碎片化地讲述古今。纪录片准确地抓取了中外历史上著名的“丝绸之路”这一元素，将与丝绸之路相关的历史文物搬到荧幕上分享给观众，讲述这些历史文物背后的文化故事。这一个个文化故事作为时间的纽带，联结着过去、现在和未来。在第一章“共同命运”中，从古城长安、吐鲁番到丝路的最西端——西班牙古城昆卡，从张骞出使西域、郑和下西洋到马可·波罗、斯文·赫定的探险，从宗教、香料的传入到造纸术、造船术的输出，该片选择了国外受众所熟悉的历史元素，增强了亲近感与认同感。

（三）平民化叙事策略实现文本与受众文本的互文建构

美学理论家伊瑟尔提出了“文本的保留剧目”的概念，认为“文本的保留剧目”只存在于读者那里，读者通过所处的社会历史环境、个人经历以及阅读过的文本的共同作用激活“文本的保留剧目”，其实质上就是文本与受众文本的互文关系。

根据编码与解码理论，受众对于文本的解码方式包含主导—霸权的解码方式、协调的解码方式、全然相反的解码方式，受众的接受程度取决于符码接收者的文化关系、社会背景和地位利益等。霍尔认为，“编码与解码之间没有天然的一致性原则，它是被建构的。编码过程具有建构某些界限和参数的作用，解码过程就是在这种界限和参数中发挥作用。没有界限就没有有效的交流”。因此，通过平民化叙事，选择普通个体作为叙事切口，在文本与受众文本互文关系中建构这种解码原则，可让编码者的意图能够尽可能地传递给受众。

《一带一路》有很大一部分讲述的是芸芸众生中个体的故事经历。这些个体都是在丝绸之路上穿梭的普通人，他们就存在于受众的周围，拥有共同的文化背景、话语方式、历史认同。因此，通过不同主体的个体化叙事，可增强叙事的诠释力，展现一种文化纵深感，不同的读者都能在纪录片中感受到让自己有所触动的点。在新疆享受农产品通关“绿色通道”便利的果农、在巴基斯坦山区饱受缺电之苦的小学生、在斯里兰卡科伦坡南港码头工作的当地青年、在埃及苏伊士经贸区上班的纺织女工、在印尼承建雅万高铁的两国工程师、在第三方市场携手开拓的中美企业、在西班牙学习足球的中国少年、在东南亚推广网络的中国企业家、在丝路沿线讲述中国故事的体坛巨人……他们的学习、工作与生活都正因“一带一路”建设而受益或改变。一个个鲜活的人物与故事，能生动地诠释“一带一路”倡议和平、开放、合作、共赢的内在属性和共商、共建、共享的推进原则，使命运共同体、利益共同体、责任共同体的理念更加深入人心。

参考文献：

1. 亚历山大·温特. 国际政治的社会理论[M]. 上海：上海人民出版社，2008：1.

2. 倪世雄. 当代西方国际关系理论[M]. 上海：复旦大学出版社，2001：228.

3. 李智. 中国国家形象：全球传播时代建构主义的解读[M]. 北京：新华出版社，2011：24，27.

4. 秦亚青. 国际政治的社会建构：温特及其建构主义国际政治理论[J]. 欧洲研究，

2001(3):4-11.

5. 刘俊.从自我澄清到他者塑造:传媒艺术国际传播的理念创新——纪录片《即将到来的对华战争》带来的启示[J].对外传播,2017(2):28-30.

6. Arthur Asa Berger. Narratives in Popular Culture, Media and Everyday Life[M]. Thousand Oaks: Sage Publications, 1996.

7. Annette Simmons. The Story Factor: Secrets of Influence from the Art of Storytelling[J]. Management Learning,2001,126(3):178-179.

8. 罗伯特·斯科尔斯,等.叙事的本质[M].南京:南京大学出版社,2015.

9. 中共中央宣传部.习近平总书记系列重要讲话读本[M].北京:学习出版社,人民出版社,2014.

10. 李玉平.互文性:文学理论研究的新视野[M].北京:商务印书馆,2014.

11. 曾庆香.中美媒介建构"2015 年中美首脑会晤"框架的符号分析——一种跨文化传播个案的框架分析路径[J].西北师范大学学报(社会科学版),2016(4):16-23.

12. 胡河宁.一种人际传播研究的境界与期盼——读《人与人的相遇——人际传播论》[J].中国地质大学学报(社会科学版),2009,9(1):120-124.

13. 范玉刚."一带一路"战略的文化维度及其区域文化空间塑造[J].人文杂志,2016(3):21-27.

14. 马克斯·霍克海默,西奥多·阿道尔诺.启蒙辩证法 哲学断片[M].上海:上海人民出版社,2006:382.

摄影中的记忆政治

顾 燕[①]

摘 要:摄影作为一种以视觉传播为主的记录和宣传工具,因为其自身的客观性、真实性等优势成为书写记忆的新载体,同时也因为其瞬间性、多义性等劣势给记忆建构带来了更多的不确定性。因此,出于政治导向的正确性宣传,权力主体对摄影图像的修改也开始变得常见,"视觉政治"在摄影中的呈现逐渐同化了人们的记忆,从而砌成了坚固的思想堡垒。新时期人们开始对照片进行解码,对记忆展开追寻,本文以张大力的《第二历史》为例,探寻老照片背后真正的历史。

关键词:摄影;记忆书写;视觉政治

一、相关理论的梳理

(一)有关记忆的研究

学界关于记忆的研究,最早是从心理学层面展开的。在心理学家的视野中,记忆是人脑的一项生物学活动,记忆的产生、存储、调用是早期心理学界的研究重点。

19 世纪末,人文社会学界开始介入记忆研究,在承认记忆是一种特殊的心理活动的基础上,将其从纯粹的生物学活动中解放出来,而赋予其显著的社会属性。埃米尔·杜尔凯姆作为法国社会学奠基人之一,在对比个体行为与集体行为时,将记忆看作一种特殊的心理活动,而不是简单的生物反应。

19 世纪末至 20 世纪 30 年代,社会学界开始了对于记忆研究的理论奠

---

① 作者简介:顾燕,南京师范大学新闻与传播学院硕士研究生。

基，记忆的确立与发展是该时期的研究重点。作为该时期的代表性人物，哈布瓦赫认为记忆并非对过去的保留，而是对过去的一种重构，这一理论创新令哈布瓦赫成为现代记忆研究的开创者。哈布瓦赫还与同时期的鉴学派历史学家布洛赫、精神病学家布隆代尔开展学术合作，在不同学科之间进行学术融合，为后来产生的基于集体主义视角的记忆研究提供了理论准备。

发生于20世纪80年代的东欧剧变等重大历史事件为记忆研究的深入发展提供了历史背景，从历史记忆中寻找合法性依据成为国家、政权、政党着力研究、探索的方向。而政治剧变带来的社会转型，也让学术界和社会公众对于记忆研究产生极大的兴趣，记忆研究史上的"记忆潮"时代因此来临。

1. 从集体记忆到社会记忆

1902年，霍夫曼斯塔尔首次明确提出了"集体记忆"的观点，他认为这种记忆是"抑制我们内部祖先神秘的力量"。人类的进化是一个不断进步的过程，从人猿到人类，从无意识到集体意识，人的生存能力不断提升，共生理念也不断加强，集体记忆在这一过程中扮演着无名英雄的角色。哈布瓦赫在霍夫曼斯塔尔的基础上深入阐述了集体记忆理论，强调记忆的公众性，即记忆的价值以集体为基础而产生，通过人与人的接触得以保存与流传。记忆无法脱离集体而存在，任何个体都不可能拥有连贯、稳固的回忆，"在我的头脑里或思维的某个角落寻找记忆的藏身之处，这是毫无意义的事情，因为只有它们在我之外才会被记起，我所在的群体随时都在给我们重构记忆的手段"。

芬特斯与威克汉姆则担心集体意识的概念会分离任何特定个体的思维过程，因此提出"社会记忆"概念以取代"集体记忆"，用以强调个体记忆的重要性。社会记忆包括集体记忆和个体记忆，个体记忆是集体记忆的基石，集体记忆不仅是无数个体记忆的总和，还包括个体记忆集合之后产生的社会效应。作为对"社会记忆"理论的响应，哈布瓦赫也指出："尽管集体记忆在和一个由人们构成的聚合体中存续着，并且从其基础中汲取力量，但也只是作为群体成员的个体才能进行。"

个体记忆与集体记忆互相影响、相互制约，个体记忆决定了集体记忆的内容，集体记忆影响着个体记忆的选择与保留。刘亚秋认为，个体记忆无形中被一种外在的、结构化的东西所束缚，这股无形的力量就是集体记忆。罗彩娟则认为人的意识具有主观能动性，并非魔弹论所述的"应声而倒的靶子"，人会主动地、有意识地进行选择性记忆与选择性遗忘，记忆与遗忘同样重要。集体记忆与个人记忆的密切互动，也开辟了学界关于孰为主导方的争辩，权力与记忆的关系研究也由此产生。

2. 权力与记忆

关于权力与记忆关系的研究，是从记忆的重构、社会记忆建构中的选择性记忆与选择性遗忘等议题展开的。新的社会框架的搭建，需要以社会记忆所组建的稳固“地基”为前提，在记忆与遗忘的争夺之中，权力以其强大的历史书写能力占据主导性地位。从早期部落的组建，到阶级与国家的诞生，再到世界大战中战争合法性的建构，记忆始终是最重要的权力资源之一。

皮埃尔·布尔迪厄在研究种族交流问题时注意到，黑人与白人的文化交流实质上表现为两种文化的切磋与较量。在美国建国初期，白人对黑人进行大量的文化压制、灌输、侵略，明显参与到对黑人文化记忆的抹除与重构中。对白人记忆的强化和对黑人记忆的消解，即为一种权力的运作。白人通过这样的政治操作对黑人进行政治、文化层面的规训，牢牢控制了美国的政权。

“国之大事，在祀与戎”，政治仪式是古代王朝构建社会记忆的最主要的方式。无论是古代的全民祭祀大典，还是现代的国庆阅兵，都是在建构有关国家富强的社会记忆。以宣传政治思想为核心而建构的群体记忆是社会记忆中最普遍的一种，学界称其为“政治记忆”。常轶军认为，权力主体为了维护自己的统治，必然对现存的集体记忆进行有选择性的保留和剔除，对符合统治思想的记忆进行强化宣传，便于形成政治认同，继而强加给公众，刻意唤起公民主流的集体记忆。而有悖于统治思想的记忆将被裁剪、掩盖、篡改，因为这些记忆将削弱政治认同的力量。詹小美和康立芳认为集体记忆是政治认同的基础与条件，政治认同是集体记忆的目标与归宿。王海洲将政治仪式看作是政治记忆得以传承与发展的重要途径，他认为政治仪式依赖于政治记忆，但其本身又是政治记忆的一个组成部分。张晒将政治仪式定义为一种政治符号，认为其发挥着重要的政治功能，权力主体通过刷新集体记忆来达到政治认同的目的，进而论证权力体系的合法性。

政治记忆的建构必须依赖于特定的物质手段，不对这些物质手段开展考察，我们就很难把握集体记忆与社会记忆。麦克卢汉提出的“媒介即讯息”“媒介即人的延伸”等理论，强调了媒介传递对受众记忆的刺激，这里的媒介讯息包括文字、广播、视像等。视像的出现开辟了保存、建构记忆的新路径，视觉的政治性也从中产生。

（二）摄影中的记忆政治

物质手段是记忆建构过程中不可或缺的条件。科学技术的发展，令记忆的物质载体也处于不断的衍变、更新之中。视觉科学的进步，各类视像的涌现和普及，为记忆载体的扩大提供了充分的技术基础。

陈涛认为，中国人习惯以家庭记忆表征时代变迁，在当下的“老照片”热中，以家庭为题材的照片占比较高，可以对这类照片进行搜集、整理、解读，通过厘清家庭的变迁史，梳理中国人在特定时期的生存体验，最终指向对集体记忆的追溯和书写。顾铮认为，中国在近现代时期的巨大变动，成为摄影师实践个人主义价值观的良机。摄影术自晚清传入中国后，其发展历程汇入中国历史发展进程中，受到历史进程的规制，同时也记录并参与了历史的变迁。长期积淀而成的视觉文本为今人回顾历史、唤起回忆、认识过去提供了宝贵的图像资料，让我们看到了栩栩如生的视觉化的历史。

在职业选择和政治过滤的双重作用下，视觉传播机构对原始的视觉记忆文本进行筛选和加工，推动了记忆领域的视觉政治实践。杨小彦指出：“记忆是一种时间，一种需要，一种不可剥夺的个人权利。中国的摄影，因为其历史的独特性，记忆的意义与摄影的价值高度重合，是在纪实摄影这一命名之下的实践，具有高度的文化自觉，是一场建立个人记忆的神圣地位的历史性开端，是一场具有伟大意义的文化运动。”

二、照片：记忆的载体

在摄影技术诞生之前，人类通过口语、文字、绘画等方式记录、传递信息，信息在传播过程中存有被大量扭曲的可能性。而摄影以其纪实性优势，颠覆了传统的历史记录方式，成为承载记忆的主要途径。“由摄影所记录的瞬间转化为一种物质性存在，而被以各种方式保存传播，成为人们有关自己的实践的记忆。”

照片得以成为一种记忆载体，其以下几点特性贡献显著。

第一，摄影的纪实性与客观性。Photography 的词源学意义是“以光线绘图”，经光化学反应或光电反应，被摄物体反射的光线被固定在胶片或传感器上，又经过暗房工艺或数字图像处理技术而得以还原。排除种种人为的摆布、虚构或后期处理，纪实性与客观性在上述过程中占主导地位。摄影也由此解决了记忆建构中的不确定性问题，实现了记忆真实性的最大化，同时也为文字记载、口述记录提供了具有说服力的视觉凭证。

1937 年 12 月，国民党军队在南京保卫战中失利，侵华日军在南京及附近地区进行了长达 40 多天的大规模屠杀，遇难人数超过 30 万。近年来，日本右翼势力对这段历史极力否认，但留存下来的照片却成为无可辩驳的历史见证，它们记录了屈辱的历史，唤起了令人沉痛的记忆。从这一意义上说，人类的摄影实践不仅是在抢救历史，抢救记忆，更是一种对历史与记忆的捍卫，是一场记忆的争夺战与保卫战。

第二，摄影的直观性与现场感。在景观社会中，视觉具有优先性和至上性，人们的主要注意力被吸引到对景观的观看之中。张立洁认为，图像是大脑最自然的运作处理对象，可以在不经意的情况下被记住，以摄影为代表的视觉艺术对过去的再现、记载、转换以及重构等功能，使它成为现代社会重塑集体记忆的主要途径。

成功的照片具有“言有尽而意无止”“一图胜千言”的传播效果，因此摄影作品在人类的记忆史中也能够经久不衰。图像的直观性降低了读者的阅读门槛，其开放性和视觉意义的延伸又给予了读者更多的主动权和参与权，吸引了更多的读者关注。正如莎士比亚所说，“一千个读者就有一千个哈姆雷特”，摄影图像使读者触发了更深远的记忆并据此展开无穷的想象，赋予图像更多内涵。

第三，摄影在展示客观世界的同时，还能充分表达摄影师的独立情怀，满足其表现主义诉求。部分摄影从业者有意识地将摄影作为一种记忆载体，赋予自身“记忆工作者”的身份，展开有关记忆的图像生产和媒介实践。

《国人》是摄影师刘铮的代表作。20 世纪末的中国人生活在物质条件逐渐改善而精神食粮相对匮乏的环境里，刘铮敏锐地注意到了这一点。通过对不同民族、身份、阶层的人所进行的视觉记录，呈现出国人的心灵状态。继《国人》之后，刘铮便逐渐明确了自己的创作思路和风格，又创作出了《三界》《四美图》等作品。无论作品的形式如何变化，读者都能从中感受到刘铮对自由的追求，他在努力表达对中国历史的独特记忆，利用人们已有的历史经验和记忆碎片，来重塑新的集体记忆，表达自己的历史观和世界观。这种记忆建构方式显然有别于传统的官方记忆。

摄影与记忆之间的关系是相互的，摄影成为人们记忆的载体，记忆也提醒着人们去拍摄记录，为后世提供更多真实的记忆，如此循环往复，摄影与记忆之间的联系愈加紧密。

三、摄影记忆中的视觉政治

在构建国家记忆、提升社会凝聚力、构筑民族文化共同体等方面，摄影具有十分强大的功能。

权力主体通过图像来展现政治，目的在于传递和灌输某种具有可选择性的政治理念或者公众形象。久而久之，理念和形象深入人心，在人的思想层面凝聚了无穷的力量，这种力量比行为上的权力约束更有力。

2017年八一建军节前夕，中国在朱日和训练基地举行阅兵式，此次被媒体称作“沙场阅兵”的军事仪式与以往的阅兵式有显著区别，融合了仪式感和实战性。有关阅兵的摄影图像让全国人民看到了国家的进步与强大，感受到了中国人民解放军势不可挡的气势，许多人的微信朋友圈都被相关图像刷屏。同样的，一旦我国运动健儿在国际性大赛中频频获得骄人的成绩，身披国旗、高举奖牌等的一系列视觉图像短时间内就会刷屏，也会占领微博热搜榜等，可以说这是视觉政治的另一种活泼生动的展现形式，相比较于呆板说教式的视觉图像而言，它更加具有调动性和参与感。

摄影图像因其纪实性而成为受众信赖的记录工具，这样的优势也可能导致照片具有欺骗性的力量。前文提到，摄影图像的开放性与延伸性能够引导读者参与其中，赋予图像更多内涵，这说明受众的思维具有不可预测性和不可控性，摄影者极力构建的新的集体记忆也会因此偏离正轨。

摄影师基于个人视角或诉求所实施的记忆建构，属于一种微观权力，其运作空间较为有限，但这种权力如果扩大到政治领域，则会成为一种控制力量。权力对视觉记忆文本的主观介入，对摄影图像和视觉记忆的真实性、客观性构成了消解。权力包括“硬权力”和“软权力”，硬权力即武力夺取、法律制裁、体制规范；软权力则是思想渗透、道德施压、文化感染。软权力可以将记忆同化，存在于无形，力量庞大。古今中外，很多统治者都精通在视觉符号中巧妙发挥软权力，从而建立和巩固自己统治的合法性。

晚清年间，摄影术随西方来华者进入中国，紫禁城里的皇族成为最先享受摄影术魅力的群体，深受光绪帝宠爱的珍妃就是其中一位。在慈禧太后为首的顽固派的强烈打压下，光绪帝主导的百日维新宣告失败，慈禧下令销毁了光绪帝与珍妃的所有照片，通过对视觉图像的消除来阻断有关维新运动的历史记忆。这种试图通过消灭视觉文本来更新政治记忆、巩固政治统治的行为，是权力主体在记忆层面开展视觉政治实践的原始方式。

延安时期，摄影图像在视觉政治实践中的参与日趋频繁、深入。美国记者埃德加·斯诺曾为毛泽东拍摄过一张戴着八角帽的个人肖像照，该照片在海内外的广泛传播，有效地消解了对毛泽东形象妖魔化的传播。据历史考证，当年疲于战争的毛泽东面容憔悴，衣着随便，拍摄于其时的不少照片中，政治领导人所呈现的并非朝气蓬勃的政治形象，而是相对“不雅”的形象。出于“政治正确”的考量,这类照片的传播受到严格规制,对领袖图像的选择性传播,以及对“不雅”形象的封存,能够在国人的视觉记忆中注入正面、美观、光辉的政治形象,对于边区政权的合法性、正义性建构亦有推动作用。

中华人民共和国成立后的27年间,权力主体介入视觉记忆的案例更为多见。1958年5月,毛泽东与时任北京市市长的彭真在十三陵水库工地一起手执铁锹铲土参加劳动,摄影记者记录了这一重要场景,照片也得以公开传播。但随着彭真在“文革”期间的落马,照片也被做出重要改动,彭真消失了,原有的位置被替换上了一名工作人员的背影,精湛的暗房技术令画面几乎没有破绽。1964年,安康拍摄了一张毛泽东等人在北京机场迎接访苏归来的周恩来的照片,原照片中有毛泽东、周恩来、刘少奇、朱德四人。1967年,刘少奇被打倒,有关部门遂将其在照片中抹去。后来,朱德因政治地位摇摆不定,亦曾从画面中消失,照片中只剩周恩来与毛泽东二人。

进入21世纪,数码技术不断改善,后期修改功能也日益强大,出于各种政治目的而对图像进行的结构性改动变得更加常见。摄影师在实施这一行为时的政治诉求,有时候是由权力主体施加的,也可能是摄影师内化于职业规范、政治伦理等方面而自觉产生的。

四、互联网时代下对虚假照片的解构和对真实记忆的追寻

互联网为公民意识的觉醒提供了新的媒介空间。公民记者立足于公民立场开展记忆文本的书写,而已经形成的作为记忆文本的摄影图像也在互联网平台得到了大量的研究和分析,其中的解构性力量破解了传统的权力书写的摄影之谜。

对图像符号的解构就是对图像原始意义的追寻,换句话说,就是探索图像传播的最终效果。翟红刚通过解构图像传播的过程,发现了影响摄影图像传播效果的两个因素:一是摄影师的拍摄意图和图片编辑对摄影图像的选择和加工,二是受众对媒介和摄影图像的选择性接触、理解、记忆。

新世纪以来,越来越多的艺术家投入虚假照片的解构工作中来。2003年,艺术家张大力启动了一项浩大的图像整理工程,他四处寻访各地档案馆,在公开发表的政治、历史图像与这些图像的底稿之间寻找差别,并结合特定的历史背景,研究、考证出现这些差别的政治因素。整理工程结束后,张大力对两类图片予以并置,试图开启观众对于特定历史的记忆。到2010年,历经6年的努力,张大力在广东美术馆顺利展出了130多组作品,展览被命名为“第

二历史”，是纯档案形式地展示作品，张大力不是这些图片的拍摄者，展览的意义是在搜集与并置中产生的，这为摄影界开展摄影文化建设提供了新的思路。

通过对“第二历史”的审读，我们可以大致观察到修改历史类图像的几种方式及其动因。

第一种是删减或者修改次要形象，以凸显照片中的中心形象，此处的“中心形象”并不局限于人的形象。“大跃进”时期的农村题材的图像中，简陋的农舍可能会被剪裁，农民与农作物成为画面的主体，构筑起关于“丰收”的视觉记忆。延安时代，一张坐在马背上的周恩来照片也得到修改，原图中的背景是一面砖墙，挡住了远处的风景和视线，空间因此显得局促、狭小。在修改后的照片中，砖墙被替换为遥望无际的天空，空间深远、广阔，这对主体人物形象的塑造与展示无疑是有利的。20 世纪 60 年代，一张雷锋持枪站立于雪松之前的照片广为流传，而原图中的背景却是几棵凋零的高大乔木。上述照片的后期修改不仅仅是出于美学层面的考虑，也涉及照片摄制方与传播方的政治诉求。

第二种是移除被批判和被打倒的反面人物。具有代表性的是“文革”时期的摄影，随着一些政治人物的地位变动，有关他们的图像也会产生“联动”。1977 年出版的《鲁迅 1881—1936》上刊登了一张鲁迅在厦门大学与青年人的合影。该合影拍摄于 1927 年，当时侧躺在鲁迅前面的是作家林语堂。中华人民共和国成立前，林语堂前往台湾，在特定的历史年代下，他也因此举而被扣上“反动文人”的帽子。该图被收入《鲁迅 1881—1936》时，林语堂被暗房技术删除。这种类型的修改是由时代变迁、时局变化而形成的，具有很强的机动性、策略性。

第三是通过摆布拍摄来生产并不存在的“事实”。《雷锋画册》里收录了一张雷锋护送老大娘回家的照片，据照片作者描述，该图系在真实情境中拍摄。而《记者摇篮》2009 年第 11 期发表的《一张老照片牵动三代人的雷锋情结——雷锋和我奶奶的故事》则给出了不同的说法。该文作者是图片中老大娘的孙子王盛波，据其介绍，其祖母并非雷锋曾经护送回家的那位老大娘，只是因其与那位老大娘形象相似，因而在雷锋与摄影师的要求之下配合摆拍。

第四种是通过后期处理的方法，在照片中增添原本根本不存在的人与物，以重构历史事实，这也是一种常见的手法。润饰与着色在中华人民共和国成立后的 27 年间也较为常见，创作者将黑白影像润色为“红光亮”模式的图像，以期在读者心中强化“红色记忆”。前文提到的埃德加·斯诺所拍摄的毛泽东图像，后因宣传需要，也进行了着色处理。

新事物的诞生必定是经历了一个漫长的过程才为人所接受的，但是一旦被接受，便拥有了无法代替的力量。摄影图像凭借自身的真实性、可靠性为人所信赖，汤天明指出："摄影的传播特性在于，不管照片与事实有无差距，传播者总是把它当作'真实'本身加以传递，对于照片，读者也内建着对真实的天然期待。"但是"时代局限"论使得本该拥有自由拍摄权的摄影师也不得不在政治背景下对历史事实进行直接涂抹。所以我们应该承认"我们的记忆是不真实的记忆，至少是不完整的记忆"这个事实，我们需要做的是像张大力这样去探索"历史"背后真正的历史，然后将其带到公众面前，让更多的人去接受它并且打破原有的记忆盲区，完善自己的记忆框架。

参考文献：

1. 爱弥尔·涂尔干.社会学与哲学[M].梁栋译.上海：上海人民出版社，2002.

2. 钱力成，张翮翾.社会记忆研究：西方脉络、中国图景与方法实践[J].社会学研究，2015，30(6)：215-237.

3. 杰弗瑞·奥利克，乔伊斯·罗宾斯，周云水.社会记忆研究：从"集体记忆"到记忆实践的历史社会学[J].思想战线，2011，37(3)：9-16.

4. 莫里斯·哈布瓦赫.论集体记忆[M].毕然，郭金华，译.上海：上海人民出版社，2002.

5. 刘亚秋.从集体记忆到个体记忆　对社会记忆研究的一个反思[J].社会，2010，30(5)：217-242.

6. 罗彩娟.权力与社会记忆[N].中国社会科学报，2009-08-20(7).

7. 郭于华.社会记忆与人的历史[N].中国社会科学报，2009-08-20(7).

8. 常轶军.政治认同的四大支柱：历史记忆、现实利益、价值观念与话语体系[J].新视野，2014(6)：84-87.

9. 詹小美，康立芳.集体记忆到政治认同的演进机制[J].哲学研究，2015(1)：114-118.

10. 王海洲.政治仪式中的权力再生产：政治记忆的双重刻写[J].江海学刊，2012(4)：186-190.

11. 张晒."中华人民共和国"的构建与成长——基于政治符号的透视[C].第八届珞珈国是论坛论文集，2014：15.

12. 陈涛.怀旧与招魂——当代中国观念摄影中的家庭记忆[J].文艺研究，2011(6)：25-33.

13. 顾铮.在现实、记忆与想象之间——1990年代以来的中国纪实摄影[J].新闻大学，2008(4)：97-101.

14. 杨小彦.记忆的权利——90年代作为一场文化运动的中国纪实摄影[J].上海文化，2009(2)：70-74.

15. 顾铮.记录与记忆之关系——以中国当代摄影为例[J].中国摄影家，2015(12)：28-29.

16. 罗兰·巴特.明室摄影纵横谈[M].赵克菲，译.北京：文化艺术出版社，2003.

17. 李世敏，吴理财.展示政治：一个新的媒介分析视角[J].新闻与传播研究，2016，23(7)：95-109.

18. 张立洁.乌托邦与反乌托邦：当代摄影实践中的集体记忆重塑[J].数位时尚(新视觉艺术)，2014(1)：19-21.

19. 延婧.数码时代新闻摄影观念的变革[J].郑州大学学报(哲学社会科学版)，2010，43(3)：190-192.

20. 汤天明.领袖摄影与"第二历史"[J].粤海风，2012(6)：41-45.

21. 盛希贵.数字化时代新闻摄影实践面临的挑战[J].国际新闻界，2007(2)：5-10.

22. 甘险峰.中国新闻摄影史[M].北京：中国摄影出版社，2008：48.

23. 李世敏，吴理财.展示政治：一个新的媒介分析视角[J].新闻与传播研究，2016(7)：95-109.

24. 杨昊成.毛泽东图像的修改[J].炎黄春秋，2012(12)：51-57.

25. 韩丛耀.图像符号的特性及其意义解构[J].江海学刊，2011(5)：208-214.

26. 翟红刚.解构摄影图像的传播过程　兼论影像传播效果的相关因素[J].北京印刷学院学报，2005(1)：57-59.

第四章
新技术赋权与社会记忆的建构

互文性网络超文本对社会记忆建构的影响

吴　飙[1]

摘　要：互联网时代超文本以其信息技术的非物质性、多媒介的呈现方式、开放性的文本写入、无上限的复数组合等特点在社会记忆的建构中扮演着重要角色。本文使用传统文学中对于文本的互文性理论分析得出：网络超文本的互文性在社会记忆的建构中具有信息资源的无限累积、社会记忆的多维呈现、社会记忆的全民生产、顺应时代的碎片化阅读等特点。网络超文本的互文性解读对社会记忆建构产生的影响，包括剥夺了大众的理性思考、加强了传媒对社会记忆的塑造功能及提升了商品属性的地位三个方面。

关键词：互联网；超文本；互文性；社会记忆

当下我们已经进入了一个全球化的互联网时代，相比传统社会，因为互联网技术的革新，社会中的信息流动变得快捷与开放。有关文本互文性的讨论自从文学诞生以来就没有停止，但是基于网络的超文本的互文性与传统文学理论的互文性之间究竟有着什么样的关系呢？同样，社会记忆的一项重要的传播载体就是以文字符号为代表的文本。随着互联网的诞生，超文本也成了社会记忆一个重要的传播载体，那么社会大众对于超文本的互文性解读又会对社会记忆的建构产生什么样的影响呢？

一、超文本与社会记忆的概念

"超文本"与"社会记忆"目前在学术界没有一个权威的定义，有很多学者力图为"超文本"与"社会记忆"这两个名词下一个学术层面的定义，综合比较诸多学者对这两个名词的定义是本文研究的基石。

---

① 作者简介：吴飙，扬州大学新闻与传媒学院硕士研究生。

（一）超文本的概念

20世纪30年代，范瓦尼·布什首先提出了“存储扩充器”的构想，这便是超文本概念的起源。1964年，美国学者泰德·纳尔逊将布什的构想命名为“超文本”。但是直到1981年，纳尔逊才比较严密地阐释了“超文本”这一术语，但是依然没有为“超文本”下一个明确的定义。

中国社会科学院的陈定家在其著作《文之舞：网络文学与互文性研究》一书中总结了时下三种比较常用的“超文本”定义：一，超文本是用超链接的方法，将各种不同空间的文字信息组织在一起的网状文本，超文本更是一种用户界面范式，用以显示文本及与文本相关的内容；二，超文本是一种按信息之间的关系非线性地存储、组织、管理和浏览信息的计算机技术；三，超文本是由若干信息节点和表示信息节点之间相关性的链接构成的一个具有一定逻辑结构和语义关系的非线性网络。

事实上，连“文本”这一概念在文学领域都没有一个十分明确的概念，更遑论“超文本”。但是，总结诸多学者的观点我们可以整理出“超文本”的几个特征：一是文本的开放性，即超文本是由不同文本信息组合而成的；二是非物质性，超文本只存在于虚拟化的互联网世界，并不是一个实体化的文本。而美国学者德·布拉对于超文本的概念则不屑一顾，他认为即便是创立了超文本概念的纳尔逊本人也只是将超文本看作一种“文学手段”，它不过是“我们已知的文学联系的电子化”而已。而陈定家则认为作为一个计算机常用术语，超文本其实就是一些不受页面限制的“超级文件”，在超文本文件中的某些单词、符号或短语起着“热链接”的作用，这些通往其他页面的热链接构成了超越既定文本的超级文本网络。

（二）社会记忆的概念

在研究“社会记忆”时，很多学者出于自己的偏好或者对某一问题的刻意用心，使用了不同的概念，这就出现了“集体记忆”“个人记忆”“公共记忆”“社会记忆”等诸多概念。“社会记忆”的概念最早由莫里斯·哈布瓦赫提出，他认为个体记忆是个人对特定事件的思维保存，集体记忆是个体记忆的总和，而社会记忆是经过政治筛选的集体记忆经过几代人的回溯而逐渐演变成的“真实记忆”，它最终成为群体或民族的习惯性思维。

虽然到目前为止，学界还尚未对“社会记忆”给出一个明确的概念，但仍有不少学者对此做出了讨论。比如，哈拉尔德·韦尔策结合彼得·伯克的研究，将社会记忆定义为“一个大我群体的全体成员的社会经验的总和”。而根据伯克的观点，社会记忆属于回忆社会史的范畴，有“口头流传实践、常规历史文献（如回忆录、日记等）、绘制或摄制图片、集体纪念仪式以及地理和社会空间”等内容。还有一些学者从马克思主义哲学的角度，将其定义为“人们将在生产实践和社会生活中所创造的一切物质财富和精神成果以信息的方式加以编码、储存和重新提取的过程的总称”。

总的来说，社会记忆是一个相对抽象、不具体的概念，但是它的本质仍然是一种信息载体的媒介符号。

二、网络超文本的互文性特征

网络超文本被认为是在互联网上由链接点链接，给读者提供不同路径的，非线性、可交互的一系列文本块的集合，具有非线性、互动性、开放性等基本特征。基于印刷技术的互文性理论对于超文本研究依然有着巨大的指导意义，因为超文本的本质还是一种文本，只是其存在方式、叙事模式等相较传统文本产生了一些变革。

（一）信息技术的非物质性

超文本的产生建立在信息技术之上，超文本赖以生存的“土壤”就是虚拟的网络空间。这也是超文本最为鲜明的特征之一。网络超文本以不断发展更新的互联网为其技术支撑与保障，数字技术是支持网络超文本客观性的物质力量。基于印刷技术的文本是物质性的，文本的阅读者对文本看得见、摸得着，并且在阅读时，阅读者必须要根据作者的写作思维进行线性阅读，盲目地跳跃性选择阅读可能会造成对文本内容把握的失衡。而对于超文本阅读来说，在网络这个虚拟世界中，阅读文本这一行为本身具有强烈的主观性，阅读者只需轻轻点击手中的鼠标便可以去往文本的任意方向及路径。并且由于超文本是由无数链接组合而成的这一特性，不同阅读者对于文本产生的理解可能是千差万别的。

（二）多媒介的呈现方式

对于“文本”这一文学理论术语，学术界对于它的范围一直有着多种说法。互文性理论学者罗兰·巴特的互文理论是建立在纸质媒介上的文字文本的基础上的，尽管他在《恋人絮语》中引证、“编织”了如电影、音乐、绘画等大量非纸质、非文字的媒介文本，但这些媒介文本并非以媒介自身形态呈现，而是以文字形式在纸质媒介上代为“出场”的。而网络超文本则真正以多媒介的表现形态形成文本的互文与并置。网络超文本是以文字、图片、音频、视频等文本或片断构成的多媒介符号体系，是综合多种表达形式的新型“跨文体”。

网络超文本的多媒介呈现极大丰富了文本的互文表现力，文字、图片、音频、视频等多媒介形态共同构成了网络超文本的内容。随着文本形态的多媒介呈现，文本内容的丰富性也随之提高，相较普通的文字文本，超文本的可读性进一步得到了提高。被称为“超文本文学教父”的迈克尔·乔伊斯曾说：“超文本首先是一种视觉形式。”在网络超文本阅读过程中，阅读者可以享受多种感官体验，随着数字技术的进步，例如 VR、AR 技术的运用，“沉浸式阅读”的程度将会更高。

（三）开放性的文本写入

在罗兰·巴特的互文理论中，文本“可写入性”的核心是读者对文本的深度参与和文本多元意义的生产，这种深度参与和意义生产的结果是更多互文文本的产生。这种文本的开放式写入也是由互联网的开放性所决定的。超文本的开放性使得作者的主体性身份模糊了，每一个人都可以参与到文本的创作中去，任何人都可以对已有的文本进行删改、增补以创造新的文本。读者与作者的身份可以在超文本中产生互换。仅以百度百科为例，任何人都可以针对百度百科的词条进行有建设性的修改、删减等行为，而每一词条经过长时间的开放性写入后原作者已经变得无迹可寻。

此外，基于互联网技术的网络超文本还具有交互性特征，无论是网络论坛还是微博评论功能都是超文本交互性的体现，通过交互性的文本写入，网络超文本的文本内容在无限地延伸扩展。比如一个人在微博中发布了自己一天的生活感想，那么网友在不间断地微博评论中可能会将内容逐渐延伸到生活的方方面面，而这一切都是基于互联网的开放性、交互性所产生的。

（四）无上限的复数组合

所谓文本的“复数性”，一是说文本自身是“复数”的，一个文本其实也是多个文本，是多个文本的互文性构成；二是说文本内的意义是多元的、“复数”的。而无上限的复数组合也是超文本的一个重要特性。超文本是由无数链接点拼接组合而成的，那么从理论上来说这些组合起来的文本也可以将各个链接点拆散并重新进行新的组合。事实上，这种二次组合在实际操作中也是可行的，读者可以利用超文本中存在的无数链接点自由地对文本进行二次组合，而因为链接点的数量过于庞大，每个人重新组合的文本也都是不一样的，但是不同的文本之间又都会或多或少地存在着联系。

另外，由于每个人的文本不同，所以每个读者通过文本得出的意义也呈现出多元化。正如陈定家所说："以往是一千个读者会有一千个哈姆雷特，但是现在可能是一个读者就会有一千个哈姆雷特。"读者对于超文本的复数组合，会产生无数个不同的文本，尽管这些文本与文本之间存在联系，但是不同链接点形成的文本所产生的意义却不一样，在这里，"复数性"的意义具有无限性和离散性。曾经轰动一时的网络文学抄袭事件就可以从侧面佐证超文本的无上限复数组合性。百名热心网友花了 3 年时间进行对比，认定《锦绣未央》一共抄了 209 本书，全书共有 270 万字 294 章，仅 9 章未抄。框架抄《长歌天下》；女主人设抄《身历六帝宠不衰》等；谋权宫斗模式抄《帝王业》《军师联盟》等。不少细节描写也直接从别处"拿来"，很多内容几乎一字不改[①]。从一个作家的角度来看，在一部作品中抄袭 200 余部其他作品显然有些不可思议，但是文本与文本之间出现了大量的雷同内容，确实又有抄袭之嫌。随后曝光的网络文学写作软件，可以根据作者输入的几个关键词大面积地搜索相同内容并进行文本的拼接从而形成一个新的文本，这虽然是一个抄袭行为，但是也从侧面证明了网络文学作为超文本的一种，可以就文本内容本身进行无限地重新组合以形成新的文本。

三、超文本中的社会记忆建构

如前文所述，"社会记忆"一词是由涂尔干学派的第二代成员莫里斯·哈布瓦赫提出的"集体记忆"一词演变而来的。在印刷时代，社会记忆的建构主要是用以印刷品为代表的文字媒介。而在互联网时代，新媒体即将取代纸质媒体，超文本作为新媒体的产物是如何建构社会记忆的呢?

（一）信息资源的无限累积

超文本所在的互联网世界是一个虚拟的、非物质化的世界。在这里，所有的一切都是被创造出来的，或者说是现实的事物被转化为了电子形态。并且在互联网世界中，理论上这些信息资源的存储拥有无限的空间。社会记忆本

① 资料来源：http://www.sohu.com/a/125511928_184641.

身也是一种信息，无论是壁画还是书简，只要是物质载体，那其终究有一个量级，并且终究会随着岁月的流逝而消失。而社会记忆若是作为“集体记忆的综合”，那么这种抽象的、不具体的存在也会随着人肉体的衰亡而消失。但是在网络虚拟空间中，人们可以无限制地将社会记忆以各种各样的形态传输进去，并且在可预见的将来它不会随着时间流逝而消失，最多也只是湮没在浩瀚的网络信息洪流中，在网络空间一个不起眼的角落中等待别人去发现。

正因为网络空间的无限容量，社会记忆可以在网络这一空间中无限累积，当人们需要时就不用再翻箱倒柜去典籍中寻觅，也不用苦苦地去寻找记忆的传承人，只需要点点鼠标就可以在网络中找到它。

（二）社会记忆的多维呈现

孙德忠、王峰两位学者将社会记忆分为了神话传说、口承记忆、文字符号三种类型。超文本使得文本具有了多媒介的特点。超文本中所包含的文字、图片、音频、视频等内容依靠超文本中无数的链接点进行储存，社会记忆作为一种信息以多维的媒介形态储存在这些链接点构成的超文本中。而超文本的多媒介形态则可以将蕴含在其中的社会记忆以更具有视觉吸引力的方式传播给读者，并且超文本的叙事模式更多表现为交互式的对话模式。电子文本叙事预设了一种对话模式，里面既有乔纳森·卡勒所说的逻辑预设、文学预设、修辞预设和语用预设，又有传统写作所没有的虚拟真实、赛博空间、交往互动和多媒体表达。通过多媒介的呈现形式，超文本中所建构的社会记忆相比虚无缥缈的神话传说、难辨真伪的口承记忆、形式单一的文字符号都具有更加直观的表现力。

（三）社会记忆的全民生产

“在新媒体时代中，人人都是信息的生产者。”这是新媒体研究者得出的一个共识，套用在超文本的社会记忆建构上来，即“在超文本中，人人都是社会记忆的生产者”。正如人人都可以发微博实时展示真实世界中所发生的一切那样，在人人平等的互联网世界中，人人都可以参与到超文本的创作中去。如早期的文字网游 MUD 一样，人人都可以以类似“文字接龙”的方式不断地生产文本，而将这些文本组合后就可以形成一个有趣的超文本。

根据前文所述的哈布瓦赫对社会记忆的定义可知，他认为社会记忆的生产会受到“政治筛选”的影响，但是在超文本中社会记忆是由全民参与生产的，这就导致了“政治”在社会记忆的生产过程中弱化了筛选的功能，社会记忆可以相对完整、真实地在超文本中得以储存与传播。

（四）顺应时代的碎片化阅读

新媒体学者在研究新媒体读者的习惯后，将新媒体受众的阅读习惯称为“碎片化阅读”。作为新媒体产物的超文本自然也不能免俗，并且由于超文本的构成特性，碎片化阅读几乎是不可避免的。

前文中说到超文本中的信息可以无限累积，但是这只是宏观层面的，超文本由无数的链接点构成，每个链接点之间彼此存在关系，但是又相互独立。超文本中链接点之间的关系就如同蛛网一般千丝万缕，虽然总量极大，但是每个链接点所能承载的信息量却是有限的。读者在阅读时可能对于整个文本尚没有完全浏览就被其中一个链接点的内容所吸引，点击进入了另外一个文本，这也就是所谓的超文本的“碎片化阅读”。

超文本的“碎片化阅读”使得读者在阅读文本时得到了充分的自主权，由于超文本的交互性，读者在阅读时可以根据自己的需要和爱好自由地对文本进行选择性的拼接式阅读，并且拼接式阅读带来的对于文本内容的互文性解读也会让每个读者产生自己独特的想法。对于传统文本，因为读者无法自由选择文本，其思维会跟着作者的思维进行思考，以致“一千个人会产生一千个哈姆雷特”变成了读者对作者文学功底的溢美之词。而自由的碎片化阅读，就会像陈定家所说的那样“一个读者就会有一个千哈姆雷特”。

四、网络超文本的互文性解读对社会记忆建构的影响

新媒体下的网络超文本中虽然建构了拥有超文本特色的社会记忆，但是读者对于网络超文本的互文性解读又对产生于现实世界的社会记忆建构产生了影响。媒介是社会记忆的结构要素，也是社会记忆的表现形式以及社会记忆传承体系的构成方式。

（一）剥夺了大众的理性思考

互联网产生了超文本，而读者对于超文本的互文性解读是基于新媒体的碎片化阅读习惯，并且超文本还具有多媒介的呈现方式。这两点已经被无数的学者认为会剥夺大众对问题的思考能力，尼尔·波兹曼在《娱乐至死》中已经在激烈地抨击电视对印刷品的冲击瓦解了观众的自主思考能力。而新媒体的碎片化阅读虽然赋予了读者自由拼接信息的自主选择权，但是这就是让读

者自由选择截取一段社会记忆来获取信息，而社会记忆的整体性一旦被破坏，那么读者对于社会记忆的认同也可能会随之产生偏差，这对于社会记忆的传承是非常不利的。这一点我们可以用传播学理论进行解释。桑坦斯在著作《信息乌托邦》中提出了“信息茧房”的概念——公众往往根据自身的兴趣爱好获取信息，因为信息结构是不完整、不全面的，久而久之，公众就会置自身于蚕茧一般的狭隘的空间中。长期生活在信息茧房之中，人容易变得视野狭窄、偏执自负、盲目盲从。由此可见，虽然超文本赋予了受众自主选择文本的权力，但是事实上，由于受到自身兴趣爱好等导向因素的影响，受众只会选择自己想要的文本，这样的文本拼接的碎片化阅读，对于信息的完整性接收是不利的，而信息的不完整接收也会导致大众对于信息背后的真实含义理解的偏差。

然后是超文本的多媒介呈现，在这一点上更多的学者持批评的态度。早在互联网诞生之初，尼葛洛庞蒂就曾经指出：“互动式多媒体留下的想象空间极为有限。像一部好莱坞电影一样，多媒体的表现方式太过具体，因此越来越难找到想象力挥洒的空间。相反地，文字能够激发意象和隐喻，使读者能够从想象和经验中衍生出丰富的意义。阅读小说的时候，是你赋予它声音、颜色和动感。我相信要真正感受和领会‘数字化’对你生活的意义，也同样需要个人经验的延伸。”美国文学教授希利斯·米勒在《全球化时代文学研究还会继续存在吗?》一文中也担忧传统印刷媒体被多媒体所取代是否会导致文本研究的消亡。“读者、电视观众或者因特网用户的身体——在眼睛、耳朵、神经系统、大脑、激情这个意义上的真实的人体——通过所有生物个体中人类所独有的奢侈的倾向，至少是以夸张的形式，被挪用以成为幻象、精神和大量萦绕于心的回忆相互纠缠的战场。我们把身体委托给没有生命的媒介，然后，再凭借那种虚构的化身的力量在现实的世界里行事。”而研究网络超文本的陈定家也认为超文本与超媒体的结合，极大地促进了文学的图形化与声像化。影像作为一种更加感性的符号，它的日臻完美将对书籍——书写文化的保存形式——造成巨大压力，也使文字阅读过程中的理性思考被剥夺。

由此可见，超文本的碎片化阅读和多媒介呈现其负面效应也是非常明显的，长此以往，它会削弱大众对文本自身的理性思考能力。

（二）加强了传媒对社会记忆的塑造功能

孙德忠在其《社会记忆论》一书中指出，“社会记忆是一种极其广泛、几乎触目皆是的社会现象”，“对于人类认识的形成和积累、文化的传承和流变、社会的启蒙和控制、历史的横向伸延和纵向深入等等，都具有极其重要的推进机制和强化功能"。无论何时,社会记忆都是人类社会进步的重要组成部分,无论是神话传说、口承记忆还是文字符号,这些社会记忆的传播都依赖于媒介载体的承载。在印刷时代,社会记忆的主要载体是以印刷品为主要载体的文字符号,而在互联网时代,以互联网为代表的新媒体成为社会记忆新的传播媒介。如余霞所言:"21世纪,报刊、广播、影视等传统媒体一如既往地发挥着强大的社会功能,加上网络对人类生活的全方位卷入与渗透,大众传媒将更深刻地影响我们的生活。在形塑历史记忆方面,传媒无疑是最重要的途径之一。"作为新的大众传播媒介,新媒体将承载起对社会记忆形塑的功能。

如前文所述,超文本的开放性写入将会促进更多的社会记忆信息涌入超文本所在的网络虚拟世界,而超文本中的社会记忆将有可能成为最"真实"的社会记忆,为大众塑造一个"真实"的社会记忆体系。

(三)提升了商品属性的地位

不可否认的是,因为互联网的诞生,世界在进入互联网时代的同时也进入了一个"全球化"的时代,而"全球化"时代的基本表现就是经济全球化。依托互联网经济,全球联系到了一起。而超文本的生产也随着现代传媒进入了产业化的时代。当代社会记忆再生产的产业化特征是现代传媒作用的结果,它与当代的社会记忆资本化或文化资本化、文化产业化都有着直接的关联。作为一种新的社会现象,它们都是当代社会特征的某些体现。

伴随着产业化过程出现的则是超文本的商业属性地位的提升,当超文本作为一个商品出现的时候,它首先必须具有商业价值,即能通过商品交换获取利润。例如维基百科的词条更新需要收费,MUD游戏希望通过吸收更多玩家获得商业利益。相比较于印刷时代的文本更多地强调文本本身的艺术价值、文献价值,超文本的艺术属性可能要摆在商业属性之后,而商业属性地位的提升又势必会冲击文本自身的其他属性,这一点也是值得继续关注的地方。

参考文献:

1. 沈嘉悦,薛可.新媒体博客叙事中的近现代社会记忆研究[J].采写编,2016(4):17-18.

2. 陈定家.网络超文本与互文性的诗学阐释[J].温州大学学报(社会科学版),2016,29(3):57-64.

3. 丁华东.论现代传媒与社会记忆再生产[J].学术界,2015(9):93-100,324.

4. 龚小凡.文本"编织"与网络链接——从罗兰·巴特互文性理论看网络超文本的特征[J].文艺争鸣,2013(5):110-114.

5. 高萍. 社会记忆理论研究综述[J]. 西北民族大学学报(哲学社会科学版),2011(3):112-120.

6. 甫玉龙,陈定家. 超文本与互文性[J]. 社会科学辑刊,2008(3):199-204.

7. 陈定家."超文本"的兴起与网络时代的文学[J]. 中国社会科学,2007(3):161-175,206-207.

8. 吴昊."互文性"与"语境"——20世纪文学研究思想发展的共同趋势[J]. 天府新论,2007(1):145-150.

9. 孙德忠,王峰. 论社会记忆的历史类型[J]. 湖北社会科学,2006(12):126-128.

10. 单小曦. 电子传媒时代的文学场裂变——现代传媒语境中的文学存在方式[J]. 文艺争鸣,2006(4):43-47.

11. J.希利斯·米勒,国荣. 全球化时代文学研究还会继续存在吗?[J]. 文学评论,2001(1):131-139.

12. 郭亚娟. 意象即叙事——评超文本小说《十二蓝》[J]. 国外文学,2012,32(2):146-152.

13. 陈定家. 文之舞:网络文学与互文性研究[M]. 北京:社会科学文献出版社,2014.

14. 黄鸣奋. 超文本诗学[M]. 厦门:厦门大学出版社,2002.

15. 李良荣. 网络与新媒体概论[M]. 北京:高等教育出版社,2014.

16. 尼古拉·尼葛洛庞蒂. 数字化生存[M]. 胡泳,范海燕,译. 海口:海南出版社,1997.

17. 孙德忠. 社会记忆论[M]. 武汉:湖北人民出版社,2006.

18. 尼尔·波兹曼. 娱乐至死[M]. 北京:中信出版社,2015.

19. 欧阳友权. 网络文学本体论纲[J]. 文学评论,2004(6):69-74.

20. 余霞. 历史记忆的传媒表达反其社会框架[J]. 武汉大学学报(人文社科版). 2007(2):254.

微信家族群的传播研究
——探究新媒体对“家族”的线上再现

周宇阳[①] 曾一果[②]

摘 要:家族在中国传统社会中占有重要地位,但是随着社会的发展,传统的家族社会遭遇了巨大的冲击。不过,近年来,有一个现象十分值得关注,那就是在微信等自媒体上,以家族为基础的社会关系似乎在重新聚拢。有一些人在网络上建立了以家庭乃至整个家族为基础的微信朋友圈。在网络上所建立的“家族”在家族成员之间所起的作用是什么?它与中国传统的家族有何差异?这都是值得思考的问题。本文即以一两个家庭为研究个案,探讨在自媒体上所形成的“家族”的功能、结构和所代表的意义。

关键词:微信家族群;虚拟家族共同体;传播特点;传统再造

家族一直以来都是社会发展的最小单元和根基,但随着社会的不断发展和变迁,由于去大城市发展、外出打工、出国留学等原因,家庭成员尤其是大家族成员鲜有机会相聚。血浓于水的家庭亲情如何传承成了一个值得思考的问题。

另外,随着互联网技术的不断发展,人类的交往方式逐渐媒体化、在线化和虚拟化,受时间、地域局限的传统社群更多转向线上的虚拟社群。在此背景下,产生了一个有意思且值得关注的现象:微信打破了传统家庭相聚难的局面,形成了线上的“虚拟家族共同体”。

---

① 作者简介:周宇阳,苏州大学凤凰传媒学院硕士研究生。
② 作者简介:曾一果,苏州大学凤凰传媒学院教授、博士生导师。

一、研究背景与问题提出

微信家族群在近两年开始被越来越多的家庭选择和使用，传统的血浓于水的家庭亲情能够通过指尖，跨越千山万水得以传递。那么，新媒体环境下，微信家族群这一共同体究竟能否使“家”和“家族”实现线上重建？这一在线上建构的以血缘关系为纽带的共同体究竟是一个什么样的共同体？这是本文探讨的核心问题。

本文的研究背景是传统的“家族”“共同体”概念在现实中正走向解体。早在1982年，费孝通对中国当时的家庭结构发表了一些看法，“我国家庭大体可概括为四种类型：一、由鳏寡孤独构成的不完全家庭；二、由夫妻和未婚子女组成的核心家庭；三、加进一个老人或一些亲戚的扩大家庭；四、由两代夫妻（父、母，儿子儿媳或女儿女婿）以上组成的大家庭。现在是大家庭多了呢，还是小家庭多了呢？结论是：小家庭在增长”。费孝通先生对于家庭结构的论断显然在当时还处于一个初步判断的阶段。改革开放以后，伴随城市化、现代化、市场化，家庭结构的变化更加巨大。从社会因素来看，曾经的“离土不离乡”到如今的“离土又离乡”，对家族结构和观念的改变无疑产生推动作用。首先需要肯定的是，不管是在城市还是在农村，小家庭的中国家庭结构显然已取代过去大多数扩大了的家庭。今天的中国家庭结构，从总体上看，以核心家庭为主、直系家庭居次和单人家庭作为补充的基本结构状态愈加凸显。还有一个值得关注的现象是，“城市正在发生偏离父系和从父居的传统体系，而出现女儿结婚后与父母同居，形成实质上属于女系性质的扩大家庭”。

（一）研究视角与理论

“共同体”这个概念最早由滕尼斯提出。他认为，共同体是一种在情感、依恋、内心倾向等自然感情一致的基础上形成的联系密切的有机群体。他将共同体分为血缘共同体（如家庭）、地缘共同体（如邻里）、意缘共同体（如宗教团体），其中以家庭为代表的血缘共同体反映的是人们的本质意识，反映出最真实的人，是共同体的最高形式。新媒体环境下，以微信为代表的社会化媒体语境中，空间生产的意义和外延发生了巨大的“转向”。传统“共同体”概念中的“地域性”转向为新媒体时代线上即时碎片式的“空间”。新媒体时代环境下，人们在空间意义上重新搭建并激活了线上的人脉网络，重构了社会关系。网络共同体对滕尼斯指出的传统的“共同体”概念产生了冲击，它是指网民在网络上基于主观或客观上的共同特征所结成的集群形式。

《中国文化概论》一书中对“家族共同体”这一概念的解释是：家庭关系与地缘关系的结合体。显而易见的是，新媒体时代的到来所带来的“空间转向”，使得传统的“家族共同体”概念发生了一些变化。可以说，微信家族群借助新媒体，在线上形成了一种融合了真实的家庭关系与虚拟地缘，有相近“本质意志”的“虚拟家族共同体”。不同的是，传统的“家族共同体”需要地缘与血缘合二为一，而微信家族群的出现使得“地缘关系的结合”成为非必要因素。富有意味的是，随着今天社会流动不断加剧和家族观念不断弱化，在对家文化或家国文化的研究中，这种文化的逐渐式微令人忧思。微信家族群在线上搭建一个新的属于家族的沟通和认同平台，使得每一位成员得以在每个家族成员面前书写展示自我，同时迁移“差序格局”，经此促进的家族认同感和归属感使得“家族”得以在线上部分重建与再现。但在微信群内的观察和交流中，笔者也发现了微信家族群这一虚拟家族共同体中发生的家族权力结构的改变以及亲属间交流表达方式的改变。

（二）研究设计及研究方法

为更好地归纳探索出微信家族群的传播机制和特点规律，本研究将结合问卷调查法、网络民族志、深度访谈法等多种方法。

其一，问卷调查法。选择“90 后”“00 后”在内的青年一代学生 40 名、以上班族为主的中年一代 30 名、以“50 后”为主的老年人 30 名作为各年龄段的调查样本，共 100 份。

其二，网络民族志。本文的主要研究内容是微信家族群中不同成员的传播特点以及微信家族群这一特殊社群的内容生产及情感认同，光靠简单的问卷调查是不够的。因此利用网络民族志这一方法是十分必要的。关于网络空间(cyberspace)的民族志被称为网络民族志①。笔者在田野调查实践中发现，微信家族群在社会化媒体时代在线上产生“空间转向”，对传统家族共同体概念产生重构的现象的确存在。正如郭建斌教授所说，“在场”不仅是一个空间

① 用民族志方法研究网络文化，学界有很多名词：网络民族志(netnography)、虚拟民族志(virtual ethnography)、虚拟人类学(virtual anthropology)等。netnography 的提出者 Kozinets 教授在他的博客文章中有一个相关词义辨析的简短说明，详见 http://kozinets.net/archives/475＃!。

概念，也是一个场景概念。采用该研究方法，笔者能更好地观察各研究对象的传播特点。

需要说明的是，出于微信家族群研究的独特性和私密性，最能长期深入研究观察的当属笔者所在的微信家族群。本人所在的三个微信家族群的结构正符合中国当下最为典型的结构类型，名为“小周一家”的群其结构为“小家庭”，名为“老郑一家”的群其结构为“扩大了的家庭”，名为“郑情郑爱一家人”的群其结构为“大家族”。遂以笔者分别加入微信群为笔者“在场”的第一个自然步骤。在田野调查期间，家族群中每一次交流对话都让笔者有了不断“入场”的感受。笔者在参与使用过程中进行研究，选取的时间段为 2016 年 1 月至 2017 年 3 月，为确保研究的完整性，选择了一个完整的年度，尽可能考虑到微信家族群在不同时间段里的传播特点。

借助于微信本身提供的数据导出服务，笔者导出本人所在的“老郑一家”等三个微信家族群的交流记录。导出的数据格式包括时间节点、账号名称、数量统计、类型（文本、语音、视频、动画表情、链接、小视频、图片）等，并对导出数据按传播者、传播对象、传播内容、传播效果进行分类统计和整合记录。

其三，深度访谈法。针对在新媒体语境下，微信家族群这种虚拟家庭共同体对“家”和“家族”的建构问题，笔者分别选取了“老郑一家”微信群中的白先生（“90 后”，笔者表哥）、周先生（“70 后”，笔者父亲）、大舅郑先生（“70 后”）、张女士（“40 后”，笔者外婆）进行采访，以更深入地探讨不同年龄段成员在群中的角色扮演以及使用感受问题。

二、“家族”的自媒体“再生产”

（一）微信家族群的建立过程

1. 典型的“小家庭”——“小周一家”

“小周一家”是一个专属笔者小家庭的微信家族群，其成员构成是中国当下家庭结构中最为普遍的结构模式。群内成员包括笔者与笔者的父亲、母亲三人。2014 年 12 月，笔者开始在外求学，为了方便与父母沟通交流而建立此微信群。

2. 单系亲属体系下“扩大了的家庭”——“老郑一家”

“老郑一家”群内的成员构成符合费孝通先生在《乡土中国》一书中所说的

亲属体系的单系偏重下“扩大了的家庭”。不同的是，不同于费孝通定义的父系亲属的单系偏重，“老郑一家”是笔者母亲娘家亲姐妹群，是笔者母系亲属体系下“扩大了的家庭”。该群由笔者的外婆、外公、大姨一家三口、小姨一家三口以及笔者一家三口共 11 人组成，于 2015 年 2 月过年时为方便大家发祝福和抢红包而建立。

3. 差序格局下的“大家族”——“郑情郑爱一家人”

“郑情郑爱一家人”则除了笔者及直系亲属外，包括了更多的旁系亲属，是笔者母亲娘家表姐妹群，由“老郑一家”成员加上笔者的姨婆婆、大表舅一家三口以及姨表母一家三口等，共 21 人。该群于 2016 年 2 月在一次家族聚餐中，由大姨牵头提议增加平日里不常联系的大家族中各成员的沟通交流，获得赞同后建立。

因为“老郑一家”群内既有包括母亲姐妹三人各自的小家庭，对于母亲原生家庭来说又是“扩大了的家庭”，且人数适中，所以将人物关系以及群内成员的情况列表如下。

表 1　“老郑一家”微信家族群成员简要情况

群昵称	家庭关系（与笔者）	一个月中在群内发言的次数	在群内的活跃程度
素素芳菲	外婆	42 次	过度狂热型
真老好	外公	22 次	积极参与型
百佳真	大姨父	0 次	沉默围观型
爱莲	大姨	31 次	过度狂热型
大白	表哥	10 次	沉默围观型
宁静致远	父亲	15 次	积极参与型
蕾蕾	母亲	17 次	积极参与型
紫悠	笔者	11 次	积极参与型
鲨鱼	小姨	19 次	积极参与型
凌风	小姨父	5 次	沉默围观型
小夏	表妹	1 次	沉默围观型

（二）微信家族群中的议题构成

从大多数成员所发的微信内容不难看出，对现实自我的移植以及对日常生活世界的再现，成为他们在微信家族群中活动的基础。对自我现实的叙述和还原构成了微信家族群的文化表达。对于这种文化表达，人们首先更关注根植于他们的日常生活世界，维系他们“每天生活之脉络的惯例行为”。微信家族群的议题构成首先是基于各成员的日常生活世界。微信家族群中的议题内容较为丰富，但更加生活化和琐碎化，会包括每日必需的衣食住行问题，比如常见的有关于“今天晚饭在哪里吃”的询问，这一特点在人数少的小家族群中表现得更为突出。如常在群内出现的一组对话：

“今天晚饭回来吃吗？”

“不回来，单位有事需要加班。”

西尔弗斯通曾指出电视具有“双重勾连”的作用，即电视既是一个物件，又是一种媒介。“作为一个物件，电视既是国内和国际传播网络中的一个因素，也是家庭欣赏趣味的一个象征。作为一种媒介，电视通过节目的内容和结构，在更为宽泛的公共与私人领域中，把家庭中的成员带入一个分享意义的公共领域中。”新媒体时代下，微信无疑继承了电视这一“双重勾连”的作用。微信家族群的建立及家族成员间的互动交流，使得微信成为一个勾连不同时间、空间、地域、亲疏关系的新型空间。

1. 真实空间与虚拟空间的勾连

在微信家族群中的日常交流中，互发节日问候、分享日常见闻也是常见的议题。除了议题讨论最为集中热烈的春节，在家族成员难以相聚的其他节日，甚至不甚重视的母亲节、妇女节、感恩节等，也会有成员在群里表达节日祝福。若有家族成员外出旅游、出差，也会在家族群中以发自拍照、分享旅行照片等方式分享自己的快乐和见闻，这些是在传统的家族生活中较难出现的。

2. “差序格局”与“人情社会”的迁移

微信家族群为家族成员提供了一个进入家族公共空间和参与家族公共事务讨论的平台。血缘纽带以及儿时共同成长的地域环境、家庭文化氛围成为参与者得以发言和凝聚认同感的基础。通过对导出的消息进行记录分析后发现，“今年除夕去谁家吃饭”“某远房亲戚家儿子结婚派哪些成员去，份子钱怎么出”“要不要在丹徒新区买房”三个话题的讨论热度排前三位。例如关于“今年除夕去谁家吃饭”，大家对此展开讨论（以下内容源自 2017 年 1 月 6 日“老郑一家”微信群消息）。

“鲨鱼”（笔者的小姨）说：“平日里我在无锡工作，过年我难得回来，大家除夕夜就一起到我家来团聚吧。”

“蕾蕾”(笔者的母亲)在群内发言:“今年我家刚刚乔迁,各位可到我家欢度除夕。”

“爱莲”(笔者的大姨)在群内发言:“大伙都很热情,但咱家也要规定个制度。这样吧,咱们‘老郑一家’三个小家庭轮流做东,今年先从我家开始。”

对这一问题,“老郑一家”群里的讨论很热烈,年节气氛和家族身份认同感也被带热了起来。由于“老郑一家”是笔者母系亲属体系下“扩大了的家庭”,群内成员系亲密的亲属,姐妹关系感情好,议题讨论往往顺利而热烈。

但与此同时,微信家族群内有关家族事宜的议题讨论并不都如此顺利,在微信家族群中,同样出现了中国传统社会亲属关系的“差序格局”与“人情社会”从现实到线上的迁移。这一点在亲属关系不那么亲的“大家族”微信群“郑情郑爱一家人”中体现得较为明显。

费孝通先生将中国传统社会中的亲属关系概括为“差序格局”:我们每个人都有这么一个以亲属关系布出去的网,每一个网络有个“己”作为中心,各个网络的中心都不同。在“郑情郑爱一家人”这一微信家族群中,显然,以每一位成员为中心向外推,都会有部分成员成为中心“己”的亲属关系网较为外层的部分。这时,具有伸缩能力的“差序格局”和“人情社会”的现实因素就更容易出现。例如,关于“某远房亲戚家儿子结婚派哪些成员去,份子钱怎么出”的讨论(以下内容源自 2017 年 3 月 10 日“郑情郑爱一家人”微信群消息):

“郑丑”(笔者的表舅)这样发言:“我那天单位有事,去不了。再说,我家办事的时候也没请他家啊,这个份子钱可以不出了吧。”

家族中的长辈“素素芳菲”(笔者的外婆)见情势不太对,回应道:“别人既然已经邀请了你,就算你不去,份子钱还是要出的,不然显得我们不懂事。”

(三)微信家族群中成员的角色扮演及身份表达

在观察微信群内家族成员的表现情况时,笔者常常会将他们与在笔者记忆中以及在家族聚会交往时的样子联系起来。有时,笔者觉得有部分成员在现实家族中和微信家族群中不是同一个人。有些人在现实家族中沉默寡言,在微信家族群中却热于分享。有些人则恰恰相反。家族群中长辈与小辈的权力结构也完全不如现实家族中界线分明。现实家族中,青年一代、中年一代、老年一代往往有着较为严格的家族身份划分,长辈有长辈的样子,小辈也有小辈的特性。在线上的虚拟家族共同体中,传统家族权力结构的强者与弱者也发生了部分变化。这样的反差让人思考微信家族群这一虚拟家族共同体对家族个体成员、对家族成员结构关系的改变。在记录和体会微信家族群叙事的过程中，笔者常会被这种由网络连接起来的虚拟和现实、个体与家族、地缘与血缘、“在场”和“脱域”的复杂性所吸引。其中，“大白”（笔者表哥，“90 后”代表）、“宁静致远”（笔者父亲，“70 后”代表）、“素素芳菲”（笔者外婆，“40 后”代表），既具有个性，又有着其所代表的年龄段在家族群表达中的共性。那么，在线上的虚拟家族共同体中，各成员是否还如现实生活中那样有着鲜明的身份划分呢？带着这个疑问，笔者分别选择他们作为代表进行了深度访谈。现将访谈结果整理如下表。

表 2　微信家族群不同年龄段成员的角色及传播特点

年龄划分	被访谈者	现实家庭角色定位	线上角色定位	传播特点	使用感受
青年一代	白先生（笔者表哥）	长辈眼中的孩子，活泼多语	被动回复者，现实家庭中的最活跃者变得有点被动	发表情、短视频等	愿意在群中畅所欲言，因为线下现实家庭氛围好。但身边同学有的有抵触情绪。有时话题会较为局限，较少主动谈自己感兴趣的话题
中年一代	周先生（笔者父亲）	顶梁柱，关键决策者	意见决策者，基本与现实家庭中的角色相同，但会更加亲和	发表对家庭活动的决策和对某些事件的看法，表达一些不方便当面讲的话，发图片、红包	与同事、朋友群等其他虚拟社群相比，更愿意花时间在微信家族群中，不会感受到社交压力
老年一代	张女士（笔者外婆）	影响力大	积极参与者	常转发网页链接甚至“标题党”式的健康谣言	微信家族群既是“新大陆”也是“福音”，跨越时空限制，更方便与孩子们交流

1. 微信家族群中的青年一代：被动回复者

在问卷调查中还发现，在 33 位接受了问卷调查并且拥有微信家族群的青年学生中，有 10 人在“微信家族群中扮演的角色”中选择了“被动回复者”。可见，青年一代在微信家族群这一虚拟家族共同体中不如在现实家族中活跃是一个比较普遍的现象。

2. 微信家族群中的中年一代：意见决策者

微信家族群中的中年一代往往在群内担任着意见领袖的角色。由于工作较忙以及受教育水平和电子社交习惯的影响，中年一代在微信家族群中不管在传播内容还是在传播互动交流的形式上都有其特点。首先，由于中年一代对时政新闻和热点事件的关注较多，在群内往往会由中年一代发起和引导对热点事件的讨论。例如，在 2016 年 5 月，当魏则西事件成为热点时，“老郑一家”中笔者的二姨父发出了魏则西事件的最新动态。此后，其不仅表达了对魏则西事件中互联网监管不严的自身观点，还提醒微信家族群中的孩子们和老人们要提高对网络信息和医疗信息的辨识度和警惕度。特别是当某热点事件与家族群内的某位成员有关联时，更容易被中年一代选择在微信家族群内进行讨论。

无独有偶，在 30 份针对以上班族为主的中年一代的问卷调查中，85%的研究对象在对“自身在微信家族群中担当的主要角色”这一问题的回答中，提到了“意见决策”和“表达看法”等关键词。可以看出，中年一代在微信家族群中担当的角色往往是在线下现实家族中担当角色的线上转移，承担着引领老辈、小辈的“意见领袖”的角色。

3. 微信家族群中的老年一代：积极参与者

微信家族群中老年一代的传播内容和特点最有意思，甚至在一定程度上一反在线下传统家庭环境中老年一代与家庭成员之间沟通的时间和机会少的状态。在微信家族群中，部分老年一代甚至成为群中最为活跃的分子。在接受调查的 25 位既会使用微信又有家庭微信群的老年人中，近 80%的老年人表示自己使用微信家族群的频率较高，并且在“对微信家族群的看法”一栏中表示非常喜欢微信家族群，这让他们得以与孩子们实现即时的互动交流。

4. 群内成员对家族群的认知与看法

在对“郑情郑爱一家人”共 21 人的随机深度访谈中发现，不同成员对家族群的认知与看法各有不同。大部分被访问者表示，微信家族群给家庭成员之间的沟通交流带来了便利，使用感受良好，如受访中的张女士（笔者的外婆）和周先生（笔者的父亲）。访谈内容整理如下表。

表3 微信家族群内成员对家族群的认知与看法

认知评价	访谈代表人物	看法
好	周先生、张女士	增加家庭成员间交流的机会;增强家族身份认同以及个人在家庭中的角色认同
有弊端	郑先生	有些议题也会出现面子问题,比如涉及“份子钱”时;有时也会造成信息过载

三、虚拟家族共同体的结构与特点

费孝通在《乡土中国》一书中指出,“家”是中国乡土社会中的基本社群,这个社群通常被称为“大家庭”。在他的另一本著作《江村经济》中,费孝通把“家庭”和“小家族”的概念称作“扩大了的家庭”(expanded family)。即他认为中国人所说的“家”,基本上都包括子女,有时甚至是成年或已婚的子女,有时它还包括一些远方的亲属,并解释道:之所以称它是一个“扩大了的家庭”,是因为儿子在结婚之后不和他们的父母分居,因而把家庭扩大了。按照这个概念,在本文的个案研究中,“小周一家”是笔者的“核心家庭”,“老郑一家”是笔者母亲家中“扩大了的家庭”,而“郑情郑爱一家人”则是笔者母亲家中包括了远亲在内的“大家族”。可以说,选取的三个微信群在形式上都实现了现实家族的线上再现。

(一)重建了的家族观念及差序格局的亲属结构

新媒体环境下的社会化媒体的根本使命是重构社会关系,通过对人脉关系的聚合与再造,在空间意义上发现、激活传统的人脉网络。这一点对现实家族中的人脉关系同样适用。不过,虚拟家族共同体对家族的再现,并非是一种静态的、定式化的生产行为,而是需要在家族成员日常生活的流动状态和流动结构中完成。这为家族共同体的线上变迁和虚拟家族共同体对家族的重构创设了一种全新的体验感和实践话语。

针对“微信家族群这一虚拟家族共同体能否取代传统家庭成员之间的交流方式”这一问题,笔者也同样对家族群中的各成员进行了深度访谈。现将访谈内容整理如下表。

表 4 微信家族群成员对微信家族群是否能取代传统家庭成员的交流方式的看法

访谈代表人物	对"是否能取代传家庭成员的交流方式"的看法
周先生	不可能完全取代,但情感的联系从线下转向线上,让每一成员增添了一份家庭认同感和归属感
张女士	微信家族群能突破时空局限带来家人陪伴的感觉

在深度访谈和问卷调查中发现,微信家族群不仅能够增强成员之间彼此熟识的亲情关系,一些在现实家族中消失了的关系,或是极少联系的关系也得以再现。一些关系比较疏远、多年未见的亲戚,通过微信家族群的联系,加好友、聊天、发祝福而亲近起来,在重塑"集体身份认同"中感受大家族的亲切感。

尽管微信家族群是虚拟共同体,但在一定意义上实现了线下向线上的转移。一些现实家庭中会讨论的问题,也会被带入微信家族群中。比如前述的议题构成部分,就是家庭生活中会讨论的话题。

1. 虚拟家族共同体的传播优势

依靠人们在线上聚合而形成的陌生普通弱关系的虚拟社群,其忠诚度和信任感需要其成员通过不断的信息分享来维系。处于普通弱关系的微信群中的个体成员需要通过信息分享行为展示自我,来建构他人对自我的印象,形成互联网社群上的自我认同。但是,不管是基于现实工作、学习关系的用户成员以实名出现的微信群,还是仅仅基于兴趣爱好和弱关系而存在的用户成员以匿名或网络化名出现的微信群,处于其中的人们都或多或少存在着群体压力和社交压力,也自然而然地存在着为维持社交关系的客套。而微信家族群则和任何一个其他微信群或虚拟社群不同,家庭成员之间的互动交流更加自然和不加掩饰,更多的是一个温情的社群。正如翟学伟在《关系与中国社会》一书中指出的:"中国人的关系当中,安全感是建立在相互信任的基础上的,尤其是在家人关系中,因为中国人从不怀疑家庭成员。中国人很难产生超越于家庭之上的或者比家庭更为重要的价值观。"这一点在成员越少、关系越近的微信家族群中体现得越为明显。虽然在前述的议题构成中同样涉及"差序格局"与"人情社会"的迁移,但与其他虚拟社群相比,微信家族群中的关系显然更加纯粹。

2. 虚拟家族共同体的传播劣势

虽然微信家族群较其他微信群或虚拟社群相比,有基于亲情血缘强关系的先天优势,但也同样存在着一些值得关注的传播问题。不同于有着基于兴趣爱好、工作学习等纽带关系，或是在某方面有着相同的需要和诉求的一般社群，微信家族群成员之间的年龄、受教育程度、阅历深浅差距大，甚至部分成员之间的兴趣爱好也有着较大的不同，这就容易造成一些传播问题和传播隔阂。在传统家庭关系交流中的“代沟”问题在微信家族群中同样存在。其次，由于微信家族群中存在着父母等长辈，年轻一代的活跃程度相对较低，反而是父母辈甚至是祖父母辈的活跃度较高。除了发送一些表情包，年轻一代很少会选择在微信家族群中展示出自己的个性，也不像在其他社群中愿意讨论一些娱乐性或者他们关心的话题，在家族群中他们更多的是做被动的参与者。

这些微信家族群中的传播问题和隔阂一定程度上真实地折射出现实生活中的亲子关系以及不同代际家庭成员沟通交流的现实问题，值得进一步反思和解决。

（二）没有重建再现的部分

需要说明的是，以上除了笔者核心家族群“小周一家”以外，“老郑一家”“郑情郑爱一家人”都为笔者母亲家族群，笔者父亲一方的家族群缺失。这是由于笔者父亲亲戚较少，长辈对新媒介使用较少，没有使用手机微信的习惯。由此也产生了一个值得思考的现象：中国传统家族都以父系为尊，在现实中，笔者也与父系家族成员联系更多，而线上虚拟微信家族群增强了笔者母系家族的凝聚力，也从另一方面证明了新媒体时代对传统家族文化、“家族共同体”概念的冲击，以及线上虚拟家族的建构问题。这也从侧面反映出微信家族群难以再现所有的家族亲属关系。

（三）仪式观视角下的虚拟家族共同体

凯瑞在《作为文化的传播》一书中提出了传播的“仪式观”，从文化、历史和宗教的角度而言，传播不仅传播信息，还传播思想，建构共同的文化认同。微信家族群从建构开始，每位成员在其中的自我表达，抑或是互动交流，无不使得传统现实家族中的“在场”交流变成线上“脱域”的“盛大仪式”和“神圣典礼”。这样的仪式使得每一位家族群成员分享信息的行为成为共享信仰的表征。这样的仪式无疑具有它的意义和功能：使得本就具有血缘和地缘联系的个体，建构起具有共同的家族文化认同的虚拟家族共同体。

但与此同时，传播的仪式观并非直指讯息在空中的扩散。从仪式的角度看，新闻不是信息，而是戏剧。它并不是对世界的记述，而是描绘戏剧性力量与行动的舞台;它只存在于历史性的时间中,在我们假定的、常常是替代式的社会角色的基础上,邀请我们参与其中。这也就意味着,微信家族群对于"家"和"家族"终究还是假定和替代式的。

四、研究结论:家族社会的网络复兴与未来

微信家族群的建立成为新媒体时代下"家族共同体"的复兴与再现。对家族的线上、线下认同具有同一性、整合性以及交叉性等特点。在这里还要特别指出,通过对微信家族群的研究,我们得出了以下一些结论。

(一) 微信家族群多以传统的家族姓氏为名称

100 份的问卷调查结果显示,91%的调查对象表示,所在家庭至少有 1 个微信家族群,其中,70%表示微信家族群的使用频率较高。特别是家庭成员越少、亲属关系越亲近的微信家族群使用频率和活跃度越高。其中仅有 3 名调查对象反映虽有微信家族群但微信家族群没有名字,仍为原初的"群聊"。有意思的是,在剩下的 88 个有微信家族群的调查对象的回答中发现,微信家族群名也或多或少地存在一些相似的规律。最为主流的命名法为"姓氏+X+家",大多直接用姓氏,有的还利用了谐音,如"老潘一家""郑情郑爱一家人""乔家大院""李家兄弟"等。群名中含有家族姓氏的有 50 个家庭之多。这或许反映出微信家族群与其他社群不同的以姓氏和血缘为纽带的重要特征。此外,群名中大多包含数字"一"和"三",这也非常符合微信家族群小到一家三口,大到一整个大家族的结构特点。其他微信家族群名称中,参照传统和追赶流行的名称均有,比如"家和万事兴""相亲相爱大家族"和"we are 伐木累""可爱的三人组""土豪亲戚群"等就形成了鲜明的对比。

表 5 微信家族群使用情况

	人数	比例
至少 1 个微信家族群	91	91%
使用频率高	70	70%
没有微信家族群	9	9%
有微信家族群但没名字,仍为"群聊"	3	3%

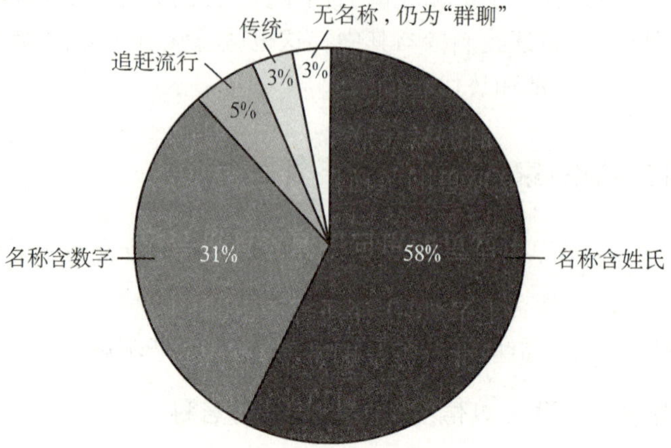

图1　微信家族群名命名规律

（二）微信家族群对家庭和家族关系的凝聚起到了新的作用

微信家族群在中国家庭中正发挥着重要的情感纽带作用和家族文化传承功能。随着进入新时代和农业社会的没落，传统家族文化渐行渐远。微信家族群的出现和建立将断裂的家族脉络重新连接起来。

改革开放以来，随着人们思想观念和生活水平的提高以及对更好生活的追求，出国潮、打工潮频现，许多家庭成员只有逢年过节才能团聚。传统的以地缘联系的家族受到冲击，家族成员突破了地域限制。

但事实上，家族文化有其再现的必要。人类从“部落村”时代到“地球村”时代的“再部落化”其实是需要一种家族共同记忆的。家族文化是极具文化身份特性的。传统社会每个家族都有族谱、家法和家族史。虽然现阶段中国社会更多以“家庭”代替“家族”，但不可否认的是，中国人心目中对家族的寻根意识没有变。

从最初的写信、电报、电话，到新媒体时代突破时空限制，人们以“在场”的方式，把碎片化的“家族”概念在线上再现，使群内成员对自身在家族中的角色、义务以及身份和家族认同得以强化。同时，现实的生存压力以及近年来媒体渐渐兴起并强调的家国意识，使得个体往往不自觉地会在血浓于水的家族群中寻求认同感和归属感。

（三）微信家族群实现个人的成长与家族的联结

微信家族群对个人的意义和影响也同样值得思考。一方面，微信家族群的出现对个人成长无疑具有正面的促进作用。家庭成员之间的互相鼓励点赞、节日祝福既可解不能相聚在一起的相思之苦，又能弥补现实家庭教育中鼓励、赞美缺失的现状。家人的认同、赞美和鼓励对个人向更好方向发展无疑具有极大的推动作用。这一点，笔者在去年准备研究生入学考试时深有体会。微信家族群中家人鼓励的话语对在备考阶段的笔者产生了正面的推动作用。

不仅如此，微信家族群也给每位家庭成员提供了一个前所未有的机会使其拥有平等的话语权。无论男女老少，成人还是小孩，都可以在微信家族群中平等地享有信息发布权和话语权。老人和孩子们能拥有更多的交流机会。这也使得现实家庭交往中正统严肃的风格得以多样化，为愿意展现自我的家庭成员提供平台。微信家族群的存在，也提醒并强调着个人和家族的关系。不管是本文的个案研究对象还是其他微信家族群，都展现着个人和家族之间的转换和连接。

当然，不可否认的是，微信家族群对个人生活也会产生干涉，甚至会对个人发展成长产生的副作用。比如微信家族群中可能会出现的催婚现象，会让当事人感到压力，产生一些负面情绪。

（四）微信家族群中的交流不能取代现实的交往关系

在笔者看来，新媒体语境下微信家族群带来的家族成员之间线上交流的新型传播方式，具有即时互动性和易于表达情感的独特优势。它与当今新媒介文化中信息后现代的风格相呼应，更符合现代受众的媒介使用习惯，是将来家庭成员之间联络感情的新形式。但是，微信家族群无法完全取代传统的家庭成员面对面的团聚。新媒体时代带来的线上碎片式的“空间”与“在场”，在现阶段还不能完全取代现实家庭中的空间。但微信家族群联系家庭成员的纽带桥梁作用，以及对个体成员的家族集体身份认同的增强作用都在一定程度上实现了家族的线上重构，特别是在现代社会家族意识淡化的当下。

从其未来发展的角度来看，微信家族群可能会与现实家族中的交流方式形成并存与互补。通过研究微信家族群，发现传统文化中的“家”和“家族”的概念，既有着传统文化的现代意义，也有着指导我们反思生活的实践价值。

本文属于最早对微信家族群的传播特点进行定量与定性分析相结合的学术研究之一，具有一定的探索性、新颖性以及独创性。通过对100位不同年龄层次的研究对象进行问卷调查，以及根据笔者自身所在的三个微信家族群的“网络民族志”的实际使用感受，和在对白先生、周先生、张女士为代表的不同年龄段成员的深度访谈的基础上，初步囊括出了微信家族群的传播现状及传播特征，对微信家族群的学术以及实践研究做出了一些贡献。

最后需要指出的是，本研究虽然综合了问卷调查法、网络民族志以及深度访谈法等研究方法，注重研究共性和个性特征，但在对微信家族群的一些具体化的研究中，主要选取了本人所在家庭中的微信家族群“老郑一家”“小周一家”和“郑情郑爱一家人”这三个个例，存在一定的样本局限性和个人主观倾向性。今后，研究者可以在更大范围选取更多的研究对象，对微信家族群的传播特点做更加深入的研究。

参考文献：

1. 金马. 费孝通教授谈我国家庭问题[J]. 父母必读，1983(1)：3－6.

2. 斐迪南·滕尼斯. 共同体与社会[M]. 林荣远，译. 北京：北京大学出版社，2010.

3. 汪火根，曹卉. 新农村建设中的乡村共同体与社会秩序的重构[J]. 经济研究导刊，2011(31)：39－40.

4. 张岱年，方克立. 中国文化概论修订版[M]. 北京：北京师范大学出版社，2004：98.

5. 费孝通. 乡土中国[M]. 上海：世纪出版集团，2007.

6. 郭建斌. “在场”：民族志视角下的电视观看活动——独乡田野资料的再阐释[J]. 传播与社会学刊，2008(6)：193－217.

7. 禹卫华. 微信群的传播分析：节点、文本与社交网络——以三个校园微信群为例[J]. 新闻记者，2016(10)：61－65.

8. 潘忠党. “玩转我的 iPhone，搞掂我的世界！”——探讨新传媒技术应用中的“中介化”和“驯化”[J]. 苏州大学学报(哲学社会科学版)，2014(4)：153－162.

9. 罗杰·西尔弗斯通. 电视与日常生活[M]. 陶庆梅，译. 南京：江苏人民出版社，2004：122.

10. 孙信茹. 微信的“书写”与“勾连”——对一个普米族村民微信群的考察[J]. 新闻与传播研究，2016，23(10)：6－24，126.

11. 费孝通. 江村经济[M]. 上海：上海人民出版社，2007：37.

12. 翟学伟. 关系与中国社会[M]. 北京：中国社会科学出版社，2007：252.

13. 詹姆斯·W. 凯瑞. 作为文化的传播[M]. 北京：华夏出版社，2005：7.

14. 何镇飚，王润. 新媒体时空观与社会变化：时空思想史的视角[J]. 国际新闻界，2014(5)：33－47.

15. 刘涛. 社会化媒体与空间的社会化生产：福柯“空间规训思想”的当代阐释[J]. 国际新闻界，2014(5)：48－63.

新媒介环境下央视春晚的社会记忆建构

余金红[①]

摘　要：数字技术的发展带来新媒介的兴起，改变了传统媒介的运行机制和传播方式。依靠传统广播电视媒介走进千家万户的央视春晚，在新媒介的环境下，其生存遭遇到了前所未有的挑战，同时也面临着淡出民众视野的危机。作为一种媒介文化的春晚，在满足受众情感诉求和塑造国家意识形态的同时，也在建构过去形成社会记忆，其自身的发展也是其建构的社会记忆的一部分。传统广播电视媒介的单向传播使得春晚的制作方对社会记忆建构起着主导作用，受众只能被动接受，因此制作方控制着这场盛大晚会所呈现的社会记忆。而新媒介环境下，央视春晚建构社会记忆的话语权将不再由制作方独揽，受众也有了参与和选择的权利。

关键词：央视春晚；社会记忆；记忆建构；新媒介；话语权

自1983年中央电视台春节联欢晚会（以下简称“央视春晚”或“春晚”）首次电视直播以来，历经三十五年的发展，已然成为一种新民俗。作为一年一度的重大节日庆典，春晚将身处全球各地的华人“凝聚”在一起，在除夕夜这个神圣的时刻共同回忆过去一年里国家发生的重大事件，在回忆中建构大众的社会记忆。但是，近年来随着媒介技术的迅速发展，央视春晚的社会记忆建构功能也在逐渐发生变化，央视春晚对大众社会记忆的建构变得更加多元化和复杂化。

一、新媒介环境下央视春晚的现状

诞生在数字时代的新媒介对传统媒介的生存产生了威胁。央视春晚作为

---

① 作者简介：余金红，安徽师范大学新闻与传播学院硕士研究生。

主要依托传统广播电视媒介生存的一档年播综艺晚会节目，在新媒介的环境下面临着各种挑战和危机。虽然面对观众越来越挑剔的眼光和更高的审美要求，央视春晚依然“年年难办年年办”。

（一）春晚节庆仪式的消解

三十五年来，央视春晚经历了从举办初期的人人看春晚、大街小巷议春晚的红火现象到新媒介时代作为家庭客厅“背景”的尴尬状态，其原因一方面是春晚内容的模式化、无新意，另一方面是新媒介的发展使得每一个家庭里都拥有多块“屏幕”，人们可以在看春晚的同时进行聊天、上网、购物等其他的事情，不再全身心地投入“看春晚”的行为当中。

在“多屏”时代，人们的注意力不再集中在一块电视屏幕上，春晚逐渐成为除夕夜家庭客厅的伴随“背景”，演变成一种带有图像的“新型广播”。春晚作为春节庆典的仪式，其形式仍然存在，但仪式的过程和内容正在被新媒介环境下的“咻一咻集五福”“摇一摇抢红包”等活动和行为所逐渐替代。被誉为除夕夜精神年夜饭的春晚在“多屏”的冲击下对人们的吸引力在逐步下降，在除夕夜全民看春晚已成为过去时。同时，经济的发展带来人们物质生活水平的提升，以往只能在春节期间才能享受到的美食、看得到的电视节目现在已经可以天天伴随着人们。作为春节期间的一档大型的电视综艺晚会，春晚带给人们的新鲜感随着时间的推移而逐渐褪去，在除夕夜这个辞旧迎新的特殊时间里，春晚的节庆仪式功能在新媒介环境下正逐步消解。

（二）春晚面临的生存危机

央视作为国家级主流媒体，在春晚舞台上塑造国家主流意识形态成为其必不可少的内容。而“在全球化的当代社会，过于精心设置的意识形态符号和宏大叙事型宣传常常成为文化交流的阻力”。因此，在除夕夜举家团圆欢聚的时刻，与内容意识形态化和模式化的央视春晚相比，充满娱乐性的各种网络节目更容易受到人们的青睐。拥有多种选择的受众会更加愿意选择自己所喜欢的媒介去观看自己感兴趣的娱乐节目，这在一定程度上会导致央视春晚受众群体的分散和减少。新媒介环境下网络节目的制作和传播变得更加容易，微博、微信和各种视频 APP 都可以成为传播媒介，通过互联网将各种网络自制节目推送到受众的客户端，供受众选择观看。央视春晚虽然具备一定的受众基础，并且借助国家主流媒体播出，在竞争上占据一定的优势，但也面临着网络春晚、地方卫视春晚等各种挑战。春晚制作的模式化和其节庆仪式功能的消解使春晚在新媒介环境下面临着生存的危机。

二、央视春晚与社会记忆的建构

“媒介是社会记忆的结构要素，是社会记忆的表现形式以及社会记忆传承体系的构成方式。社会记忆的存在和表现必然要通过一定的记忆媒介才能成为可能。”央视春晚正是通过广播电视这种传统媒介，在信息的快速传播和互动中建构社会记忆，而电视媒介自身的发展也成为社会记忆建构的一部分。

（一）视频档案的属性与形成

档案是承载过去的存储器，包括知识、文化、记忆等内容，连接着过去、现在和未来。央视春晚经过数十年的发展和积累，已经形成并具备了“视频档案”的属性。这种属性主要包括一年一度的国家大事回忆录和自身发展记忆录。

央视春晚的总时长为四个多小时，从除夕夜的八点到新年零点以后，节目内容容量有限，因此，在塑造国家主流意识形态时，只能选取当年发生的具有重大影响力的正能量事件，在春晚的舞台上加以精简地呈现或通过节目演员和主持人的台词表述出来。如2017年春晚小品《大城小爱》中，通过演员口中的“生气”与“生孩”两个词语中“生”字的关联，将2016年国家全面放开“二孩”的计划生育政策表述出来。在临近零点钟声的时候，主持人将获得全国首届文明家庭的五位家庭代表在镜头前一一加以介绍，呈现的是习近平总书记关于“注重家庭、注重家教、注重家风”的重要指示精神，以及国家对家庭文化建设的重视。央视春晚在呈现这些正能量的大事件时，虽然不能讲述事件的全部，但呈现事件的过程自发地转变成一个视频档案，将在过去一年当中发生的大事件收录其中。在当下及其以后，人们可以从这个视频档案中去寻找当年的国家大事记忆，春晚精简的表述和呈现成为年度国家大事回忆录的索引。

由姜昆、戴志诚表演的相声《虎口遐想》在1987年央视春晚的舞台上赢得观众的喜欢，广受好评，可谓春晚舞台上的经典节目之一。时隔三十年，2017年央视春晚再次邀请两位相声演员，表演了一段《新虎口遐想》，反响热烈。新作品一方面是向三十年前的《虎口遐想》致敬，另一方面也在唤起观众对过往春晚的记忆。正如作品所表述的：三十年前姜昆掉老虎洞，人们解衣系绳营救；三十年后的今天，当姜昆再次掉老虎洞，大家都在拿着手机直播。这反映的不仅是三十年来技术的发展和社会的变迁，也是春晚历史的发展和变迁——央视春晚三十五年不间断地制作播出，在塑造了众多经典节目的同时，也形成了对自身发展的视频记忆，在未来大众可以通过观看这些视频回顾春晚的历史。

（二）家国形象的感知与认同

德国文化学者扬·阿斯曼在其著作《文化记忆：早期高级文化中的文字、回忆和政治身份》中提到，记忆的形成依赖于个人感官对具体事物形象的感知和认同。央视春晚通过精心挑选与制作的节目，让观众感知家国形象，产生对“小家”形象和“大国”身份的认同，从而建构起社会记忆。

第一，“小家”形象的认同。家是心灵的港湾，是个体成长的摇篮，也是每个人不可磨灭的记忆。《时间都去哪了》是2014年央视春晚的一首歌曲节目，在歌手王铮亮边弹边唱的同时，舞台背景屏幕上依次呈现大萌子从1岁到26岁和父亲的合照、亲人合照及全家福。“通过对自身历史的回忆、对起着巩固根基作用的回忆形象的现时化，群体确认自己的身份认同。”在歌曲的演唱过程中，这些照片的出现唤起了观众对自己与父母相处的过往点滴的回忆，并将这些回忆投射到舞台背景照片中，形成一种虚拟的回忆形象的现时化状态，观众感知到亲情和家的存在，确认了自己家庭成员的属性，从而对个体“小家”的形象产生认同。

第二，“大国”身份的认同。“被回忆的过去永远掺杂着对身份认同的设计，对当下的解释，以及对有效性的诉求。因此关于回忆的问题也就深入了政治动因和国家身份认同建立的核心。”央视的国家主流媒体属性和春晚制作方的身份，使得央视春晚在满足大众的情感诉求外，还要使大众建立对国家身份的认同，从而形成强大的凝聚力。这种认同和凝聚力在2017年春晚舞台上就体现在由国家武术队表演的武术节目《中国骄傲》、由成龙和大学生代表表演的歌曲节目《国家》等众多类型的节目中。主持人借助中国11位航天员集体亮相春晚现场，介绍中国航天事业的发展，并与中国梦相结合，使观众为祖国的繁荣发展与日益强大感到骄傲自豪。舞台背景屏幕墙上的五星红旗、长城、黄河等图像，作为国家形象的象征符号不断地出现在观众的面前，激发人们对这些符号的记忆再现，在这种无意识的回忆中产生对国家的认同。正如歌曲《国家》中所唱的“国是我的国，家是我的家，我爱我的国，我爱我的家”，家与国是不可分割的，观众在感知到“家”的存在时，也就有了“国”的归属感。通过在节目中不断呈现博大精深的传统文化、展现国家的形象符号，让观众在自我回忆中感知并认同国家的“大国”身份。

（三）社会现实的反映与表征

一年一度的央视春晚在为大众呈现一场视听盛宴的同时，也在通过回忆过去发生的事情来建构社会记忆，而“过去在记忆中不能保留其本来面目，持续向前的当下生产出不断变化的参照框架，过去在此框架中被不断重新组织”。因此，这种建构所形成的社会记忆不是记忆的本来面目，而是对过去现实的表征。

媒介技术的发展使大众可以快速地使用文字、图像等方式记录当下发生的事情，形成当下的记忆档案，这种记忆档案已然是对事实的反映。但随着时间的推移，记录下的文字和图像以新的当下作为参照就成了过去，之前所形成的记忆档案就变成了人造回忆。在央视春晚舞台上所呈现和反映的不管是时事热点还是传统文化，在呈现之前，都已经在发生时事热点或形成传统文化的当下成了人造回忆，再次在春晚舞台上呈现就是对人造回忆的反映，对社会事实的表征。以除夕夜这个神圣的时刻作为参照框架，央视春晚在这个框架内对过去进行选择性的组织，从而实现其建构社会记忆的功能。

（四）社会记忆的再生产

新媒介环境下央视春晚的现场直播已经不具备让大众一直守候在电视机旁的吸引力，数字媒体时代信息存储和传播的方便快捷让大众可以选择在任何时间地点去观看春晚。因此央视春晚的传播不仅仅是在除夕夜，在除夕夜过后很长的一段时间内都会存在受众群体。大众在直播过后再次通过春晚录播视频等进行回忆时所获得的感受，跟观看现场直播所获得的感受是完全不同的。“回忆不是重新制造过程中被动的反应，而是一个新的感知的生产性的行为。”无论时隔多久，出于何种诉求，当大众在直播过后再次去观看央视春晚的录播，去传播央视春晚的节目时，这种关注行为都已不是观看主体的被动行为，而是一个新的感知行为，从而会形成新的社会记忆。

央视春晚在直播的当下时间里实现其建构社会记忆的功能后，在媒介的广泛传播下，势必会吸引更多的受众参与到观看、议论等行为当中。在这些自觉或不自觉的观看和议论中，春晚建构的社会记忆得到传承，并在观众不断的观看和议论中改变其已经建构的社会记忆所表征的社会现实，在这种反复的过程中实现社会记忆的再生产。

三、央视春晚建构社会记忆的话语权

信息传播技术的发展不仅使信息的传播变得更加方便快捷，信息的内容变得更加丰富多样，也使得整个传播环境变得更加复杂。在这种复杂的传播环境下，面临危机和挑战的央视春晚尝试打破传统广播电视媒介单向传播的局限，积极探索“多屏”互动传播模式，使大众参与到春晚的社会记忆建构中，成为建构社会记忆的积极行动者。

（一）新媒介的互动传播

从2016年开始，央视春晚在采用传统广播电视媒介进行现场同步直播的同时，在央视影音和央视综艺晚会客户端推出《@春晚》节目。该节目以互动为主，使广大观众在观看春晚直播的同时能有一个和家人、明星即时沟通和交流的互动平台。这种“强互动”的伴随性模式，强烈地激发了观众的参与性，使观众积极地行动起来。通过将“电视大屏”与“手机小屏”无缝连接起来，形成了央视春晚传播的新格局。

央视春晚的互动传播不仅体现在自身的媒介传播上，还体现在由春晚节目内容引起的社交媒体的广泛讨论中。2017年央视春晚的《姥说》《老伴》等节目得到现场观众和广大网友的好评，不少观众因为节目表现的暖心情感触动到了内心的记忆，激动地留下了热泪，在网络社交媒体上热烈讨论。在观众的互动讨论过程中，春晚内容不断被社会大众重复提起，个体有关春晚的记忆就在这个不断重复的感知过程中形成。新媒介下的即时互动传播机制加快了个体记忆的形成，对集体的春晚记忆建构起到了促进的作用。

（二）传播者的主观建构

“过去并不是自然而然形成的，它是文化建构和再现的结果；过去总是由特定的动机、期待、希望、目标所主导，并且依照当下的相关框架得以建构。”央视作为国家主流媒体，有着自身的政治性作用以及宣传党和国家政策方针的责任担当。因此，在央视借助春晚这种媒介仪式文化来重塑和再现过去时，春晚的主导作用不再是娱乐，而是社会教化，在寓教于乐中建构社会记忆。

无论是在新媒介环境中，还是在传统的媒介环境中，央视春晚寓教于乐的制作理念从未改变。从2005年开始，央视实行“开门办春晚”的改革政策，通过多种渠道，在全国及海外征集节目。在这之后，每一年新成立的央视春晚导演组，会通过选取受众进行调查访问等方式，听取群众的意见，倾听受众的心声。央视也在通过开办《我要上春晚》《春晚直通车》等节目来帮助挑选受大众喜爱的节目，而近几年央视网也在每一年的春晚专题网站上设置电子问卷，获取观众对当年春晚节目的态度、意见等。这在形式上的确实现了“开门办春晚”，但在一年又一年的春晚舞台上，观众看到的仍然是充满政治性话语的宣教化节目，再现的仍然是经过修饰的过去，仍然是制作方为了实现教化功能而建构的社会记忆。

（三）大众的参与和选择

新媒介的发展使传统媒介的“以传者为中心”转变为“以受者为中心”，使大众在互动传播过程中从过去“被动”的参与者转换成为现在具有“主导”作用的行动者。央视春晚的社会记忆建构功能是在大众回忆过去的互动传播过程中实现的，所以新媒介环境下大众不再是被动地参与到社会记忆的建构中，而是通过自身积极的行动来主动建构社会记忆。

对于传播者建构的经过修饰的过去，新媒介赋予大众以权利，让人们可以选择接受或拒绝。因此，面对春晚模式的固定化和内容的愈趋宣教化，不同的人有不同的选择。人们既可以选择收看，也可以选择拒绝收看，这也解释了为什么当下央视春晚会出现收视率起伏不定的现象。新媒介环境下拥有选择权的大众不再沉默，而是通过行动来表明自己对春晚的态度，从而影响了央视春晚建构社会记忆的话语权。

近几年，央视春晚还采用了设立主会场和分会场的形式来凸显春晚“大联欢”的特性，在吸引观众眼球的同时使更多的演职人员和现场观众参与到春晚的盛宴当中，使央视春晚所建构的过去包含了更多的内容。而分会场所在地成为承载春晚记忆的媒介，在一定程度上也将央视春晚建构社会记忆的主导权分散到了各个分会场。对于地点的记忆建构将成为新时期央视春晚建构社会记忆的特点。

四、结语

每当除夕夜春节序曲响起的时候，身处全球各地的华人便会意识到一年一度的央视春晚开始直播了，从而在共同的北京时间形成了一个“想象的共同体”，人们在由春晚打造的“想象时空”中共度佳节。“广播冲击的是听觉，照片冲击的是视觉”，而新媒介环境使央视春晚面临的是视觉和听觉的共同冲击。

为了应对这种冲击，央视春晚就必须不断地追求改变、创新，从而形成阿莱达·阿斯曼所说的“热”回忆。央视春晚建构的社会记忆不仅是对社会现实的表征，也是对中国传统文化的传播和传承。同时，央视春晚也在建构社会记忆的过程中形成了一种文化记忆，唤起了大众对自我身份的认同，为树立大众的文化自信做出了应有的贡献。

参考文献：

1. 陆晔，赵民. 当代广播电视概论[M]. 上海：复旦大学出版社，2010.

2. 扬·阿斯曼. 文化记忆：早期高级文化中的文字、回忆和政治身份[M]. 金寿福，黄晓晨，译. 北京：北京大学出版社，2015.

3. 阿莱达·阿斯曼. 回忆空间：文化记忆的形式和变迁[M]. 潘璐，译. 北京：北京大学出版社，2016.

4. 赫伯特·马歇尔·麦克卢汉. 理解媒介论人的延伸[M]. 何道宽，译. 北京：商务印书馆，2000.

5. 马路平. 关于春晚建构中国人的集体记忆的研究[D]. 西安：陕西师范大学，2015.

6. 丁华东. 论现代传媒与社会记忆再生产[J]. 学术界，2015(9)：93－100，324.

7. 李佩菊. 集体记忆与国家话语——对中俄跨国寻亲大型公益节目《等着我》的文化分析[J]. 中国电视，2011(5)：31－38.

8. 胡友峰. 春晚作为媒介文化的运行机制及其哲学批判[J]. 文学评论，2015(1)：130－138.

9. 刘勇，郭静. 意义建构与话语争夺：作为节日的“双十一”[J]. 现代传播(中国传媒大学学报)，2017，39(4)：125－130.

10. 祁林. 传播结构、电视艺术与自我认同：春晚与春节文化的现代性转型[J]. 现代传播(中国传媒大学学报)，2017，39(3)：85－90.

11. 孙洋洋. 社交媒体在社会记忆建构中的介入机制探析[J]. 档案与建设，2015(3)：4－7.

12. 徐爱华. 春晚：传统节日的现代仪式变迁[J]. 青海社会科学，2012(3)：120－124.

13. 张媛. 符号再现与记忆建构：传播仪式观视野下的“春晚”[J]. 电视研究，2016(8)：48－50.

移动舆论场对社会记忆建构的影响新议

赵　鹏[①]

摘　要:随着传播技术的发展,舆论话语表达的渠道不断拓展。在智能手机、平板电脑等移动终端的辅助下,微信、微博、新闻客户端、移动直播等信息传播渠道搭建的移动舆论场,改变着传统的社会记忆建构方式。借助于这些渠道,任何人在任何时间、任何地点都可以关注信息并发表观点,形成"观点的自由市场"。移动舆论场改变了受众的角色和地位,使受众的"媒介接近权"得以实现,从而使受众的观点得以有效传播。移动舆论场改变了媒体舆论格局,使新媒体的话语权不断扩大。移动舆论场带来的种种变化倒逼主流媒体和政府做出改变,通过保持主流媒体的权威性和公信力、建构主流媒体移动舆论、提高网络舆情监测力度等媒体导向措施促进社会记忆建构的良性发展。

关键词:移动舆论场;社会记忆建构;舆论格局;媒体导向

一、移动舆论场打造"观点的自由市场"

(一)移动舆论场改变着受众角色和地位

在报纸、广播、电视以及传统的互联网等媒介塑造的"传统舆论场"中,受众虽然对媒体传播的信息有反馈行为,但是这种反馈得不到及时回应,对媒体的影响不大。根据约瑟夫·克拉珀的选择性理论,受众被认为在信息的传播过程中有选择的主动权,但是这种选择是在媒体"议程设置"之后的选择,受众无法决定要传播的内容,所以实际上受众还是处于一种被动接受信息的地位,

---

① 作者简介:赵鹏,贵州大学文学与传媒学院硕士研究生。

社会记忆建构的方式相对比较单一固定。

如今,新媒体的迅速发展促进了微信、微博、新闻客户端、移动直播等媒介的发展,构建起移动舆论场,使受众的角色和地位发生了质的改变。受众不仅可以随时随地接收信息,还可以发布信息并参与话题的互动,社会记忆建构的方式变得多样。比如在四川九寨沟地震中,许多现场的游客将地震的照片、视频等发布到微博、微信中,与其他人进行互动交流,形成舆论场。这种移动舆论场大大拓展了受众的主体自由性,受众的角色被"重构"。在移动舆论场中,受众不仅仅是被动的接受者,他们还是信息的发布者、话题的参与者、信息扩散的传播媒介等,这些改变使新媒体的话语权不断扩大。需要指出的是,受众的这一变化在传统的互联网媒介中已有雏形,而移动舆论场的发展使这种变化体现得更加明显。

(二)移动舆论场得益于受众"媒介接近权"的实现

早在1967年,美国学者J. A. 巴隆就在《接近媒介——一项新的第一修正案权利》一文中首次提出了"媒介接近权"的概念,他认为,大众即社会的每一个成员都应有接近、利用媒介发表意见的自由。但是在传统媒体时代,受众主要通过电话和写信的方式接近和利用媒体,表达自己的观点,而媒体因为版面和时间的限制,不能满足受众的表达需求,所以"媒介接近权"没有落实到实践中。早期互联网的出现尽管可以反映受众的意见,体现受众的权利,但是因为电脑的高成本性和操作的相对复杂性,电脑未能得到广泛普及,尤其是在偏远地区,电脑拥有率普遍较低,所以"媒介接近权"实际上还没有得到很好的体现。

"2007年后,智能机时代来临以及通信技术不断进步,消费者拥有了更好的即时上网平台以及快速的上网速度,这也直接促使中国手机网民占总网民的比例大幅攀升,从2007年的24%迅速攀升至2009年的61%,再到目前的90%以上。在这个过程中,手机也由21世纪初的可选消费渐渐转变为如今的必选消费。"[①]低成本智能手机的普及,加上微信、微博等社交媒体的出现,催生了大量的民间记者、民间新闻人。"人人手中握着麦克风"成为现实,任何一个人都可以借助微博、微信、移动直播软件等新媒体平台向其他受众传递信息、表达意见。新闻自由的实现体现了受众的"媒介接近权",于是移动舆论场得以建构。需要指出的是,"媒介接近权"跟话语权有着紧密的联系,受众接近

① 资料来源:http://www.chyxx.com/industry/201703/505462.html.

和利用了媒体，也就有了话语权，从而可以进行记忆建构。

（三）移动舆论场使受众的观点得以有效传播

自从大众传播媒介出现以来，就信息内容的发布上，媒介与政府之间就存在着矛盾，在媒介被控制的同时，人们也不断去争取新闻自由。西方“自由主义媒介理论”主张言论和出版自由，把媒介视为“观点的自由市场”，在这个公共领域内，人们可以自由地发表自己的意见而不应受到限制。但是在传统媒体时代，个人的信息要想通过大众媒介进行传播而产生广泛的影响，基本上是不可能的。2003 年的“非典事件”就是一个很好的例子。非典前期，政府和主流媒体垄断并控制着相关信息，掌握着媒介话语权，当时还没有智能手机，更没有微博、微信等自媒体平台，大众的信息没法传播开来，只是通过电话、短信等方式进行人际传播，这样一方面容易产生谣言、引起恐慌，另一方面部分人群处于不知情的状态，缺少必要的预防传染措施。所以当时的媒体主导着社会记忆的建构，有的媒体发布了片面甚至虚假的信息，这产生了很大的负面影响，直接促使了我国“新闻发言人制度”的建立。试想，如果当时有微博、微信等自媒体传播平台，那么大众的话语权就会发挥作用，有关非典病情的信息会在全世界得到有效传播，从而会倒逼主流媒体进行相关报道，倒逼政府拿出有效的处理措施，而不是控制信息和回避病情。

如今，自媒体平台已经得到广泛普及，移动舆论场正在变得越来越强大，在信息发布和舆论生成方面发挥着越来越重要的作用。移动舆论场让“观点的自由市场”从单纯的理论走向现实，与传统媒体争夺话语权的态势更加明显。移动舆论场的特征就是受众产生传播内容、受众参与讨论，这样构成的交流环境和传播机制，打破了传播者和受众之间的界线，使内容生产者的范围不断扩大，同时个人的信息能够得到有效传播，扮演着越来越重要的角色。“陕西榆林孕妇跳楼事件”“李文星事件”都是先在个人的自媒体上发布，引起了受众的广泛关注和讨论，从而形成了强大的移动舆论场，倒逼主流媒体做出相关报道，倒逼政府及时采取措施、解决问题。

二、移动舆论场下的媒体舆论格局

（一）“传统舆论场”的影响力被弱化

“社会舆论是社会意识形态的特殊表现形式，指相当数量的公民对某一问题的共同倾向性看法或意见，往往反映一定阶级、阶层、社会集团的利益、愿望和要求，其精神内核是群体意识，其现象外观是议论形态，往往以拥护或反对、赞扬或谴责的方式对某一公共问题做公开的评价。”无疑，社会舆论有一种强大的社会影响力，影响着社会记忆的建构，在大众媒介产生以后，媒介在舆论方面就有着得天独厚的优势，政府也主要通过媒体进行舆论引导。在传统媒体时代，传统舆论场有着很大的影响力，能够控制人们接受的内容、左右人们的观点。但是随着互联网的发展，尤其是智能手机的普及和自媒体平台的诞生，传统舆论场的优势逐渐降低，话语权不断向移动舆论场分流，其舆论引导力受到了挑战，影响力正在被弱化。

一方面，各种自媒体平台打破了传统媒体对话语权的垄断。之前，传统媒体把握着信息准入的特权，对信息进行严格的把关，控制着信息的去留和流向，对信息内容的生产和传播渠道进行垄断，掌控着话语权。由此传统媒体能够进行新闻的议程设置，决定受众看什么，引导并形成舆论。但是互联网的出现使新媒体具有了“去中心化”“去权威化”的特性，打破了“传统舆论场”的垄断。尤其是自媒体平台被广泛应用后形成的移动舆论场，提供了平民化、网络化的传播，让任何一个处在网络传播节点上的受众都能够发布观点意见、传播和评论信息内容，进行社会记忆建构。在移动舆论场中，受众自己决定着传播的内容，传播的速度和范围得以迅速扩大，传统媒体的“把关人”作用和议程设置优势被消解，话语权式微。在多次热点事件的传播和讨论中，传统媒体处于被动的境地。

另一方面，广大的自媒体形成的移动舆论场成了传统媒体的制约者和监督者。以往，传统媒体一直都是实施舆论监督的主要力量，于是媒介被西方称为“第四权力机构”。但与此同时，由谁来约束、监督媒介是人们一直思考的问题，采取的方式不外乎法律和规则的约束、受众的监督。但是事实上，以往受众在监督媒体上发挥的作用并不明显。我们说传统媒体拥有一定的权力，正是因为媒介在信息生产和传播中的位置特殊，受众基本没法左右媒体的行为，受众的反馈是否采用也取决于媒体，所以以往的受众监督存在困难。现在来说，正是得益于微博、微信等自媒体平台的广泛使用，受众监督的效果愈加明显。受众通过自媒体发声，争夺话语权，打破了传统媒体对信息源的垄断地位，打破了受众与媒体之间的不对称关系，由此形成的移动舆论场，承担起监督传统媒体的责任。因为这种移动舆论场不受时间、空间的限制，所以受众的各种声音都可以进行传播，尤其是以往被传统媒体过滤掉的信息，也可以在移动舆论场中找到生存的空间，能够被建构下来。在这种监督和制约下，每当新闻发生时，传统媒体不仅不敢不报，而且还会想尽各种办法早报。这正是移动舆论场给传统媒体带来的变化。

（二）移动舆论场有利于公众议题的产生和发展

上文已经提到，截至 2016 年，手机网民占总网民的 90%以上，网民的上网设备不断地向移动终端集中，这就给移动舆论场的形成提供了物质硬件条件。同时微博、微信等自媒体给移动舆论场提供了软件技术支持。人们通过移动舆论场更加全面地了解世界、自由发表自己的看法，移动舆论场已经成了人们生活中不可或缺的一部分。

一方面，移动舆论场成为公众议题的策源地。自媒体平台的本质特征就是让广大自媒体用户生产内容，进行社会记忆建构，所以由自媒体平台建构的移动舆论场对传播格局的首要影响就是信息的生产者由专业人员向非专业人员迅速扩大，民间舆论可以在移动舆论场中更快、更广、更多地传播开来。在像四川九寨沟地震等突发事件和"陕西榆林孕妇跳楼事件""李文星事件"等热点事件的传播中，民众曝光了多个细节性问题，多个民间舆论议题由此产生，并带来广泛影响，迫使传统媒体跟踪报道。可以说，舆论议题正从传统媒体发布向自媒体发布扩展。

另一方面，移动舆论场成为公众议题的扬声器。移动舆论场不仅打破了传播者和受众之间的界线，还进一步扩大和延伸了信息发布的渠道，从而成为信息发送和不断扩散的助推器。在移动舆论场中，自媒体平台具有强大的再分发能力。"在这些平台上，媒体内容的再分发能力，很大程度上取决于它们激活用户的人际传播网络的规模，更深层地取决于这些内容与用户的共鸣程度，或者对于社交、社群的意义。"比如，对于微博来说，微博中存在多个"意见领袖"，他们拥有广大的粉丝群，当他们获取信息并发布信息的时候，广大粉丝就会产生互动效应，要么评论、要么转发，转发出去的信息又会再次影响其他的微博用户，这样的无限放射式传播使得议题不断被传播。再如微信，微信有着强大的用户黏性，很多消息是在朋友之间不断传播的，这种强关系性能够在一定程度上抵御噪音的干扰，使得公众议题的传播效果明显加强，很多公众议题通过移动舆论场的发酵，呈现爆炸式的传播趋势，影响较大。

综上所述，移动舆论场改变了原来的传统舆论格局，传统媒体的舆论影响力正在被自媒体产生的舆论影响力弱化，移动舆论场在整个舆论环境中主动性日益明显，话语权不断扩大。但是需要指出的是，移动舆论场虽然给了人们自由表达的权利，促进了许多事情的透明化、公开化与及时性，但是移动舆论场也能产生负面影响，比如谣言的蔓延。因此，需要采取一定的措施来为移动舆论场保驾护航，促进社会记忆建构的良性发展。

三、媒体导向促进社会记忆建构的良性发展

“意见的自由市场”存在一定的弊端。我们生活在社会中，需要和谐稳定的生活环境，而移动舆论场是无序的，如果得不到有序的规范和引导，就会滋生各种问题，影响社会稳定和发展。在这种情况下，主流媒体对舆论进行正确的引导是非常必要的，这体现着“修正理论”和主流媒体的社会责任。

如何做好主流媒体对移动舆论场的引导，是目前学界和业界普遍关心的问题。因为移动舆论场处在不断发展变化中，所以媒体引导是一个不断优化和完善的过程，但最基本的要做到以下几点。

（一）保持主流媒体的权威性和公信力

各种自媒体平台赋予了每个人表达观点的权利，这反而使权威性和公信力成为稀缺资源。而以传统媒体为代表的主流媒体最重要的特点就是其权威性和公信力，这是主流媒体的优势。因此，在移动舆论场快速发展的形势下，主流媒体必须牢牢把握并发扬自己的优势。

移动舆论场虽然拓宽了传播渠道，但也给虚假消息提供了温床，影响着良性的社会记忆建构。一些自媒体为了牟取不正当的利益，会故意歪曲事实、传播虚假消息。尤其是跟人们切身利益相关的虚假消息，会产生破坏性的影响。这就需要主流媒体及时站出来，发布权威信息，制止谣言的传播，正确引导舆论。如 2017 年 4 月份，有一则关于“驾照新规”的消息在微博、微信等自媒体平台上得到大量的转发，在移动舆论场中得到广泛的讨论。引起热议的原因主要是网传内容中有“7 月 1 日起将增加科目五考试”的“规定”。“通知”中写道：“2017 年 7 月 1 日起，将执行 2017 年省交通管理总队新标准(关于进一步规范管理机动车驾驶员考试规则)。”另外，“通知”中还列出诸如“增加科目五考试”“科目一题库增加近 260 道题”等一系列“新规”。这个“新规”对于还没有驾照的网民来说意义重大，于是他们在自媒体中发声讨论，移动舆论场一时充斥着相关言论。对此，山东、青海等多地的交警部门利用主流媒体和官方平台发布权威消息进行辟谣，称该消息为虚假消息，恐慌的议论风波才得以平息。搜集相关内容发现，在“新规”出来后，就有自媒体进行辟谣，但是因为媒体平台不够权威，缺乏公信力，所以没有起到制止谣言传播的效果。此外，“清

华大学迁雄安新区”“老人被骗鸟巢领钱”“黄瓜笔直说明被喷了药”“66%癌症发生是因为运气不好”“18888888888 号码卖出 1.2 亿”“五台山女尼结婚，众师姐妹来参加婚礼”等在移动舆论场中产生和传播的虚假消息都是通过主流媒体的辟谣得以修正的。主流媒体因其权威性和公信力而在移动舆论场的舆论引导中发挥着不可替代的作用，因此必须重视。

（二）建构主流媒体移动舆论

目前的移动舆论场中，除了普通大众的自媒体外，还存在着大量主流媒体创建的自媒体平台。主流媒体担负着引导舆论良性发展的重要责任，为了在移动舆论场中争得一席之地，主流媒体日益重视自媒体平台的创建，走进移动舆论场争夺话语权。

建构自媒体平台的方式主要有两种。一种方式是自己打造新闻客户端。随着智能手机的普及和移动互联网技术的快速发展，许多主流媒体创办了自己的新闻客户端，将新闻信息以文字、图片、短视频等丰富的形式进行传播。与此同时，移动新闻客户端已经成为受众获取信息的重要途径。移动新闻客户端凭借着其丰富、权威的内容资源，及时的信息推送和便利的社交性互动模式，日益受到受众的青睐，且不断发展壮大，在移动舆论场中作用明显。目前，新华社、中央电视台、人民日报、凤凰新闻、澎湃新闻等主流媒体都打造了自己的移动新闻客户端，并且不断创新自己的传播方式，在媒介引导中扮演着重要角色。另一种方式是借助微博、微信等平台发声，扩大自己的舆论影响力，从而更好地发挥引导力。主流媒体凭借其稳定的用户群体开设官方微博、官方微信公众号，及时地传播权威信息、发表评论。目前各大报纸、电视台、电台、新闻网站都开通了自己的官方微博和官方微信公众号，积极与受众进行互动交流，及时传播时事新闻、党和政府的大政方针，为受众提供权威可靠的信息。其中，《人民日报》的官方微信公众号每条消息的阅读量都在一万以上；《新京报》以解释性新闻、调查性新闻见长，每次热点事件出现后，其官方微信公众号都会推出“×××事件的始末”，详细权威地报道事件，从而引起人们的广泛讨论。

这些主流媒体的自媒体平台提高了移动舆论场中的信息资源质量，能够有效地进行媒体引导，为整个移动舆论场营造了良好的生态环境，有利于社会记忆建构的良性发展。

（三）提高网络舆情监测力度

“主流媒体是引导舆论的中坚力量，不仅要具有处理突发事件的能力，还要具备预见性和前瞻性。”在科学技术高速发展的今天，网络舆情的监测不仅要靠新闻工作者敏锐的洞察力，更要借助于先进的科学技术手段，以获取全面准确的舆情信息。

新浪网在舆情监测方面是个很好的例子。新浪网采用“红麦舆情监测系统”对网络舆情进行即时监测。“红麦舆情监测系统”拥有先进的“爬虫技术”，它能够根据之前预定的“把关”关键词在较短的时间内发现大量的来自移动舆论场中的跟新浪网有关的舆情信息，并对危险敏感信息进行警报反映。系统会利用相关技术，对信息进行相应的处理，帮助网站分析网络舆情发生的时间和预计分布情况，从而让人们提前做好准备和各项应对措施，能够及时采取有效手段对舆论进行引导。

主流媒体需要建立并完善自己的舆论监测系统，对舆论动向能及时把握，提高应对突发舆论的能力，对舆情进行合理果断的处理，充分发挥媒体的主动导向作用，争夺话语权，引导舆论朝着更好的方向发展，促进社会的和谐稳定。

需要指出的是，除了媒体导向外，移动舆论场还要有自律、他律。自律是加强广大受众的媒介素养，使受众能够严格要求自己，并在使用自媒体发声的同时做到不造谣不传谣。他律是必须建立并完善相关法律法规，对移动舆论场中的行为进行必要的规范和约束。2017 年 9 月 7 日，国家互联网信息办公室印发《互联网用户公众账号信息服务管理规定》及《互联网群组信息服务管理规定》等规定就是国家利用法律法规规范移动舆论场、促进社会记忆建构良性发展的体现。

参考文献：

1. 王佳. 社会化媒体对网络舆论环境的重建[J]. 今传媒，2016(11)：51－52.
2. 彭兰. 正在消失的传媒业边界[J]. 新闻与写作，2016(2)：25－28.
3. 左彩金. 我国移动网络舆论场的引领策略[J]. 传媒，2015(15)：50－51.

电视媒介视阈下客家文化的社会记忆建构
——以贺州电视台《客家》栏目为例

汤新部[①]

摘　要：本文通过对贺州《客家》栏目51期节目与受众调查分析发现，电视媒介在客家文化社会记忆构建方面面面俱到，但与受众的文化社会记忆建构诉求不是十分贴合。本文结合新媒体发展背景，尝试讨论媒介如何更好地构建客家文化社会记忆，如何对传统文化特别是客家文化更好地进行社会记忆建构。

关键词：电视媒介；社会记忆；客家文化

一、前言

客家文化是岭南文化的代表之一，是中华民族文化社会记忆中不可或缺的一部分。传播媒介特别是电视媒介对客家文化记忆建构起到了重要的作用。"社会记忆"是由著名社会历史学家涂尔干的弟子莫里斯·哈布瓦赫所提出的"集体记忆"理论演变而来的。哈布瓦赫认为，集体记忆是立足于现在而对过去的一种建构，是一个社会建构的过程。那本文所研究的社会记忆，用台湾王明珂教授的观点来说就是，社会记忆是指在一个社会中借各种媒介保存、流传的所有"记忆"。本文的研究就是借着媒介记忆的学术视角与眼光来审视研究客家文化的社会记忆建构过程。

客家文化记忆属于社会文化记忆的一种，客家文化作为中原文化，特别是岭南文化的代表之一，也是中华民族五千年优秀传统文化记忆中的重要组成部分。长期以来，客家文化以人际传播方式传承了近千年，但是随着媒介技术的不断发展，传统的文化记忆方式有了新的改变，我们都知道，社会记忆的存在和表现必然要通过一定的记忆媒介才能实现，那么传统的人际传播记忆与

---

① 作者简介：汤新部，中南民族大学文学与新闻传播学院研究生。

媒介记忆之间是否存在着某种联系，或者说电视媒介是如何对客家文化进行文化记忆建构的呢？在文化记忆建构的过程中出现了什么问题？我们又将如何更好地进行文化记忆建构呢？本文将以广西贺州电视台的一档客家文化类节目《客家》为研究对象，从栏目内容运作、栏目版块结构、栏目风格等多个方面进行分析探讨，最后尝试提出建构客家社会记忆的策略与建议。

二、国内相关研究综述

前人对客家文化的研究多集中于客家历史、客家人迁徙、客家民俗、客家精神等方面，很少有人对客家文化记忆建构，特别是电视媒体对客家文化的文化记忆建构做研究。黄小琴的《传播娱乐化环境下的客家文化传播》一文从不同角度多个方面论证了在娱乐化的今天传承客家文化的必要性，并且提出了应对娱乐化冲击的相应策略；周建新的《新媒体语境中的客家文化传播》一文讲的是如何利用网络新媒体等媒介更好地传承客家文化；将电视媒介与文化传承相结合是毛泓的文章《论电视与当代少数民族文化的传播与传承》的一大亮点，其以"央视春晚"为研究对象，结合少数民族文化传承来进行分析解读。

媒介在社会记忆的建构方面扮演了十分重要的角色，媒介也是社会记忆的具体表现形式及重要的传承体系之一。中国新闻学会理事余霞认为：在形塑历史记忆方面，传媒无疑是最重要的途径之一。传媒建构历史记忆。透过传媒，可以体会到具体历史情境下的文化内容，特别是电视媒介，通过声音、图像等表达手段，对文化记忆起具象的建构作用。

三、客家文化传承的传统方式

（一）人际传播——以教育方式

客家是汉民族中的一支重要民系。客家先人原居住在我国的北方，他们有自己的方言，有独具魅力的物质文化、精神文化和社会文化。客家人依靠传统的人际传播的方式来传承自己在饮食、建筑、信仰、伦理等多方面的文化，通过父传子这样的方式，一代又一代地传承自己的文化。新生儿从出生便开始了解学习客家文化，如学习客家话语言，接触客家围屋等客家建筑，欣赏客家山歌舞蹈等艺术作品。在新生儿学习客家文化的过程中，父母就是他们的第一任老师，言传身教地传播客家文化。此外，学校老师、同学等社会角色也在传播客家文化的各方面起到了不可忽视的作用。

（二）四海迁徙——播撒客家种子

客家人为了繁衍后代，从北方广大地区开始，逐步分批次南迁，与当时的“安土重迁”等儒家思想相违背，他们逐渐形成了怀土不重迁的新理念。客家人分布广泛，在中国的广东、福建、江西、广西、四川、台湾等省份都有客家人的足迹，甚至远及马来群岛、东南亚等地。不少客家人怀揣着改变生活状况的梦想踏上了出洋谋生之路。客家人出洋谋生的举动，一方面在一定程度上体现了客家人勇敢无畏的精神，另一方面，客家人在背井离乡出海创业的过程中必不可免地会将原本在中原的客家文化带出国门，这促进了客家文化的传播。

（三）艺术瑰宝——山歌、建筑、文学为依托

“月光光，秀才郎，骑白马，过莲塘……”这便是客家经典曲目之一的《月光光》。客家人十分勤劳能干，在田间地头劳作的同时会唱起客家山歌，这一来能排遣劳作时的苦闷乏味，二来也对客家文化的传承起到了重要的推动作用。客家山歌的题材内容丰富，涉及客家人生活的日常、婚丧嫁娶、节庆节日等多个方面，在唱法上，灵活多样，丰富多彩，有些唱法甚至还可以看到现代音乐唱法理论的雏形。

客家人在建筑方面也别具特色，贺州莲塘镇的客家围屋，就极具客家文化的特色。贺州莲塘客家围屋采用三横六纵的布局结构，很好地将宗庙祭祀、日常起居、牲畜豢养等结合起来，土墙之内还隐蔽地保留了烟囱，生火做饭之时，只见火苗不见烟，能巧妙地将废烟排出围屋。客家围屋在门窗上还有很多体现汉族遗风的雕栏绘画，甚至被称为江南“紫禁城”，这足以见得客家围屋在文化、建筑等方面的重要地位。

客家文化在以往主要通过山歌、建筑、文学等艺术表达形式来传承，人们在聆听山歌的过程中，在围屋居住生活的过程中，在阅读客家文学作品的过程中，就能潜移默化地接受客家文化的熏陶，客家文化的“濡化”影响对客家文化的传承起到不可磨灭的作用。客家精神与客家的道德秩序也在山歌、建筑、文学等艺术表达形式中得到体现，不同形式的艺术表达方式多角度、多方面地促进了客家文化的传承，在客家文化的社会记忆方面，也起到了建构客家文化记忆的作用。

四、研究设计

（一）样本采集

目前，国内的客家栏目较少，本文的研究样本是广西唯一一档客家方言栏目——贺州电视台的客家文化类栏目《客家》。该栏目采取在实景演播室主持人用客家方言介绍与客家专题片相结合的形式，更新周期是两周，每期时长大约在15分钟，首播在每周六20:00，在新闻综合频道9:25(周一、周日)、20:00(周日)，生活频道22:00(周日)、7:20(周一、周日)、12:00(周一、周日)重播。初步统计每周播放次数为9次，播出总时长约为135分钟。该栏目定位于乡音、乡土、乡情，其目的主要是弘扬客家文化，传播客家精神，介绍客家风俗风情、饮食文化、人文历史、建筑音乐等。笔者在贺州电视台官网上检索，选择2012年3月5日到2015年1月8日的51期栏目为研究样本。

（二）内容分析

对所得的《客家》栏目内容进行分类整理与归纳，共得出13个类别的内容与主题：典故信仰、传统节日、典型个人、传统工艺、宗庙祭祀、文物故事、功夫运动、衣食住行、代表村落、习俗礼仪、音乐舞蹈、姓氏家族、客家来源等。

典故信仰的创作主题主要是指相关的历史典故和客家人对代表山川、河流、土地等的神灵的内心皈依与崇拜，以及祈求来年的风调雨顺与家人老少的安康，这体现了客家人朴素的神灵观念；典型个人主题下涵盖的主要是优秀客家人物的代表，如献血志愿者叶千、自主创业养豪猪的阿良叔、音乐人钟亚彬以及贺州客家歌后叶小惠等；传统工艺主题下所指的是客家文化中历史悠久的手工艺技术，它反映并体现了客家人的聪颖智慧与高超的技艺，如陶瓷、竹编、泥塑等都凝聚了客家几代人在手工艺创作方面的心血与智慧；宗庙祭祀的主题包括了对祠堂转座、族谱文化等的介绍，族谱家规较为集中地反映了客家传统文化的精神内涵，这与客家人注重文化传承、感恩先祖的思想关系紧密，一定程度上也反映了客家的道德秩序；文物故事的主题是对有历史文化的客家文物进行介绍讲解，如客家贺县铁索桥、浮山庙匾等，采用纪实性的手法充分展示了古代客家人的创造能力和艺术天赋。

（三）受众调查

此次调查问卷在网络中发放，共发放问卷 213 份，去除没有收看过该节目的无效问卷以及没有填写完整的无效问卷，有效问卷共计 198 份，有效率为 92.96%。

主要调查问题为：

（1）对《客家》栏目建构客家社会记忆做法的态度。

（2）客家社会记忆建构过程中，你最感兴趣的并且认为应该是社会记忆中的一部分的是哪些内容？

五、研究发现

根据图 1"《客家》栏目播放内容主题划分"，各个内容主题的报道量占比平均为 8%左右，这在一定程度上说明了贺州电视台《客家》栏目对不同的主题做了比较均衡的传播，也就是面面俱到，每个类别的报道数量差异化程度不是很大。这有助于受众比较全面地了解客家文化的各个方面，从而形成对客家文化的较为直观全面的认知。

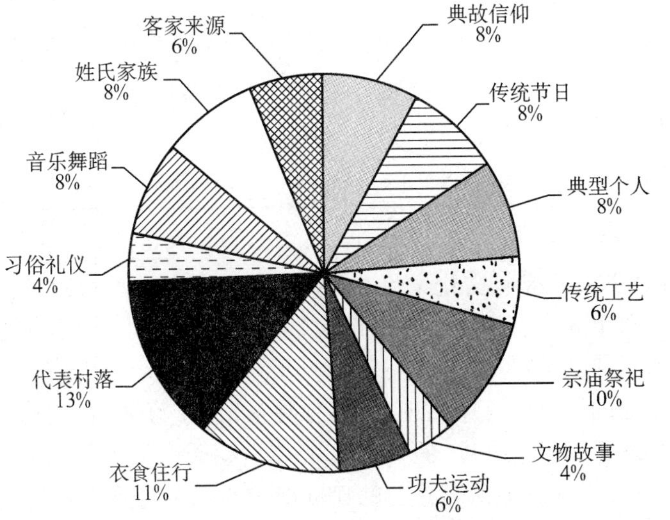

图 1　《客家》栏目播放内容主题划分

根据卡方检测（见表 1），议题性质与报道主题之间存在一定的相关性，议题性质基本上呈中性，带主观倾向性的评价很少，这对客家文化的社会记忆建构起到了积极的推动作用。

除此之外，功夫运动主题下，选取功夫顶级传人介绍客家功夫历史以及一招一式，与打“功夫拳”是客家人防身习武的重要运动方式之一关系紧密；衣食住行涉及客家人生活的方方面面，是客家人与其他汉民族的最大不同点之一，围屋、豆腐酿、采茶、灰水粽、扣肉等都是融合了当地特色和客家文化的事物，其正面的议题居多；音乐舞蹈主题包括客家山歌剧、采茶戏等艺术，主题内容在音乐舞蹈方面的性质也是积极为主。

表 1 《客家》栏目主题内容划分与议题性质交叉对比表

议题性质	典故信仰	传统节日	典型个人	传统工艺	宗庙祭祀	文物故事	功夫运动
中性	2(6.6%)	4(13.3%)	2(6.6%)	1(3.3%)	4(13.3%)	0(0.0%)	1(3.3%)
负面	0(0.0%)	0(0.0%)	1(20.0%)	0(0.0%)	1(20.0%)	2(40.0%)	0(0.0%)
正面	2(12.5%)	0(0.0%)	1(6.2%)	2(12.5%)	0(0.0%)	0(0.0%)	2(12.5%)
总计	4(7.8%)	4(7.8%)	4(7.8%)	3(5.9%)	5(9.8%)	2(3.9%)	3(5.9%)

议题性质	衣食住行	代表村落	习俗礼仪	音乐舞蹈	姓氏家族	客家来源	总计
中性	4(13.3%)	3(10.0%)	2(6.6%)	1(3.3%)	4(13.3%)	2(6.6%)	30(100%)
负面	1(20.0%)	0(0.0%)	0(0.0%)	0(0.0%)	0(0.0%)	0(0.0%)	5(100%)
正面	1(6.2%)	4(25.0%)	0(0.0%)	3(18.7&)	0(0.0%)	1(6.2%)	16(100%)
总计	6(11.8%)	7(13.7%)	2(3.9%)	4(7.8%)	4(7.8%)	3(5.9%)	51(100%)

$X^2=33.44$ $df=8$ $\rho<0.05$

在 13 个类别的客家文化记忆主题中，关于客家代表村落的介绍次数最多，为 7 次，单单介绍客家习俗礼仪的次数最少，为 2 次。每类主题的播放次数见图 2 所示。

在对受众的网络调查中发现，大部分受众对《客家》栏目建构客家社会记忆的做法都表示积极的态度，但只有 20%左右的受众认为要加强文化的社会记忆建构，三分之一的人认为目前的建构做法和效果勉强还可以，这说明我们有进一步提高的空间和必要。

前文主要分析的是传播者也就是电视媒介对文化建构所做的努力，对于受众对建构自身文化的表达，我们将受众的表达诉求分为 8 类，分别是客家音乐、

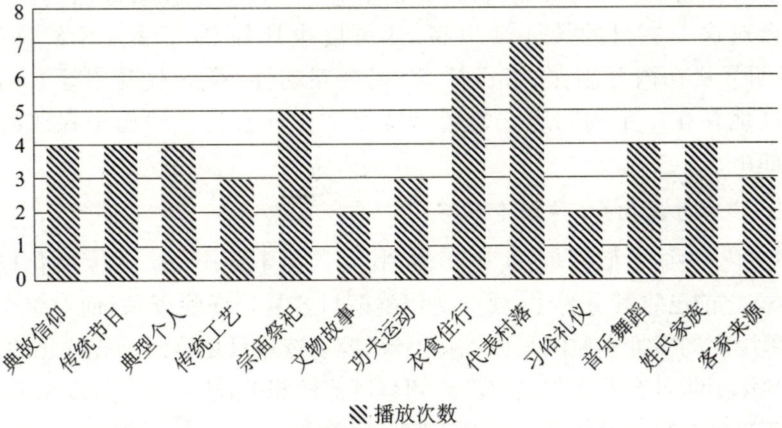

图 2　《客家》栏目不同类别播放次数统计

客家舞蹈、客家服饰、客家饮食、客家建筑、客家历史、客家手工艺、客家习俗。其中客家建筑与客家饮食在大部分人看来对于构建客家文化记忆更为重要。

表 2　受众对构建客家文化社会记忆诉求比例

受众诉求	比例
客家音乐	22.4%
客家舞蹈	13.8%
客家服饰	23.3%
客家饮食	45.6%
客家建筑	55.8%
客家历史	23.2%
客家手工艺	16.6%
客家习俗	23.3%

六、研究结论与思考

（一）《客家》栏目在构建客家文化社会记忆中出现的困境

《客家》栏目作为为数不多的客家文化类节目，自然受到众多受众的关注。在对栏目制片人黄永进行访谈的时候得知，很多客家地区的阅听众、电视台对这个栏目的关注度很高，认可度也比较高，但是《客家》栏目的50多期节目在内容制作、节目样态、观众互动性、受众收看率等方面都不同程度地存在一定的问题。笔者对客家文化社会记忆建构中存在的问题梳理如下。

1. 内容方面：内涵挖掘度不够

“文化”一词看似简单，实则不然，其涵盖面十分广泛。客家文化也是如此，本文之前已将其分为13项。文化类节目容易只描绘现象，而对该文化背后更深层次的精神实质的东西挖掘不够，容易造成只是浅阅读碎片化的记录，这与制作团队对客家文化内容的理解程度比较相关，从另一个维度来说，这与地方电视台的媒介运作机制也有比较大的关系。

通过对制片人黄永的访谈得知，《客家》栏目的制作周期为七天，一周内需要确定选题，完成前期采访拍摄、节目录制、后期合成审核等一系列工作，这样的工作流程与日常新闻报道相比显然节奏比较慢，但是该栏目包括制片人在内也仅有三四人完成制作，而日常新闻栏目制作的编辑少说也有三四人，这也体现了客家文化节目难做的原因之一——人手不足，想进一步思考挖掘客家文化的内涵也难以做到。

众所周知，要做好文化类节目必须要有足够的时间来思考选题、把握前期拍摄以及后期制作，但就目前我国广播电视行业中流线性的高压制作流程和周期而言，难以做到深化节目内容、跳出原有的制播框架来做出更多的内容与形式方面的创新，丰富节目的文化内涵。

2. 形式方面：节目样态变化不大

《客家》栏目是一档时长大约15分钟的本土文化类电视节目，从目前播出的节目来看，其主要关注客家文化，节目样态主要有纪实性拍摄式与板块串讲式两种。纪实性拍摄式主要体现在描述一个典型的客家村落上，刻画体现当地的客家风土人情、饮食文化、建筑魅力等；板块串讲式主要体现为对宏观历史的回顾，从不同时期、不同位置、不同角度来展现客家的来源历史、姓氏家族的起源传承等。

研究样本中的50多期《客家》节目都是把“客衍天下，四海一家”的简单动画作为开头，其间穿插之前在《客家》目中出现过的具有典型意义的短镜头。随后，主持人聂晓文用客家话开场，简单的问候和本期内容提点之后，进入本期客家文化介绍的主题部分，然后采用提前采制好的客家纪实性的影片进行讲解介绍，其间还会再次出现主持人设疑问和讨论的环节，最后由主持人进行收尾。这基本上构成了变化不大的节目样态。正如“文似看山不喜平”，受众面对这样比较程式化的表达，时间长了之后，就失去了对于这个节目的新鲜感与好奇心。《快乐大本营》节目之所以能在激烈的节目竞争中存在这么多年，与其不断推陈出新的游戏模式、丰富的互动模式不无关系。由此可见，《客家》栏目要想赢得受众，必须改变原有节目样态，做出更多的尝试。

3. 互动性方面：受众难参与节目制作与讨论

从传播者到受众的单一的线性传播模式，固化了两者之间的联系，弱化了互动性。电视媒介在这一方面表现得比较明显，电视节目按照时间顺序播出内容，而且电视传播内容转瞬即逝。人们几乎不能直接参与到《客家》节目的选题讨论与节目采制的各个过程，主题的选择、展现的文化形式等都是由传播者做决定，普通受众没有条件参与到节目制作当中。不少受众会觉得电视节目离自己很遥远，体会不到电视节目与自己的贴近性、相关性，故不愿参与到节目当中。

电视与其他媒介不同，与家庭的贴合程度较高，受众一般在家里观看电视节目，受众观看电视的过程大多不是一个连续完整的闭合过程，而是断断续续的，而且还可能同时进行着其他活动，比如吃饭、娱乐等活动，这可能会影响受众对节目内容的理解，从电视节目的传播效果来考量，受众也处于比较低层级的浅阅读观看阶段，难以与读书一样进行深入的思考，由此一来，受众就更难对节目的内容与制作方面做出深思与抗辩。

4. 收视率方面：收视低迷面临停播

收视率直接影响着电视节目的收入，广告主自然会将资本投放给收视率高的节目或者电视台，电视受众的多少在一定程度上直接反映一个节目的广告收入。在互联网时代，电视媒体正在面临着互联网网络媒体特别是视频流媒体的冲击。根据第36次《中国互联网络发展状况统计报告》得知，我国互联网普及率为48.8%，网络视频使用率为69.1%。换言之，人们观看视频，首选的可能是手机、电脑的互联网平台，而不再像十多年前那样，会直接选择电视媒体。

我们都知道，电视是大众传播媒介的重要组成部分，大众传播媒介具有商品属性。电视媒体面对这种情况，也是以收视率为标尺，然而《客家》栏目是以客家人为受众的文化节目，与拥有广泛受众的《快乐大本营》不同，《客家》栏目的受众基本上是懂得客家话的客家人，而且其还需对客家文化感兴趣，能同时满足这两样要求的人非常少,况且其他趣味性的节目可能更吸引人,由此可见,多种原因导致了《客家》栏目收视低迷,面临停播。

(二) 客家文化社会记忆建构的策略建议

1. 传播者

(1) 传媒方面:强调对受众反馈意见信息的采集与汇总。电视媒介应该改变过去单一的线性传播模式,逐步建立起双向的互动传播沟通渠道与方式,积极鼓励受众参与到节目的制作中来,强化受众观看节目的积极性。与此同时,《客家》栏目可以借助新媒体平台中的微博、微信等社交传播工具,注重收集受众对于《客家》栏目的反馈意见与评价,以此来进一步了解受众的真实需求,在后续的节目创作中,达到更好的传播效果,实现双向传播与互动。

(2) 教育:尽可能地多利用学校、家庭等,推动客家文化记忆的建构。在中小学教育上,可以增加校本课程,邀请专家编撰客家文化系列读本教材,增设客家文化的系列课程,创建立体式特色文化课程体系、联动式课程教学体系,在日常的教育中多引导学生了解客家文化知识、诵读客家经典。在家庭教育上,家长应该重视家庭教育在客家文化传承中的作用,在点滴的生活中,潜移默化地向孩子传输客家历史等相关知识,培养孩子对于客家文化的兴趣,平时经常用客家话与孩子沟通交流,让孩子逐渐形成客家人的归属感。

(3) 传承人:客家文化中的优秀传承人要有代际相传的意识,文化注定是人的文化,只有依靠人的传承,文化才能继续,否则就像楼兰文化一样只能躺在博物馆里供人瞻仰。优秀的传承人不仅要有高超的手工技艺,还应具有高瞻远瞩的传承意识,将自己的手艺传承下去并且发扬光大,让更多的人知晓客家文化的博大精深与历史的厚重。

2. 传播形式与内容

除了使用目前栏目所采用的节目形态,即纪录片专题式和新闻版块式两种形式之外,还可以尝试使用电视讲座、电视连续剧、知识竞赛、散文诗歌展播、动画片等多种节目形态来传承客家文化。

电视讲座类似于《百家讲坛》,以专业学者的角度向大众普及客家文化的相关知识,具有权威性、客观性的优点。电视连续剧方面之前也有不少尝试,在贺州开拍的《茶是故乡浓》《酒是故乡醇》《欢乐桑田》等客家文化电视剧受到社会各界的广泛好评,它们从客家文化的不同角度、不同侧面展现了客家人民的勤劳善良、能歌善舞。知识竞赛是目前国内流行的电视节目形式,如《一站到底》,可以让比赛选手对客家文化问题进行回答,以起到弘扬传承的作用。散文诗歌展播是将民间优秀的客家文学作品以艺术的方式进行传播,可提高受众的文学修养,激发其兴趣爱好。此外,还可以制作客家文化专题动画片,类似于动画片《中华经典弟子规》,用故事和动画片的表达方式来使低龄儿童产生对客家文化的兴趣,从小便教育其传承客家文化的重要性。

纪录片专题式和新闻版块式两种常用的电视节目形态,多以时间顺序架构叙述,讲述大多平淡无奇,不能很好地吸引受众,因此可以尝试采用非虚构写作的叙事手法。在节目中以小见大,以一个人物的视角,从他的经历来讲述关于客家文化的故事,丰富客家文化的内容,让文化不仅仅是文化,更包含着活生生的客家人的形象,通过这样的叙述手法表现的节目可能更容易为广大阅听众所接受认可,这样的节目也会与原来程式化的表达有所区别,节目内容可能会更加跌宕起伏,更加扣人心弦。

客家文化与中原文化关系很大,客家能与土著文化融合,既与自然环境因素有关,也受人文环境的影响。客家人的不断南迁,将原本属于中原的河洛文化、黄土文化带到了南方地区,所以客家文化中有大量与中原文化相关的内容,如客家话中的大量魏晋古音、姓氏的门第堂号等,客家文化博大精深,不仅仅体现在饮食、建筑、生活习惯、语言等方面,还包括客家名人、客家美食等内容。在客家名人方面,唐代诗人张九龄、宋代民族英雄文天祥、太平天国的洪秀全、近代的孙中山、朱德等人都是客家人,在宣传客家文化的时候,可以考虑把客家名人的事迹穿插进客家文化的介绍当中,这样的文化介绍会更丰满、更有血有肉,而不再是史书上的晦涩字眼。

在互联网传播时代,传播内容必须要符合青年的阅读习惯,贴近生活。在对客家文化的取材上,可以考虑将客家文化分类,分为衣、食、住、行等几大部分,要对客家文化进行梳理,不断丰富客家文化的内容,吸引更多新一代年轻人的关注,扩大客家文化的知名度。

3. 传播媒介

结合新媒体时代背景,开辟《客家》栏目官方微博、官方微信公众号,在第一时间将节目的最新动态、每期节目的精彩内容做推送,这一来对节目起到宣传推广的作用,二来可以让更多的人在网络上了解客家文化。通过微博、微信的留言评论,了解受众感兴趣的文化内容,以便更好地制作出符合受众需求的文化节目,提高节目收视率。

在微信传播方面,声音是微信传播中不可或缺的元素之一,可以尝试把客家文化的内容制作成早安语音,或者推送客家山歌等富有客家特色的内容。

尝试打破语音和文字的界线。文字传播属于冷媒介，需要调动受众的思维才能建构客家社会记忆，而语音可以以音乐等形式丰富阅听众对于客家文化的理解，将文字传播和声音传播有机地结合起来能发挥更大的作用。

在微博传播方面，微博是个无中心的公共话语空间，原创性、议题性的微博更易被关注。可以考虑设置微博讨论话题，如客家文化大家谈、我最喜欢的客家歌曲、最好吃的客家美食等，切合当下受众的兴趣爱好，引发网友受众的讨论，增加客家文化在网络的热度，提高受众对于客家文化的了解程度。

在门户网站方面，台湾省有客家的网站，也有客家的电视台，有原住民族文化事业基金会等媒介机构，我们可以尝试学习借鉴台湾省的传播经验，更好地运用大众媒介承载客家文化知识，让受众在门户网站能了解到客家的历史、客家的文化、客家的衣食住行等各个方面，使之成为客家人的网络精神家园。

目前，电视节目资源多用于同一电视台的不同频道间的内部共享，特别是在新闻栏目当中，共享新闻画面资源是经常发生的事情。但是，在其他栏目如文化类栏目、知识竞技类栏目等就鲜有合作共享，同类栏目的重复率较高，制作成本居高不下，电视资源得不到充分利用。电视节目资源是电视台的生命源泉所在，二、三线城市的电视台要负担日常宣传报道的工作，很难有更多的时间和人力物力来开发新的节目形态，所以不同的电视台之间、不同的栏目之间可以尝试采取版权合作的方式，对于同类的客家栏目可以尝试进行轮流展播，一方面能节省制作资源，另一方面受众也可以了解到不同地区的客家文化生态，这对于观众深入了解客家文化具有积极的推动作用。

4. 受众

受众的兴趣直接影响到节目的兴衰。《客家》栏目的受众主要是客家人，客家文化的传承者也主要是客家后代，俗话说，“少年强则国强”，同理，只有年轻一辈的客家人对自己的客家文化感兴趣，意识到传承客家文化的重要性，他们才会更加关注客家文化的传承问题，并成为传承者。

受众应该提高对节目的参与度与互动性，及时将有关节目选题制作、客家文化内涵等众多方面的意见反馈给传播者，从而使下一期节目能更好地满足受众的需求。

“意见领袖”是指活跃在人际传播网络中，经常为他人提供信息、观点或建议并对他人施加个人影响的人物。家庭长辈、艺人文人等群体他们不但懂得较多的客家文化知识，还可以影响其他人对客家文化的重视程度以及了解程度，因此，从某种程度上来说，这些群体与传播学中的“意见领袖”大致一致。

客家文化在过去主要采取的是人际传播这种传播方式，在人际传播过程中，"意见领袖"对传播效果有比较大的直接影响。强化在客家文化人际传播中"意见领袖"的作用，提高公众对客家文化的关注度和了解程度，对客家文化的传承具有积极作用。

参考文献：

1. 丁华东. 论现代传媒与社会记忆再生产[J]. 学术界，2015，(9)：93－100.

2. 高萍. 社会记忆理论研究综述[J]. 西北民族大学学报(哲学社会科学版)，2011(3)：112－120.

3. 沃尔夫·坎斯特纳. 寻找记忆中的意义：对集体记忆研究一种方法论上的批评[M]. 上海：上海三联书店，2003.

4. 王明珂. 历史事实、历史记忆和历史心性[J]. 历史研究，2001(5)：136－147.

5. 傅维刚，王娜. 泛在网络信息生态系统的构建及失衡防范策略[J]. 图书情报工作，2013(6)：63－69.

6. 胡百精. 互联网与集体记忆构建[J]. 中国高校社会科学，2014(3)：98－106.

7. 钟年. 社会记忆与族群认同——从《评皇券牒》看瑶族的族群意识[J]. 广西民族学院学报，2000(4)：25－27.

8. 王明珂. 华夏边缘：历史记忆与族群认同[M]. 北京：社会科学文献出版社，2006.

9. 张俊华. 社会记忆研究的发展趋势之探讨[J]. 北京大学学报(哲学社会科学版)，2014(5)：130－141.

10. 雅克·勒高夫. 历史与记忆[M]. 北京：中国人民大学出版社，2010.

11. 戴维·莫利. 电视、受众与文化研究[M]. 北京：新华出版社，2005.

12. 黄小琴，刘开源. 传播娱乐化环境下的客家文化传播[J]. 新闻爱好者，2011(11)：20－21.

13. 毛泓. 论电视与当代少数民族文化的传播与传承[D]. 重庆：西南大学，2011.

附录1

《客家》栏目制片人黄永访谈记录(节选)

我:我们栏目创办的初衷是什么?

黄永:栏目宗旨是传播客家文化,弘扬客家精神。

我:我们栏目目前面临的困难或者问题是什么?

黄永:主要是没钱,没人支持,现在电视栏目生存艰辛。

我:栏目的影响和收视率怎么样?

黄永:这个是覆盖全国客家地区的栏目,也是贺州收视率最高的栏目。

我:有没有这方面的数据?

黄永:没有数据,因为地方台没有索福瑞收视率调查。但是四川、福建、广东乃至海外都有人联系过我们,央视、惠州也来专门采访过。

我:能不能谈谈栏目没人没钱的困难?

黄永:栏目涉及写稿、采、编、播,没有相应的人才就做不了,一个人无法做完所有工作。

我:之前栏目都有哪些人在制作播出呢?

黄永:没有其他人,就我一个,包括全部的采、写、编工作。

我:您觉得文化类栏目今后应该怎么转型?

黄永:纯文化宣传是不行的,要有所转变,以人物或者故事带入,现在台湾地区这类栏目做得不错,大陆的文化类栏目都是千篇一律。

我:您觉得传统文化传承出现了哪些问题?

黄永:断层了,老的老,小的不愿再理这些,包括语言也是一样,市区的客家人小孩基本不说客家话了,一旦老的走了,有些文化基本就不存在了。

我:我觉得这个栏目面临停播,让人挺惋惜的。

黄永：栏目消亡遵循市场原则罢了。

我：那我们《客家》栏目之前做过哪些转型努力呢？

黄永：以前《客家》栏目想转变，改成栏目剧，但是我一个人完成不了。我做过第一期，不到半个月，所有渠道统计的浏览量过百万。

我：这个节目我也看了，觉得挺好的，挺能吸引年轻人。

黄永：把客家的元素和一些传统元素放到里面去，那就更好了，这是我们下一步努力的方向。

附录2

《客家》栏目研究样本（部分）节目分类一览表

播出时间	节目标题	主题分类
2014.7.16	客家礼仪：祠堂转座	宗庙祭祀
2014.11.11	杨氏宗祠接祖陞龕仪式	宗庙祭祀
2014.11.11	贺惠行：千里寻根记族谱	宗庙祭祀
2014.1.28	客家礼仪之祠堂祭祀	宗庙祭祀
2014.1.27	陈氏宗祠落成	宗庙祭祀
2014.1.27	月光光、秀才郎客家歌曲	音乐舞蹈
2012.3.5	客家传统舞蹈	音乐舞蹈
2012.3.5	客家山歌剧	音乐舞蹈
2012.3.5	梅州盘龙围和采茶戏	音乐舞蹈
2014.8.17	印象惠州——美食	衣食住行
2014.10.18	客韵桃源包子豆腐	衣食住行
2013.6.8	贺州客家建筑（一）：孝道流传围屋祠堂	衣食住行
2012.8.24	惠州：石磨豆腐、毛茶	衣食住行
2012.7.1	惠州：贝壳街、灰水粽	衣食住行
2012.12.18	贺州客家美食：黄田扣肉	衣食住行

（续表）

播出时间	节目标题	主题分类
2012.3.5	邹氏家族故事(上)	姓氏家族
2012.3.5	邹氏家族故事(下)	姓氏家族
2012.3.5	门第堂号话由来	姓氏家族
2012.3.5	至德家声之公会吴姓	姓氏家族
2014.7.16	客家习俗:诞生礼仪	习俗礼仪
2014.7.25	客家贺县铁索桥	文物故事
2014.11.11	文物故事:浮山庙匾	文物故事
2012.3.5	贺州客家人的迁入路线和语言分支	客家来源
2012.3.5	同源分支之长乐客家由来	客家来源
2012.3.5	同源分支之桂东小河婆	客家来源
2014.11.11	贺惠行:龙形拳惠州	功夫运动
2012.3.5	客家功夫(一)	功夫运动
2012.3.5	客家功夫(二)	功夫运动
2014.11.22	客家:叶千无偿献血	典型个人
2014.11.11	养豪猪的阿良叔	典型个人
2012.3.5	钟亚彬的音乐人生	典型个人
2012.3.5	贺州客家歌后叶小惠	典型个人
2015.1.8	客家民间信仰	典故信仰
2012.3.5	嫁蛇与廖君玉的典故	典故信仰
2012.3.5	农家嫲的典:故客家版本的童话故事	典故信仰
2012.3.31	客家典故与丰顺太平寺古典	典故信仰
2014.8.15	贺惠行:东升渔村	代表村落
2014.1.28	美丽贺州行:马江浮桥桂花鱼传说	代表村落
2014.1.27	美丽贺州行:石龙历史古镇	代表村落
2013.10.8	美丽贺州行:富川朝东秀水状元楼	代表村落

（续表）

播出时间	节目标题	主题分类
2013.10.8	美丽贺州行:大平	代表村落
2013.10.10	美丽贺州行:钟山蒋氏神道碑	代表村落
2012.3.5	北海世客行	代表村落
2014.12.27	客家传统节日:冬至	传统节日
2014.1.28	传统节日:端午节	传统节日
2012.3.5	贺州客家人过年习俗	传统节日
2012.3.5	百节年为首	传统节日
2014.11.11	客家文物故事:宋代陶瓷	传统工艺
2014.10.2	客家竹编	传统工艺
2012.4.8	梅州:刘沅声的泥塑情	传统工艺

延续与改变——传播学领域记忆研究的传统与发展趋向

马金多①

摘　要:在梳理人文社科领域对集体记忆以及个体记忆研究意义探讨的基础上,本文分析了目前传播学领域记忆研究的概况:一方面延续人文社科领域以哈布瓦赫集体记忆理论为指导的研究传统研究媒介中的集体记忆构建活动;另一方面结合网络新媒体技术,分析“新媒体事件”的集体记忆、在网络新媒体上的集体记忆构建活动以及作为记忆工具的新媒介对个体记忆、集体记忆的影响。

关键词:集体记忆;新媒体;个体记忆;记忆工具

一、引言

记忆的概念发源于心理学与精神分析学领域,在被引入人文社会学科(简称“人文社科”)领域后,集体记忆迅速成为社会学、历史学等关注的重要研究话题。传播学领域有关记忆的研究早先延续人文社科领域以集体记忆理论为主导的研究传统,近年来随着网络新媒体技术的进步与发展,传播学领域的记忆研究也开始从更多角度来解读新的媒介技术对社会记忆建构与个体记忆的影响。

二、记忆研究:集体记忆的主导地位与个体记忆的边缘探讨

“记忆”在现代心理学中指个人对过去活动、体验的印象的积累与再现。人文社科领域的社会记忆研究始于欧洲,最初有三个不同的来源:第一个来源

---

① 作者简介:马金多,南京师范大学新闻与传播学院硕士研究生。

是哈布瓦赫的集体记忆理论，这也是社会记忆研究的主要理论来源；其他两个来源分别是英国心理学家费雷德里克·巴尔特雷特（Frederick C. Bartlett）的理论和德国学者阿碧·瓦尔伯尔格（Aby Warburg）的理论。

（一）集体记忆理论——人文社科记忆研究的主要理论依据

现代人文社科领域的记忆研究往往都关注集体记忆，这是受到了埃米尔·涂尔干（Émile Durkheim）的弟子莫里斯·哈布瓦赫（Maurice Halbwachs）的影响，"集体记忆"的概念由哈布瓦赫首次创建，他将其定义为"一个特定社会群体之成员共享往事的过程和结果，保证集体记忆传承的条件是社会交往及群体意识需要提取该记忆的延续性"。正如简·艾斯曼（Jan Assman）指出的，哈布瓦赫将人们对记忆的理解从生物学的框架转为文化的框架，他将记忆带入社会关系的王国。哈布瓦赫同意记忆是一种在个体内才存在的心理机能，但是他认为个体记忆不能脱离集体记忆而存在，因为人类记忆的三大支柱——语言、逻辑、概念都是在社会交往中获得的。社会组织内的个体通过与他人对话来记忆，而个体的记忆实际上并不相同，对情感共同体的需求确保个体主要地记忆与他人协调共通的内容。哈布瓦赫的集体记忆理论是功能主义的，认为集体记忆发挥着团结群体和加强身份认同的作用。哈布瓦赫提出："存在着一个所谓的集体记忆和记忆的社会框架；我们的个体思想将自身置于这些框架内，并汇入能够进行回忆的记忆中去。"这个框架就是承载个人记忆的工具，特定的个人记忆能否被回忆起、以什么方式被回忆起，都取决于这个框架。哈布瓦赫的集体记忆理论忽视了冲突性的记忆，并且也倾向于表明那些与群体不一致的记忆会慢慢从记忆中消退。

（二）对个体记忆主体性的研究探讨

个体记忆与心理学意义上所指的记忆内涵基本相同，指的是个人对过去活动、体验的印象的积累与再现。自哈布瓦赫提出集体记忆以来，记忆研究集中于集体记忆的社会记忆框架，个体记忆的研究被忽视。虽然个体记忆客观上受制于集体和社会的概念框架，但我们并不能因此忽视个体记忆的主体性。个体永远是记忆的载体，个人往往不仅能记住事件包含着什么，同时也能记住该事件是如何发生的，并且个体具有事件类比的能力。心理学家区分了经历性记忆（episodic memory）和语义性记忆（semantic memory）的差异，前者指有关个人生活经验的记忆，后者指个体对周围一切事物的认识，尤其是对代表事物的抽象符号的意义的记忆。集体和社会框架对个体记忆的制约主要体现在对语义性记忆的制约上，而具有个人色彩的经历性记忆实际上有更多的主体性特征可供分析。

我国较早研究社会记忆的学者刘亚秋认为，当前记忆研究的主导范式是权力下的社会记忆研究，人们容易忽视权力之外的另一种记忆形态——“记忆的微光”，它指一般被宏大叙事所忽略的那部分内容，它可能出现在个体记忆遭遇集体记忆之时，也可能出现在个体记忆的“喃喃自语”之时。

对于进入人文社科研究视野的“记忆”，长期以来学者倾向于关注对社会历史的记忆建构，从而塑造共同体记忆，加强社会认同的功能。但也有社会记忆的研究者关注到区别于集体记忆的个体记忆所具有的主体性、能动性。

三、传播学领域记忆研究的传统——大众媒介对集体记忆的构建延续功能

记忆研究进入传播学领域后，集体记忆理论一直是人文社科领域记忆研究的主导理论框架；同时，美国传播学在兴起之初主要关注大众媒介的功能效果，媒介功能观中所阐释的媒介的地位赋予、环境监测、文化传承等功能与哈布瓦赫提出的功能主义取向的集体记忆理论不谋而合。在这样的背景下，传播学领域的记忆研究也自然较为关注大众媒介如何用历史和叙事的方式构建集体记忆。大众媒介主要通过两种方式塑造集体记忆：一是通过报道重大事件，使人们了解到无法亲身经历但可以“目击”的媒体事件，进而拥有相同的记忆，实现社会认同；二是大众媒介通过多种形式选择性地报道、再现历史事件，扮演着“公共历史学家”的角色。

记忆的“断裂”与“连续”一直是集体记忆关注讨论的重点。周海燕指出，大众媒介在集体记忆传播中主要发挥的还是连续的功能，大众媒介通过再现、遮蔽与凸显的方式连接过去与现实。陈振华指出，媒介如何形塑集体记忆是传播学领域记忆研究的核心命题。

国内外研究者运用案例分析探讨媒介对社会记忆的建构过程与建构方式的成果较为丰富。戴维·威廉姆斯(David Williams)通过分析加拿大现代有关一战的小说，认为记忆中“过去与现在渐进交融”，提出“电子媒介的使用形成了关于应该记住什么和如何被记住的公众记忆”的观点。伊丽莎白·亚克尔(Elizabeth Yakel)指出，博物馆展览正在成为一种新的交流和传播类型，它通过展示物、呈现的故事以及传递表达方式来保留或遗忘人类的部分文化，形成集体记忆。

国内研究者李红涛、黄顺铭运用文化创伤理论对中华人民共和国成立以来《人民日报》如何纪念南京大屠杀并呈现相关当代事件进行分析，发现“耻化”叙事是核心主题，“纪念事件”和“否定言行及回应”这两大叙事线索将南京大屠杀及其当代记忆困境建构为历史的和当下的文化创伤。张志安、甘晨通过分析2003年至2013年间中国新闻界对于孙志刚案的集体记忆发现：总体上中国新闻界既从“社会史”，也从“新闻史”的角度建构关于孙志刚案的集体记忆，具体到新闻界内部不同性质的媒体、媒体组织与记者个体对孙志刚案有着不同的记忆诉求、动机和叙事策略，因此形成了关于同一事件不同的集体记忆。由此可见，新闻界内部的差异性和复杂性可能带来不同传媒组织及记者个体在塑造集体记忆过程中的不同契机、方式、诉求和情境。

周海燕与陈振华对传播学的集体记忆研究状况有较为详尽的反思梳理。在《媒介与集体记忆研究：检讨与反思》一文中周海燕提到，沃尔夫·坎斯坦纳(Wulf Kansteiner)认为集体记忆研究的成果虽然丰富，但大部分记忆研究致力于特定历史、地理和媒体情境下的事件陈述，未能对表述中存在的争议进行研究。在媒介与集体记忆的研究中，要考虑到文化传统的连续性、记忆生产者的灵活性和记忆消费者的颠覆性。坎斯坦纳的观点中提及的对记忆生产者灵活性与记忆消费者颠覆性的关照即涉及对个体在记忆研究中的主体性的关注。陈振华在《集体记忆研究的传播学取向》一文中也提到，当前的集体记忆研究的传播学取向有利于国内传播学界的重心从功能向结构转化，但应当弥补研究中“个体的缺失”。

四、网络新媒体的记忆研究

传播学领域的记忆研究延续人文社科对集体记忆理论的追随，一直关注媒介对集体记忆的构建延续。近年来，随着新媒介技术的发展，对媒介与记忆的研究也开始关注更多新话题，在这些研究中对个体记忆的主体性探讨也更加丰富。既有的一些成果包含对“新媒体事件”的集体记忆研究、对新媒体上的集体记忆构建活动的研究以及对新媒介作为一种新的记忆工具的研究。

（一）“新媒体事件”的集体记忆研究

周葆华和陈振华曾将“新媒体事件”作为集体记忆的对象，通过在上海进行问卷调查探讨当代大学生群体对“新媒体事件”的集体记忆，总结出大学生群体对“新媒体事件”的集体记忆有如下特征：“新媒体事件”集体记忆的深刻程度与记忆普遍程度总体呈现正相关，且受到事件重要性和个体自身卷入等因素的共同影响；所记忆的“新媒体事件”具有明显的“最近效应”；记忆深刻的“新媒体事件”主要有“道德隐私”和“公权滥用”两种类型。

（二）新媒体上的集体记忆构建活动研究

基于媒介集体记忆研究的传统，分析在新媒体上建构的特定集体记忆的实践活动案例也成为较为重要的研究方向，这些研究分析了在新媒介环境中集体记忆建构呈现的一些新特征。

例如白红义在对南方都市报（简称南都）为庆祝创刊18年而在微信平台上设立的“南都口述史”的研究中，探讨了记者如何作为一个阐释性记忆共同体在这一记忆空间里纪念他们曾供职过的新闻组织，分析了这种集体记忆对于南都和中国新闻业的意义。在这一案例中，口述史的书写接力借鉴了社交媒体平台的点名形式，作者筛选出的28篇较有价值的口述鲜明地表现出两种风格：一是着重于对南都这一新闻组织的生命史的介绍；二是在口述史中，个人通过对自己职业生涯的回顾记忆来展示与组织的关联。

2015年，李红涛、黄顺铭研究分析了维基百科对“南京大屠杀”这一中文条目的在线协作构建，揭示了在线记忆社群如何通过协作与争夺来建构关于一起历史事件的集体记忆。在维基百科在线书写有关某一事件的集体记忆的过程中，围绕条目形成的来自全球、规模巨大的“南京大屠杀”记忆社群的个体在维基百科的中立性原则的规制下争夺记忆书写权力，这显示出新媒体网络环境下集体记忆书写的另一种新形式以及新的集体记忆构建的影响因素，例如网络中立性原则、全球化背景下“文本间性”的文化意识等。世界记忆的增长与社交媒体的扩张有着直接的联系。

有关新媒体上的集体记忆构建活动的研究已经分析出新媒介的一些特征，例如网络中立性原则、互动社交性对在线集体记忆构建的影响，进一步的研究有必要探讨新媒介的技术特性、文化价值特性如何影响记忆构建活动。此外，由于新媒介让普通个体拥有媒介话语权，个体间进行记忆构建的对话协商互动会更加便捷及时，个体的主体性特征对新媒体中记忆实践的影响也需要更多关注。

（三）新媒介作为记忆工具的研究

近年来，有国外学者提出“媒介记忆”（media memory）的概念，认为新闻媒体作为采集、编辑、记录社会信息的载体，对人们的集体记忆有深远影响。

这一概念将媒介看作一种工具，工具的革新也会使工具使用者的记忆活动发生改变，技术本身的发展对媒介记忆的研究提出了新的挑战。

人类的记忆在实践中的演化过程可分为个体的脑力记忆、两人间的结构性记忆、群体间的合作性记忆、人机间的交互性记忆（借助科技的渠道性、媒体性交互记忆）四步。个人的记忆力通常受限于大脑有限的存储空间，个体记忆的扩展要想超出特定范围，就必须借助个体外部的人人交互和人机交互的存储空间。邵鹏指出，在媒介记忆与个人记忆的交互作用过程中，当个体面对问题时，他们更多地思考在网络媒介的哪个地方存储着答案或解决问题的方法，而非寻找专业人员。媒介记忆开始逐步取代团队中专业人员的地位。网络传播的弱连接关系将整个社会具有共同性的个体和媒介记忆串联起来，形成了媒介记忆的强大场域，为个人解决问题、弥补记忆缺陷提供了巨大便利，有可能彻底改变和颠覆单纯以地理空间和组织网络为表征的团队记忆系统。此外，新媒体提供的碎片化信息、为获得更多注意而制造的信息漩涡、浅层仓促的互动使得个体记忆过程正转变为采购过程，媒介信息进入快速消费时代。

李明援引“谷歌效应”这一概念来说明互联网这种重要的外部记忆媒介对人类记忆的一系列影响：打破人类记忆中心与边缘的严格区分，消除人与人之间分享记忆信息的需要，瓦解将习得的信息存入生物记忆系统的冲动。作者进一步分析提出，在个人记忆层面存在对互联网记忆依赖的“谷歌效应”，并且搜索引擎明显拉高了个人认知自尊。在集体记忆层面，网上虚拟社区为自传记忆的强化提供了便利，但这种虚拟空间的交流缺乏氛围感，难以维持长期有效的互动参与；互联网的海量信息存储能力与信息查询的便捷性正在模糊功能记忆①与存储记忆②的界线。一种全新的对集体记忆的宰制方式正在悄然形成。

胡百精提出，互联网改造了人类的时空观和现代社会的权力关系，使得集体记忆的价值去魅，这有助于构建广泛的世界记忆，提升人类共同体的价值和命运感，但不同族群之间的文化冲突、族群内部的认同断裂会因此加剧。此外，互联网强大的信息存储和即时检索功能让社会记忆“窄化”为社会记录，文

① 由于人类处理信息的能力有限，只可能有一部分信息参与建构集体记忆。这种经过有意识地选择、相互联结而构建的有组织的记忆，就是功能记忆。

② “存储记忆”指的是迄今为止所有的关于历史的记载。它与人们的“今天”并非有直接的联系，但它以档案、文献、图片或其他形式存在着，这些资料并非人们日常所需。从这点来说，它们似乎给人一种过时的感觉，但一旦人们需要时，可以随时随地获取它们。

化再生产也就简化为知识的存续和累加。互联网让集体记忆也进入了大众书写时代，记忆补充、解构和“篡改”的成本越来越低。集体记忆出现以下特征：公众舆论主导集体记忆，常人社会消费集体记忆，集体记忆部落化。

张俊华指出，互联网二律背反的特征会深刻影响记忆的构建，一方面它有助于实现记忆构建的简易化与民主化，另一方面它也让人们的记忆更加浅薄和短暂，塑造民族身份的社会记忆很可能被新媒体的快餐文化湮没。中国好“大”、喜“高”、崇“新”的社会心态在新媒体数码化的作用下，会进一步不利于一个保护过去记忆的环境的形成。虽然新媒体造成叙述大众化，但社会中的个体并不能平等参与塑造社会记忆的过程，其中一个重要原因是社会对记忆载体的约束是不同的，即记忆个体的差异性会影响不同个体对同一事件的记忆和解读。张俊华也指出，社交媒体让民族国家记忆控制权很大程度被分散。在民族国家记忆转化为世界性记忆的过程中，忘却是一个重要组成部分，而新媒体在这里也能起着决定性作用。

新媒介技术的特性在个体记忆层面可能使个体越来越依赖外部技术存储记忆，记忆也越来越碎片化、浅层化；在集体记忆层面，新媒介技术虽然使得记忆的构建成本更加低廉，人人都可以参与记忆构建活动，但是容易让集体记忆成为快餐消费文化，难以发挥其实现身份认同的作用，技术无国界的特性有利于全球性记忆的书写构建，却也消去了族群内部的认同感。将新媒介作为记忆工具的研究会更多集中于新媒介技术特性对个体与群体社会的正负双重影响。

五、总结：传播学记忆研究的变化转向

传播学领域的记忆研究在延续人文社科领域以集体记忆理论为主导的研究框架的基础上，因媒介技术的发展而产生了一些新的研究变化。一方面，研究发现了新媒体的特性对集体记忆书写的影响：新媒体信息的碎片化让人们难以形成对特定事件的完整记忆，信息极快的更新速度使人们对特定事件的记忆停留在浅层，来自不同群体的个体对特定事件记忆的在线互动使得对集体记忆的构建更具有协商性，这有利于全球性记忆的产生，但不利于特定族群团体记忆的维续；新媒介的易得性使得人人都拥有话语权，集体记忆进入大众书写时代，但是特定群体可能掌握更多的记忆书写权力。另一方面，新媒介对个人记忆认知的影响也将传播学的记忆研究拉回个体层面，即关注新技术特性对个体记忆的影响以及个体的主体性差异对记忆构建的影响。网络巨大的

信息存储能力以及信息获取的便捷性让个体记忆更加依赖媒介，对事件的记忆也更加浅层化；不同的媒介使用者由于受教育程度、经济水平、职业身份等的不同对同一事件的记忆也会存在差异。目前传播学的记忆研究缺乏对这些话题的全面详细分析，有待今后的研究进一步完善充实。

参考文献：

1. 陈振华. 集体记忆研究的传播学取向[J]. 国际新闻界，2016(4)：109 - 126.

2. 白红义. 记者作为阐释性记忆共同体："南都口述史"研究[J]. 国际新闻界，2015(12)：46 - 66.

3. 黄顺铭，李红涛. 在线集体记忆的协作性书写——中文维基百科"南京大屠杀"条目(2004—2014)的个案研究[J]. 新闻与传播研究，2015(1)：5 - 23，126.

4. 周海燕. 媒介与集体记忆研究：检讨与反思[J]. 新闻与传播研究，2014(9)：39 - 50，126 - 127.

5. 张俊华. 社会记忆研究的发展趋势之探讨[J]. 北京大学学报(哲学社会科学版)，2014(5)：130 - 141.

6. 李明. 从"谷歌效应"透视互联网对记忆的影响[J]. 国际新闻界，2014(5)：21 - 32.

7. 胡百精. 互联网与集体记忆构建[J]. 中国高校社会科学，2014(3)：98 - 106，159.

8. 李红涛，黄顺铭. "耻化"叙事与文化创伤的建构：《人民日报》南京大屠杀纪念文章(1949—2012)的内容分析[J]. 新闻与传播研究，2014(1)：37 - 54，126 - 127.

9. 张志安，甘晨. 作为社会史与新闻史双重叙事者的阐释社群——中国新闻界对孙志刚事件的集体记忆研究[J]. 新闻与传播研究，2014(1)：55 - 77，127.

10. 周葆华，陈振华. "新媒体事件"的集体记忆——以上海市大学生群体为例的经验研究[J]. 新闻界，2013(14)：55 - 61.

11. 邵鹏. 媒介记忆与个人记忆的建构和博弈[J]. 当代传播，2012(4)：26 - 28.

12. 李里峰. 个体记忆何以可能：建构论之反思[J]. 江海学刊，2012(4)：171 - 176.

13. 高萍. 社会记忆理论研究综述[J]. 西北民族大学学报(哲学社会科学版)，2011(3)：112 - 120.

14. 刘亚秋. 从集体记忆到个体记忆　对社会记忆研究的一个反思[J]. 社会，2010(5)：217 - 242.

15. Anna Green. Individual Remembering and "Collective Memory"：Theoretical Presuppositions and Contemporary Debates[J]. Oral History，2004，32(2)：35 - 44.